ABHANDLUNGEN

AUS DEM

STAATSWISSENSCHAFTLICHEN SEMINAR

ZU

STRASSBURG I. E.

HERAUSGEGEBEN

VON

G. F. KNAPP.

HEFT XIII.

DR. MARTIN KRIELE:

DIE REGULIERUNG DER ELBSCHIFFAHRT 1819–1821.

STRASSBURG.

VERLAG VON KARL J. TRÜBNER.

1894.

DIE REGULIERUNG

DER

ELBSCHIFFAHRT

1819—1821.

VON

MARTIN KRIELE,
DR. RER. POLIT.

STRASSBURG.
VERLAG VON KARL J. TRÜBNER.
1894.

C. Otto's Hof-Buchdruckerei in Darmstadt.

DEM

HAMBURGER HANDELSHAUSE

DIETRICH HERMSEN

IN

DANKBARKEIT

GEWIDMET.

VORWORT.

Nachdem ich das Reifezeugnis der Gelehrtenschule des Johanneums in Hamburg erhalten hatte, trat ich als Lehrling in ein Hamburger Handelshaus ein, in welchem ich den Handels- und Bankverkehr vornehmlich mit Indien, China, Japan und Australien kennen lernte. Später widmete ich mich dem akademischen Studium und war von Mai 1893 bis August 1894 Mitglied des Staatswissenschaftlichen Seminars in Strassburg, welches unter der Leitung der Professoren G. F. Knapp und A. Sartorius Freiherrn von Waltershausen steht. Unter der Führung des ersteren entstand die vorliegende Arbeit.

Herrn Professor Knapp spreche ich daher besonders meinen ergebensten Dank aus. Vielen Dank schulde ich auch Herrn Geheimrat Reuter für seine Bemühungen in der Zeit, in welcher ich im Geheimen Staatsarchiv in Berlin die Akten benutzte; desgleichen dem Archivar der Freien und Hansestadt Hamburg, Herrn Senatssekretär Dr. phil. Hagedorn, in dessen Arbeitsräumen ich einen Teil der Berliner Akten studierte.

Die vorliegende Arbeit leidet an einer gewissen Einseitigkeit: die Interessen des preussischen Staates treten weit mehr hervor als die der übrigen Uferstaaten. Indessen wird vielleicht diese Behandlung dadurch etwas gerechtfertigt, dass Preussen weitaus die meisten Interessen an dem Gedeihen der Elbschiffahrt hat. In ganz präciser Fassung hätte der Titel so gelautet: „Die Verkehrspolitik Preussens in der 'Kommission zur Organisierung der Elbschiffahrt' zu Dresden, 1819—1821." Diesen Titel führte die Arbeit auch, als sie der rechts- und staatswissenschaftlichen Facultät der Kaiser-Wilhelms-Universität Strassburg zur Erlangung des Grades eines Doctor rerum politicarum im Mai dieses Jahres eingereicht wurde.

Die Abhandlung will der Versuch einer Untersuchung auf dem Gebiete der Handels- und Schiffahrtspolitik sein. Ihr Inhalt ist ein doppelter. Ein geschichtlicher: wir lernen ein Bild kennen aus einer Zeit des deutschen Wirtschaftslebens, welche überall die Kennzeichen des Übergangszustandes, den Kampf zwischen alten und neuen Anschauungen, zeigt und daher noch nicht zu festen Grundsätzen in den einzelnen Zweigen der Politik gelangt ist. Ein volkswirtschaftlicher: wir erhalten, so hoffe ich, ein Verständnis für den überaus langsamen Gang der Elbschiffahrtspolitik, welcher noch in unseren Tagen fühlbar ist; um ein Wort von Carl Menger anzuführen: „wir verstehen die Erscheinung, wenn wir den Grund ihrer Existenz und ihrer eigentümtümlichen Beschaffenheit (den Grund ihres Seins und ihres So-Seins) erkannt haben."

Die Untersuchung dürfte wohl aus dem Grunde mit den gegenwärtigen wirtschaftlichen Zeitfragen in Zusammenhang stehen, weil mehr denn je vor allen die preussische Regierung ihre Aufmerksamkeit und Fürsorge der Canal- und Flussschiffahrt widmet und an allen Punkten der Elbe die Interessenten über die höchst ungenügende Lage der Elbschiffahrt klagen. Einrichtungen wie Reiheschiffahrt und Einteilung des gesamten schiffbaren Laufes in Sektionen für die Befahrung werden wieder von Kaufleuten, Rhedern und Schiffern erörtert: Dinge, welche man für längst veraltet hielt. — Ich glaube, dass in der Verfassung der Binnenschiffahrt, wie im besonderen der Elbschiffahrt, sehr eingreifende Veränderungen in der Zukunft werden vorgenommen werden. Was speciell in den letzten Jahren für das Flussbett der Elbe und die Elbschiffahrt geleistet worden ist von Regierung und Privaten, kann gar nicht genug mit Dank hervorgehoben werden. Vornehmlich die Thätigkeit des Magdeburger Schiffervereins, der unter der Leitung des Rheders Gustav Tonne steht, des Hamburger Vereins Oberländischer Schiffer, des concessionirten Sächsischen Schiffervereines zu Dresden und des Elbevereins zu Aussig hat mit Hülfe der Regierungen sehr vieles zur Hebung der Elbschiffart erreicht. Zur Hebung des Schiffergewerbes an sich haben die in den letzten Jahrzehnten in ihrer Anzahl sehr vermehrten Elbschiffer-Schulen sehr viel beigetragen, wobei ich besonders auf die Berichte des Magdeburger Schiffervereins seit 1887 hinweisen möchte. Das Schiffergewerbe an der Elbe war allmählig seit der Mitte unseres Jahrhunderts immer mehr gesunken. Die heutigen Schiffer verstehen die Schiffahrt gar nicht mehr, heisst es in einem Aufsatz im Centralblatt der Bauverwaltung, und in der That ist mit dem Fortfall des Segelns und des Treidelns, mit der besseren Fahrstrasse und bequemeren Beladung und Entladung manche schwer zu erlernende und in der Ausübung müsame Praxis verschwunden. Aber mit der Entwicklung der Schiffahrt und dem Fortschritte der Technik sind ganz andere Puncte in den Vordergrund getreten und haben dem Schiffergewerbe schwierigere Rätsel aufgegeben als die alten auf practischer Handhabung fussenden Vorbedingungen. Abgesehen von der Dampfschiffahrt, deren Wirken und Wesen nur ernstem Streben sich erschliesst, stellt auch für den Kahnschiffer die Art des Verkehrs, gipfelnd in Schnelligkeit und Sicherheit des Betriebes, heutzutage besondere Anforderungen an die Intelligenz des Schiffführers. Hier haben nun die Elbschiffer-Schulen mit ihrer Thätigkeit einzusetzen. Also auch hier hängt die Zukunft eines Kleingewerbes vornehmlich von pädagogischen Massregeln ab.

Auf den ersten Blick kann es den Anschein erwecken, dass die in den Anmerkungen citierten Drucksachen teilweise von dem Thema sehr fern liegen. Es ist jedoch dabei vor allem der Zweck verfolgt worden, dem Leser die Möglichkeit zu bieten, sich mit einzelnen Partien noch näher zu beschäftigen, sodass das Bild der Elbschiffahrt und Elbschiffahrtspolitik im weitesten Sinne noch deutlicher uns vor Augen tritt. Aus diesem Grunde wurden auch einige Seitenblicke auf die Rheinschiffahrt geworfen. Dabei möchte ich noch dies bemerken. In der Kaiserlichen Universitäts- und Landesbibliothek in Strassburg befinden sich in der Abteilung für Elsass-Lothringen unter Verkehrswesen, Gewerbe und Industrie, und Handelswesen, eine grosse Anzahl Drucksachen, welche eine interessante und dankenswerte Darstellung über die Entwicklung der Fluss- und Canalschiffahrt im Elsass mit Berücksichtigung der Eisenbahnconcurrenz ermöglichen; desgleichen eine solche über „Strassburg und die Rheinschiffahrt seit dem Anfang dieses Jahrhunderts“, welch' letztere Arbeit gerade jetzt sehr angebracht wäre in Vorraussicht der Herstellung eines Kanales von Strassburg nach Speyer oder Mannheim-Ludwigshafen.

Die in den Anmerkungen veröffentlichten Aktenauszüge dienen vielleicht zu einer noch schärferen Characterisierung der wirtschaftlichen Anschauungen, welche im Schosse der deutschen Regierungen im Zeitalter der Restauration vorhanden waren.

Der Arbeit ist ein Anhang beigegeben. Dieser enthält eine Auseinandersetzung über den Begriff des Stapelrechtes und über den alvenslebenschen Privatzoll. Für einige Fingerzeige bezüglich des Stapelrechtes spreche ich auch an dieser Stelle dem Assistenten im Strassburger Seminar für die Geschichte des Mittelalters, Herrn Dr. phil. Bloch, meinen Dank aus.

Die citirten Drucksachen befinden sich zum Teil im Staatswissenschaftlichen Seminar in Strassburg, zum Teil in der Kaiserlichen Universitäts- und Landesbibliothek daselbst, zum Teil in der Commerz-Bibliothek in Hamburg.

Hamburg, September 1894.

Martin Kriele.

INHALT.

VORWORT VII

I. ABSCHNITT: DIE ELBSCHIFFAHRT VOR DEN DRESDENER VERHANDLUNGEN 1

1. Die natürlichen Verhältnisse der Elbe.
2. Die Zölle auf der Elbe im allgemeinen und deren Entstehung.
3. Versuche, den Druck der Zölle zu beseitigen.
4. Die Umladerechte und die Reihefahrten.
5. Besserung der Zollverhältnisse am Rhein.
6. Die Thätigkeit Preussens in Binnenschiffahrts-Angelegenheiten im Anfange des neunzehnten Jahrhunderts.
7. Die Verhandlungen des Wiener Kongresses und die Zeitumstände.
8. Beschreibung einer Fahrt auf der Elbe von Cuxhaven bis Melnik im Jahre 1815.

II. ABSCHNITT: PREUSSEN UND DIE DRESDENER ELBSCHIFFAHRTS-COMMISSION 21

Erstes Kapitel: Der äussere Gang der Verhandlungen 21

1. Der Zusammentritt der Commission.
2. Die Verdienste einzelner Männer an den Verhandlungen.
3. Der Inhalt der Verhandlungen im allgemeinen.
4. Die Nebenflüsse der Elbe: Saale, Jetze, Aland, Delvenau.

Zweites Kapitel: Die Regelung des Revisionsrechtes 26

1. Die preussische Durchfuhrabgabe und der Schmuggelhandel.
2. Vorschlag Österreichs bezüglich einer Schiffsaiche.

3. Der Versuch, eine Revision in Hamburg einzuführen.
4. Das Verhalten der Uferstaaten zu dem von Preussen vorgeschlagenen Revisionsrechte.
5. Die preussische Auffassung des Revisionsrechtes und die Revision in Mühlberg und Wittenberge.

Drittes Kapitel: Die Anzahl der Elb-Zollämter 35
1. Die Verminderung der Binnenzollämter in Preussen im allgemeinen und an der Elbe im speziellen vor den Dresdener Beratungen.
2. Die Herabsetzung der Ämterzahl durch die Dresdener Commission.
3. Die Elbschiffahrtspolitik der anhaltinischen Herzogtümer.

Viertes Kapitel: Die Höhe des Elb-Zolltarifs . 43
1. Die staatlichen Elbzölle Preussens.
2. Die Privatzölle in Preussen, speziell die Abgaben in Magdeburg.
3. Das Octroi-System.
4. Die verschiedenen Möglichkeiten der einzelstaatlichen Zollregulierung.
5. Die Ermittelung des zur Zeit bestehenden Durchschnittssatzes der einzelnen Staaten und Kritik dieser Arbeit.
6. Die Rücksichten der preussischen Regierung auf den Handel Stettins und Breslaus und auf die Oderschiffahrt.
7. Die Ansichten im preussischen Ministerium über den zukünftigen Zoll.
8. Die Festsetzung des neuen Elbzolles.
9. Die Regulierung der Nebenabgaben der Elbschiffahrt.
10. Die österreichischen und preussischen Münzverhältnisse.

Fünftes Kapitel: Die Aufhebung des Umladezwanges in Magdeburg 71
1. Charakterisierung des Magdeburgischen Handels zur Zeit der Dresdener Verhandlungen.
2. Die Einnahmen in Verbindung mit dem Umladezwang.
3. Die Gründe der Magdeburger Kaufleute für die Aufrechterhaltung des Zwanges mit Rücksicht auf die gegenwärtigen und zukünftigen Verkehrsverhältnisse.
4. Die Bestrebungen des Schifferstandes und der kaufmännischen Konkurrenz.

5. Das Magdeburgische Umladerecht unter der Herrschaft des Königs von Westphalen.
6. Die Beurteilung des Umladezwanges im preussischen Ministerium.
7. Die Entschädigungsansprüche und die Entschädigung der Stadt Magdeburg.

III. Abschnitt: DIE BEDEUTUNG DER ELBSCHIFFAHRTS-AKTE VON 1821 87
1. Die Entwicklung der Akte bis auf die Gegenwart.
2. Die revidierte Elbschiffahrts-Akte von 1880.
3. Die privatrechtlichen Verhältnisse der Elbschiffahrt.
4. Die verschiedenartige Bedeutung der Akte für das Wirtschaftsleben und die Entwicklung der Schiffahrt; die bisherige Beurteilung der Akte.
5. Die in den letzten Jahrzehnten eingetretene Veränderung in den Interessegegensätzen und in den Aufgaben der Strompolitik.

ANHANG.

No. 1: Über den Begriff des Stapelrechts 99
1. Definition und Entstehung des Stapelrechts.
2. Entstehung des Umladerechts.
3. Die Umladerechte auf der Elbe im allgemeinen.
4. Charakterisierung der Entstehung des Stapel- und des Umladerechts in Magdeburg.
5. Das Stapelrecht im Auslande.

No. 2: Der Elbzoll der Herren von Alvensleben in Rogätz 109
1. Geschichtliche Notizen über den Elbzoll in Rogätz.
2. Konstruktion der wirtschaftlichen Natur dieses Zolles.
3. Notiz über den Elbzoll der Herren von Möllendorff in Kumlosen.

I.

DIE ELBSCHIFFAHRT VOR DEN DRESDENER VERHANDLUNGEN.

Die Elbe ist die uralte Verkehrsstrasse, welche die Nordsee mit der norddeutschen Tiefebene und dem östlichen Teile des deutschen Mittelgebirges verbindet. Ihr Stromgebiet beträgt in Österreich 900, ausserhalb Österreichs 3426 Quadratmeilen. [1]) Bei Melnik, wo die Moldau einmündet, beginnt ihr schiffbarer Lauf, welcher bis zu der Mündung bei Cuxhaven eine Länge von 847 km hat. Für grössere Fahrzeuge, welche in unseren Tagen zum bei weitem grössten Teil den Elbverkehr vermitteln, beginnt indessen die Schiffbarkeit erst bei Aussig, ungefähr 71 km unterhalb Melnik. [2])

Wie alt die Elbschiffahrt ist, ist natürlich sehr schwer genau festzustellen. Auf den einzelnen Teilen hat sie an relativer Lebhaftigkeit sehr gewechselt. In der vorkarolingischen Zeit soll sie bereits einen Verkehr gehabt haben, welcher im Verhältnis zu dem Gesamtverkehr gross war. [3]) Auch in Böhmen soll schon im neunten Jahrhundert ein lebhafter Schiffsverkehr auf der Elbe vorhanden gewesen sein. [4]) Andererseits aber wissen wir, dass im Mittelalter der Lauf zwischen Magdeburg und Hamburg wenig benutzt wurde [5]) und dass im Mittelalter und noch bis in das neunzehnte Jahrhundert der sächsische und böhmische Verkehr auf der Elbe sowohl im Verhältnis zu dem gesamten Elbverkehr wie zu dem Verkehr der betreffenden Länder ohne Belang war.[6])

Der natürliche Zustand der Elbe ist zu keiner Zeit ein sehr günstiger gewesen. Im Mittelalter sowohl wie im sechzehnten, siebzehnten und achtzehnten Jahrhundert teilte sie dieses Loos mit allen Strömen, welche für den Schiffahrtsverkehr benutzt wurden, wenigstens in Deutschland.

Das Bett der meisten, und zwar der wichtigsten Flüsse in Deutschland war auch noch im achtzehnten Jahrhundert versandet. Baumstämme und Geröll aller Art aus dem Gebirge hinderten die Beweglichkeit der Schiffahrt. Untiefen und Stromschnellen waren bald hier, bald dort gefahrdrohend. Die Leinpfade längs der Ufer, welche in einer Zeit, in der die Kraft des Dampfes noch nicht für den Gütertransport benutzt wurde, um sehr vieles wichtiger als heute waren, waren nur unter grossen Beschwerlichkeiten passirbar.[7]) Zur Hebung dieser Missstände wurde von Seiten der einzelnen Regierungen wenig gethan, sei es aus finanziellen Gründen, sei es infolge der geringen Entwicklung des Bau-Ingenieurwesens.

Zu diesen allgemeinen Hemmnissen kamen noch bei jedem einzelnen Flusse spezielle, welche zum Teil noch in unseren Tagen bestehen, da bisher die menschliche Arbeitskraft und die Technik ihnen nicht gewachsen waren. Für die Elbe ist hier namentlich das Folgende zu erwähnen.

Noch heute leidet die Schiffahrt fast auf der ganzen Strecke oberhalb Hamburgs, ungefähr des Endpunktes für den Wechsel von Ebbe und Flut, im Spätsommer und Herbst sehr unter niedrigem Wasserstande. Oft wochenlang muss sie daher unterbrochen werden und die gerade auf der Fahrt befindlichen Fahrzeuge müssen auf der Strecke einen Hafen zum Unterbrechen der Fahrt aufsuchen. Im Frühjahr verursacht die Elbe, nicht allein für die Schiffahrt, sondern auch für die Landwirtschaft, auf den beiden Ufern grossen Schaden, indem sich die Eismassen im Flussbette auftürmen und dadurch das Wasser gestaut wird, sodass die Deiche schliesslich durchbrochen und weite Flächen oft viele Wochen lang unter Wasser gesetzt werden. Vornehmlich die Strecke zwischen Dömitz und Boizenburg, auch noch weiter die Elbe hinab bis Geesthacht, ist in dieser Hinsicht sehr gefährlich. Es ist dies eine Folge des Umstandes, dass die Elbe ihr ursprüngliches Bett in praehistorischer Zeit sehr beträchtlich eingeengt hat; die Bodenerhebungen lassen dies noch sehr deutlich erkennen.[8]) Selbst im späten Mittelalter sind noch solche Veränderungen in der Richtung des Stromlaufes an vielen Stellen vorgekommen. Dies zeigt deutlich die grosse Anzahl toter Elbarme zwischen Aken und Wittenberge, ebenso die Dove- und die und die Gose-Elbe in den sogenannten Vierlanden, den Marschen oberhalb Hamburgs, ferner die Inselbildungen zwischen Hamburg und Harburg, die Binnenelbe bei Wedel (ein wenig unterhalb Hamburgs) und die Süder-Elbe im Lande Kehdingen. Diese natürlichen Verhältnisse und Änderungen machen die Schiffahrt sehr unsicher. Indessen haben gerade die Änderungen im Laufe der Elbe auch Vorteile gebracht. So sind z. B. durch die Gose- und die Dove-Elbe zwei ruhige Verkehrsstrassen für den täglichen Gemüseverkehr nach Hamburg geschaffen worden.[9])

Zu den natürlichen Hemmnissen, welche mit der Vernachlässigung der Fahrbahn, der Ausdehnung des Verkehrs und der Vergrösserung der Flussfahrzeuge im Laufe der Zeit wuchsen, kamen zu allen Zeiten die Bedrückung durch zahlreiche Zölle und durch die Art ihrer Erhebung.[10])

Allerdings waren in keiner Zeit die Zollverhältnisse auf der Elbe so drückend wie auf dem Rhein.[11]) Auf diesem war der Handelsverkehr stets bedeutender und mannigfaltiger als auf der Elbe und bereits die Colonia Aggripina unterhielt direkte Handelsbeziehungen mit Londinium.[12]) Die wirtschaftliche Kultivirung der Gegenden, welche zu beiden Seiten des Rheins und seiner Nebenflüsse liegen, ist ja um mehrere Jahrhunderte älter als die des Elbegebietes. Vornehmlich war die Ausdehnung der Gewerbe im Rheinthal und in ganz Süddeutschland eine viel grössere als im Norden Deutschlands. Am Rhein musste der Druck der Zölle demnach mehr fühlbar sein als an der Elbe.

Auch auf der Elbe werden die Zölle ursprünglich einen

gebührenartigen Character gehabt haben.[13]) Die Leistung, für welche die Gebühr zu zahlen war, mag verschieden gewesen sein. Zum Teil werden die Schiffer den anwohnenden Herren für Sicherung durch Geleit während einer bestimmten Strecke eine Abgabe gezahlt haben,[14]) zum Teil werden auch Abgaben erhoben worden sein, um die Kosten für den Bau und die Unterhaltung einer Brücke oder einer Fähre oder eines Leinpfades, beispielsweise, aufzubringen.[15]) Bei einer Anzahl Zölle stützte sich der Ursprung auf Privilegien seitens des Kaisers, oder, wenn er aus finanziellen Gründen oder auch aus Mangel an Macht und Autorität das von ihm in Anspruch genommene Zollregal an einzelne Landesherrn abtrat, seitens dieser Letzteren.[16]) In diesem Falle galt es einfach, einer Gemeinde, einem Stift oder dem jeweiligen Besitzer eines an der Elbe gelegenen Rittergutes eine Einnahme zu verschaffen. Auch kam es vor, dass das Recht der Zollerhebung nicht auf dem Rittergut dinglich lag, sondern an eine bestimmte Adelsfamilie geknüpft war.[17]) Für diese Privilegien bestanden ursprünglich natürlich Gegenleistungen in irgend welchen Diensten an den betreffenden Herrn. Je weiter indessen im Mittelalter das Privilegienwesen um sich griff, desto verwirrter wurden auch die in Frage kommenden Rechtsverhältnisse. Mit der Zeit wurden daher die Gegenleistungen unsicher; schliesslich verschwanden sie ganz. So war es sowohl bei den Zöllen, welche sich nur auf Privilegien stützten, als auch bei denen, welche zur Unterhaltung des Verkehres dienten. Der Unterschied beider Arten ist nur der, dass bei den Zöllen als Gebühren für eine Leistung im Verkehrswesen die allmählige Ausserachtlassung der Leistung von einer Gewissenlosigkeit nicht frei zu sprechen ist, während die Zölle auf Grund von Privilegien zunächst in einer rechtlichen Beziehung zu dem Verkehrswesen gar nicht standen. Die in bequemer Weise in die Kassen fliessenden Einnahmen aus den Zöllen blieben jedoch nach wie vor bestehen; denn für ein sesshaft gewordenes Volk ist der Handel in jedem Falle ein Lebensbedürfnis und kann also durch Abgaben nie ganz unterdrückt werden.

An diesen Zöllen, welche wir heute als eine grosse Bedrückung des Handels und des Verkehrs empfinden würden, nahm das Mittelalter um so weniger Anstoss, als ein grosser Theil derjenigen, welche in Deutschland Handel trieben, Fremde waren: Juden, Lombarden, Kauwerzen, welche an sich rechtlos waren und den Schutz unter den gegebenen Bedingungen hinnehmen mussten. [18]) Der deutsche Territorialherr hatte auch wohl gar kein Interesse, einen grossen Handelsverkehr herbeizuwünschen. Er sah es gar nicht gern, wenn seine Unterthanen zu weit blickten, wenn sie womöglich mit fremden Nationen in nähere Berührung kamen, zumal wenn diese, wie es meist der Fall war, eine ganz andere politische und wirtschaftliche Schule durchlaufen hatten. Welche Bedeutung der Handel und der einzelne Kaufmann hatten, davon hatte er sicherlich in den wenigsten Fällen eine klare Vorstellung. Das war für ihn eine weniger edle Welt. Ein Erzherzog Johann als Johann Ort und deutscher Rheder war im Mittelalter garnicht denkbar. [19])

Aus diesen Gründen trug der Landesherr daher kein Bedenken, sein Zollrecht nach Möglichkeit in seinem Interesse auszunutzen. Er liess eben den Zoll dort erheben, wo der Handel leicht zu fassen war, an geeigneten Stellen der Flüsse, auch der Landstrassen, besonders dort, wo eine Concentration des Verkehrs stattfand, wo grosse Handelsplätze entstanden waren, oder dort, wo eine Teilung des Verkehrs eintrat.

In Zeiten, in denen die Kassen der Zollbesitzer mehr Geld als zuvor nötig hatten, trat ohne weiteres Bedenken eine Erhöhung der Zollsätze ein. Das war besonders nach dem dreissigjährigen Kriege der Fall, als in Deutschland eine allgemeine Zerrüttung des Finanzwesens eingetreten war. [20]) Zwar war zur Errichtung oder zur Erhöhung von Landzöllen wie von Flusszöllen die kaiserliche Genehmigung notwendig, was auch als ein Zeichen dafür gelten kann, dass die allgemeine Bedeutsamkeit auch der Flüsse als Wege für den grossen Verkehr einleuchtete. Indessen kümmerte sich kein Landesherr oder, wer sonst den Zoll erhob, um diese Verfügungen. Die Willkür und Rücksichtslosigkeit in der Behandlung der Schiffahrt (nach unseren Empfindungen) wuchs mit der Decentralisation des alten deutschen Reichs.[21]) Auch an der Elbe fällt in diese Zeit eine ganz bedeutende Erhöhung der einzelnen Elbzollsätze. Ein treffendes Beispiel finden wir schon in der Zeit vor dem dreissigjährigen Kriege. Im Jahre 1563 hatten nämlich die Herzöge von Lüneburg ihre Elbzölle in Bleckede und Schnackenburg auf die doppelte Höhe gesetzt und der Kaiser musste dies schliesslich nolens volens mit seinem Kurfürstenkollegium anerkennen. Waren die Zölle einmal in die Höhe gesetzt, so war es natürlich sehr schwer, die betreffenden Besitzer zu einer Herabsetzung zu bewegen. Vor allem Mecklenburg war es, welches sich stets weigerte, seine Zölle auch nur um ein geringes herabzusetzen.

Um die Mitte des siebzehnten Jahrhunderts (1661) bestanden an der Elbe zwischen Melnik und Hamburg 48 verschiedene Zölle, welche teils landesherrlich waren, teils von Städten oder adligen Anwohnern der Elbe erhoben wurden. Diese Anzahl scheint längere Zeit, etwa hundert Jahre, unverändert bestanden zu haben.[22])

Indessen muss es doch erwähnt werden, dass seit dem Kurfürsten Friedrich Wilhelm die brandenburgische Verwaltung mehr und mehr dem „fast krepirenden Elbcommercio" ihre Fürsorge widmete und dass besonders Friedrich II. sich um die Hebung des Verkehres auf der Elbe sehr bemühte, was durch Schmoller eingehend dargestellt und gewürdigt worden ist. Von eingreifendem und dauerndem Einflusse konnten diese Anstrengungen nicht sein, da ja Brandenburg nur einen Teil der Elbufer besass und die übrigen Uferstaaten auf den öfters im siebzehnten und achtzehnten Jahrhundert versuchten gemeinsamen Elbe-Deputationstagen zu einer Mitarbeit meist nicht zu bewegen waren.[23]) Wie wir weiter unten sehen werden, stand die Höhe der Zölle meist in gar keinem Verhältnis sowohl zu den möglichen wie zu den thatsächlichen Ausgaben der Verwaltungen für die Unterhaltung des Strombettes. Hannover und Mecklenburg leisteten so viel wie nichts. Diese

Thatsache bildete bis zur vollständigen Aufhebung der Elbzölle im Jahre 1870 das bedeutendste Hindernis jedesmal dann, wenn die Zölle herabgesetzt werden sollten.

Eine Anzahl Zollstätten auf der Elbe waren, wie auch auf anderen Flüssen, Umladeplätze. Das waren jedoch keine Orte, an welchen der Kaufmann seine Waren freiwillig umladen liess, weil für den Bestimmungsort der Waren keine directe Verbindung bestand, wie es heute der Fall ist; die Umladung war vielmehr ein Zwang, welchen der betreffende Ort kraft landesherrlichen Privilegiums ausübte. Diese Zwangseinrichtung war der letzte Rest des alten Stapelrechtes, von welchem im Anhang 1 die Rede sein wird, und wurde selbst vielfach noch, wenn auch irrtümlich, Stapelrecht genannt. Das Umladerecht bestand auf der Elbe bis zu der Inkraftsetzung der Elbschiffahrtsacte von 1821 in Hamburg, Magdeburg, Dresden und Pirna. An diesen Orten durfte kein Schiffer mit Waren vorbei fahren. Er musste sie dort ausladen und einem Schiffer dieses Ortes zur Weiterbeförderung übergeben. Dieses Umladerecht erstreckte sich nun nicht nur auf die Stadt allein, sondern auch eine bestimmte Flussstrecke unterhalb wie oberhalb der Stadt erfasste es; zwischen diesen beiden äussersten Punkten durfte nirgends aus-, ein- oder umgeladen werden als an einem bestimmten Platze in dem Orte, welcher im Besitze dieses Rechtes war. So erstreckte sich der Umladezwang der Stadt Magdeburg auf die ganze Strecke zwischen Tangermünde und Aken und in Magdeburg selbst durfte die Umladung nur auf dem alten Packhof gegenüber dem kleinen Werder stattfinden. Durch dieses Recht, welches nicht allein dem Schifferstande der betreffenden Stadt von grossem Nutzen war, sondern, wie wir weiter unten bei der eingehenden Beschreibung der magdeburgischen Verhältnisse sehen werden, der Stadt selbst manche Einnahme brachte, sollte vor allem der grosse Handel getroffen werden, während der Lokalverkehr vielfach hiervon unberührt blieb, wie wir schon aus der Anzahl der Umladeplätze sehen. Nicht zu allen Zeiten ist dieser, in sehr vielen Fällen lästige Zwang ausgeübt worden. So wissen wir, dass in der Zeit von 1685 bis 1747 die dresdener Schiffer in Magdeburg nicht umluden, sondern direct bis Hamburg fuhren.[24]) Im Jahre 1747 stellte Friedrich II. dieses Recht der Stadt Magdeburg gelegentlich eines Aufenthaltes daselbst ausdrücklich wieder her.

Eng verknüpft mit diesen Umladerechten waren die sogenannten Reihe- oder Börtfahrten, ein schon 1442 in Hamburg bei den Fahrten nach Stade und zurück angewendetes Institut. Besonders im achtzehnten Jahrhundert blühte es.[25]) Die Reihefahrt bestand darin, dass der in der Schiffergilde befindliche Schiffer nur dann von den Kaufleuten Güter in Ladung nehmen durfte, wenn er an die Reihe kam. Jeder Schiffer hatte gewissermassen in der Reihe, welche durch die sämtlichen Schiffer der Gilde gebildet wurde, eine bestimmte Nummer. Es bestand also für alle Schiffer ein gleichmässiger Verdienst, der nur durch die Grösse des einzelnen Fahrzeuges verändert wurde. Die Verladung und der Transport der Waren erhielt durch diese Einrichtung zweifelsohne eine gewisse Regelmässigkeit und der Schiffer war eines fest bestimmten Verdienstes sicher, welchen er mit einer gewissen Sorglosigkeit und Mühelosigkeit einstrich, vorausgesetzt, dass der Verkehr nicht allzu sehr schwankte. Von einem in jedem einzelnen Falle nach Angebot und Nachfrage sich richtenden Frachtsatze, womöglich von einem Frachtenmarkt, wie heute an jedem grösseren Ladeplatze, war damals keine Rede; der Frachtsatz schwankte wahrscheinlich zeitlich nur in grossen Zwischenräumen. Die Regierung verfolgte mit dem Institut der Reihefahrt auch polizeiliche Massregeln. Man glaubte nämlich in ihr ein Schutzmittel zu haben gegen den mit der Ausbreitung des Mercantilsystems in gleichem Schritte wachsenden Warendiebstahl und Schmuggel zu Wasser: man brauchte seine Güter ja nicht mehr jedem beliebigen, unbekannten Schiffer anzuvertrauen.[26]) Schon aus diesem Grunde wird es Schiffer, welche ausserhalb der Reihefahrt standen, kaum gegeben haben. Für den kleinen Localverkehr bestand dies Institut nicht; hier also gab es freie Schiffahrt. Es stand eben in engster Verbindung mit den Umladeplätzen und daher wurde nur zwischen ihnen in Reihe verschifft, also zwischen Hamburg und Magdeburg, zwischen Magdeburg und Dresden, wohl auch zwischen Dresden und Pirna. Auch zwischen Hamburg und Berlin bestand diese Verfassung des Verkehrs.

Dieses ist in kurzen Zügen ein Bild von der rechtlichen Verfassung der Elbschiffahrt während des achtzehnten und des ersten Drittels des neunzehnten Jahrhunderts. Dieses Bild wird noch klarer werden durch die weiter unten folgende Beschreibung einer Fahrt auf dem schiffbaren Laufe der Elbe. Das aber kann hier schon betont werden, dass durch diese Bedrückungen, vor allem durch die Zölle, der Elbschiffahrt der Vorzug der Wohlfeilheit gegenüber den durch Menschenhand erst angelegten Landstrassen fehlte.

In alle diese Einrichtungen, deren Charakteristikum vor allem der Zwang war, kam nun ein bedenkliches Wanken, als in dem letzten Drittel des achtzehnten Jahrhunderts die Lehren des ökonomischen Individualismus und Liberalismus und mit ihnen das rein deductive Beurteilen von England nach Deutschland kamen. Auch an der Elbe verlangte man lebhaft die Freiheit des Schiffergewerbes und der Schiffahrt selbst; die Zölle waren das Drückendste und gegen sie musste sich vor allem der freiheitliche Ideenkreis richten. Zunächst wurden die gezwungenen Reihefahrten, oft unter harten Kämpfen, abgeschafft. Dies geschah bereits um die Mitte des achtzehnten Jahrhunderts. Im ganzen genommen, haben sie sich überhaupt nicht lange auf der Elbe erhalten. Die Gildeverfassung des Schiffergewerbes blieb jedoch noch bestehen bis zu der Zeit, in welcher in den einzelnen Uferstaaten die Gewerbefreiheit eingeführt wurde.[27]) Die Zölle und Umladerechte wurden gemeinsam — in ihrer bisherigen Gestalt — abgeschafft durch internationale Bestimmungen des Wiener Congresses.

Die Initiative zu Änderungen hinsichtlich der zuletzt genannten beiden Verkehrshemmnisse wurde nicht von einer deutschen Regierung selbst ergriffen. Die Initiative ging von Frankreich aus.[28]) Und zwar nahm man zuerst den Rhein in Bearbeitung; das lag am Ende des 18. Jahrhunderts am nächsten, da er damals in den Actionskreis der Diplomatie gezogen wurde.

Ein Decret des conseil exécutif der französischen Republik vom 16. November 1792 und der Friedenstraktat mit der batavischen Republik vom 16. Mai 1795 hatten bereits die Schiffahrt auf dem Rheine, der Maas und der Schelde den Unterthanen der beiden Staaten frei gegeben. Mit dem deutschen Reiche, als dem dritten Rheinuferstaate begann die französische Regierung 1798 auf dem Congress zu Rastadt zu verhandeln, zunächst ohne Erfolg. Aber nachdem unter dem Druck des Friedens zu Luneville der Artikel 39 des Reichs-Deputations-Hauptschlusses die Aufhebung der Rheinzölle ausgesprochen hatte, wurde durch ein französisches Dekret vom 15. August 1804 im Einverständnis mit dem deutschen Reiche ein für beide Staaten gemeinsames sogenanntes Octroi-System eingesetzt. Die noch bestehen bleibenden Zölle wurden für gemeinschaftliche Rechnung erhoben und zur Bestreitung der Erhebungs-, Verwaltungs- und Polizeikosten bestimmt. Die Überschüsse sollten zur Unterhaltung der Leinpfade und für Arbeiten verwendet werden, welche „die Schiffahrt auf jedem der respectiven Ufer notwendig macht". Wie schon in Rastadt ausdrücklich betont wurde, war es nunmehr den Regierungen zur unbedingten Pflicht geworden, auch die Zollverhältnisse der übrigen Flüsse Deutschlands und was damit in Zusammenhang stand, einer Ordnung von Grund aus zu unterziehen, sobald politisch ruhigere Zeiten wieder eingetreten waren. Die Kriege der letzten beiden Jahrzehnte hatten sehr viel Wohlstand vernichtet und so lag eo ipso die staatliche Verpflichtung sehr nahe, auf jede Weise zur Hebung der Wirtschaft Sorge zu tragen.[29]) Sobald man vor einem Angriff Napoleons dauernd sicher zu sein glaubte, d. h. als der erste Pariser Friede am 30. Mai 1814 geschlossen wurde, legten daher im Artikel V des Traktates die Mächte die zukünftige Strompolitik in einigen Worten fest. Es heisst dort: „Il sera examiné et décidé de même dans le futur congrès, de quelle manière, pour faciliter les communications entre les peuples et les rendre toujours moins étrangers les uns aux autres, la disposition ci-dessus pourra être également étendue à tous les autres fleuves qui dans leur cours navigable séparent ou traversent différents États.“ Diese allgemeine Bestimmung wurde auf dem Wiener Congress nach einem Entwurfe Wilhelm von Humboldts durch eine „Commission für die Freiheit der Flussschiffahrt“ in 9 Artikeln weiter ausgeführt, welche nunmehr bei den Verhandlungen für die einzelnen Ströme als Richtschnur benutzt werden sollten. Es sind dies die Artikel 108—116 der Wiener Congressakte vom 9. Juni 1815. Ihr Inhalt ist so klar und schon so oft dargelegt worden, dass er einer Erklärung an dieser Stelle nicht bedarf. Diese Wiener Artikel, welche durch das gemeinsame Arbeiten eines französischen, englischen, preussischen und österreichischen Commissars angefertigt worden waren, bildeten eine feste völkerrechtliche Grundlage. Es stand daher auch der englischen und der französischen Regierung die Intervention offen, wenn die einzelnen Flussconferenzen von dem Inhalt der Wiener Acte abwichen.[30])

Es wird auch weiter unten (Anmerkung 169) kurz erwähnt werden, dass Napoleon Bonaparte in gewissem Sinne als der Vater der freien Elbschiffahrt zu betrachten ist; also auch hier kam erst durch französischen Einfluss, durch den französischen Kaiser selbst, der Stein ins Rollen. Vornehmlich die Leipziger Kaufmannschaft stimmte (1807) den Intentionen des Kaisers resp. des Königs Friedrich August I. von Sachsen vollkommen bei. So etwas ganz neues waren daher für die Interessenten an der Elbe weder die Bestimmungen des Wiener Congresses noch der Dresdener Commission. Es lag nur an den damaligen Zeitumständen, dass die Ideen des Kaisers nicht in kraftvolle Thaten umgesetzt wurden.

Es möchte nun den Anschein gewinnen, als wenn die deutschen Regierungen in den ersten Jahrzehnten des 19. Jahrhunderts der Binnenschiffahrt gar keine Aufmerksamkeit schenkten und sich nur von dem Einflusse des Auslandes leiten liessen. Man würde ihnen jedoch Unrecht thun, wenn man dies annähme. Wenigstens für den preussischen Staat, der uns ja hier zunächst beschäftigt, wäre diese Annahme ungerechtfertigt. So wurde am 14. April 1806 eine „Allgemeine Strom-, Deich- und Ufer-Ordnung für Ostpreussen und Litthauen“ erlassen. In dieser finden sich genaue Vorschriften für die Instandhaltung der Leinpfade (Treideldämme), für die Beseitigung aller Hindernisse aus dem Flussbette, über das Flössen losen Holzes u. a. Von demselben Tage ist datiert eine Strom-Ordnung für den grossen und kleinen Friedrichsgraben in Ostpreussen.[31]) Allerdings haben diese Anordnungen zum Teil andere Gegenstände behandelt wie die Dresdener Commission; von Aufhebung der Abgaben, welche dort ebenfalls bestanden, ist in ihnen keine Rede. Aber ihr Endzweck ist doch, wie auch ausdrücklich angegeben wird, vor allem auf die Hebung der Schiffahrt und des Handels gerichtet. Von einem grossen, internationalen Verkehr, wie er auf der Elbe bestand, war hier nicht viel zu merken; es handelte sich nur um den Verkehr zwischen Königsberg einerseits und dem ostpreussischen Hinterland und den litthauischen Niederungen andrerseits. Die Bedeutung dieser Verordnungen kann vielleicht noch erhöht werden, da sie den Eindruck hinterlassen, als wären sie der Anfang gewesen zu einer ganzen Reihe, welche mutatis mutandis die in Frage stehenden Materien auch in den anderen Provinzen regeln sollten. Dass daraus nichts wurde, dafür genügt wohl der Hinweis darauf, dass sie im Jahre 1806, kurz vor dem politischen Zusammensturz, erlassen sind.

Auch in der Convention zwischen dem Königreich Westphalen und dem Königreich Preussen vom 14. Mai 1811, welche die Angelegenheit der Elbe als eines Teiles der Grenze regelte, wird in § 2 angeordnet, dass in betreff der Schiffahrts-Polizei, der Erhaltung des Flusses, seiner Deiche, der Leinpfade, der Uferbauten und Anpflanzungen und der im Fall von Überschwemmungen und Austritt der Ufer zu nehmenden Massregeln gleichförmige Reglements erlassen werden sollen. Der Artikel 8 des § 2 sagte ganz allgemein: „Um so viel als möglich den Handel und die Schifffahrt auf der Elbe zu begünstigen, verpflichten sich beide

Mächte, eine jede für ihren Theil des Flusses, den Lauf desselben in einem schiffbaren Zustande zu erhalten, den Fluss von den sich etwa äussernden Hindernissen zu befreien und nichts zu unternehmen oder seinen Unterthanen gestatten, was den Stand des Ufers oder des Thalweges zum Nachtheil des anderen Theils verändern könnte." Wenn auch diese allgemeinen Sätze zunächst gar nichts besagten, so sind sie doch jedenfalls als ein ganz directer Vorfahre der Elbschiffahrtsakte zu betrachten. Von grosser praktischer Bedeutung sind sie allerdings wohl kaum gewesen, da ja die Herrlichkeit Jerôme-Napoleons in Kassel und auf Wilhelmshöhe nicht von langer Dauer war. An dem Status der Elbzollerhebungen sollte nichts einseitig geändert werden.

Gerade diese Verhandlungen zwischen den Delegirten des Königs von Preussen und denen des Königs von Westphalen sind als eine, wenn auch kleine, Vorarbeit zu den Dresdener Conferenzen zu betrachten. Sie haben die preussische Regierung jedenfalls mit Arbeiten bekannt gemacht, welche die gemeinschaftlichen Interessen an der Elbschiffahrt forderten.

Die leitenden Staatsmänner der einzelnen Staaten sahen die wirtschaftlichen Forderungen einer neuen Zeit in Wien wohl ein. Das Zustandekommen der Wiener Akte zeigt deutlich, dass sie darüber einig waren, was speciell für den Flussverkehr zu thun war. Aber die Schwierigkeiten hatten sie nicht genügend erkannt, welche bei der Lösung der Frage entstehen würden, auf welchem Wege an das Ziel zu gelangen sei. Die einzelnen Ressortminister konnten sich unmöglich plötzlich von der bisherigen, rein-fiskalischen, Strompolitik trennen. Sie wussten die vorauszusehenden Ausfälle an staatlichen Einnahmen nicht zu ersetzen, zumal da in dieser politischen Restauration die staatlichen Ausgaben plötzlich und schnell gewachsen waren. Wir stehen hier mitten in einem für die Volkswirtschaft sehr bedeutsamen Zeitraum. Auf der einen Seite sehen wir die liberalen Ideen und die allseitig nach den Kriegen hervortretenden Verkehrsbedürfnisse, auf der anderen Seite die letzten Reste des Merkantilsystems und die Einnahmebedürfnisse der erschöpften Staaten.[32]) Auch in der volkswirtschaftlichen Litteratur sehen wir ganz die Übergangszeit charakterisirende Erscheinungen: in Hamburg pries in der Wende des Jahrhunderts Johann Georg Büsch mit Begeisterung das Concurrenzsystem und rief die „deutschen Fürsten und deutschen Rahtgeber im Regiment" auf, mit allen Kräften Deutschland zu einem Lande zu machen, welches in Gewerbefleiss, Handel und Verkehr der ganzen Welt ein Muster wäre und diese von sich abhängig mache; und zu derselben Zeit schreibt Johann Gottlieb Fichte sein merkwürdiges Buch: „Der geschlossne Handelsstaat", nach welchem Deutschland nach aussen wie das Reich der Chinesen abgeschlossen wurde und im Inneren als socialistisches Gemeinwesen, also ohne jede Spur von freier Concurrenz, sich aufbaute.

Der Kampf dieser beiden wirtschaftlichen Richtungen fällt zu Gunsten der jüngeren, des Concurrenz-Systems, aus. Denn infolge der Neuregelung des politischen Gleichgewichtes Europas durch die napoleonischen Feldzüge und die sich an dieselben anschliessenden Friedensschlüsse und Congresse war der Gedanke des internationalen Interesses der einzelnen Nationen und Staaten klar zu Tage getreten und daher die einzelnen Staaten zu einem möglichst freien Verkehr unter sich geführt worden. Die Kontinentalsperre wurde ein warnendes Beispiel. Wie immer, so würde auch bei diesem Wechsel der Politik eine sprungweise Entwicklung mit den grössten Nachteilen verbunden gewesen sein. Die Gefahr lag offen zu Tage; denn die englischen Lehrsätze und der Sinn für das Wirtschaftlich-Vollkommene hatten sich in den Köpfen festgesetzt. Hand in Hand mit der Ordnung der Verkehrsmittel musste daher eine Reform des Steuerwesens gehen. Die preussische Steuergesetzgebung von 1818 verkörpert diese Bedürfnisse in sich.

Dieser Entwicklung stellte sich aber in Deutschland ein Hindernis in der souveränen Zerstückelung entgegen. Heinrich von Treitschke hat im Anfang des dritten Bandes seiner Deutschen Geschichte im neunzehnten Jahrhundert eine sehr lebhafte Schilderung der deutschen Kleinstaaterei, vornehmlich ihrer wirtschaftlichen Politik während der Restauration gegeben. Ein massloser Souveränitätsdünkel erfüllte die kleinen Staaten, welche bei jedem Versuch, ein gemeinsames Institut zu schaffen, alle möglichen Rechte ihrer Souveränität geltend machten. Für die von Preussen damals, besonders in Zollsachen, befolgte deutsche Politik fehlte den meisten mitteldeutschen Staaten jedes Verständnis. Dies zeigte sich auch in der Commission, welche in Dresden 1819—1821 tagte, um die Artikel der Wiener Akte für die Elbe zu specificieren.

So hemmend für die Entwicklung des wirtschaftlichen Deutschlands die Thätigkeit der Kleinstaaten auch gewesen sein mag, so ist sie doch ganz erklärlich. In den letzten Tagen des alten Reiches hinderte sie Niemand an ihrem „Wirtschaften auf eigene Faust, aber ohne Gefühl der Verantwortlichkeit", und im Rheinbunde war ihr Dünkel unter dem Einflusse Napeleons nur noch mehr gewachsen. Unter solchen Umständen that der Ton, den die preussische Regierung mit jedem Moment ihres Auftretens stärker anschlug, ihren Ohren sehr begreiflich wehe. Am allerwenigsten waren sie natürlich zu haben, wenn es sich um finanzielle Verhältnisse, um Concessionen handelte, wie jetzt in Dresden.

Wie würden die Arbeiten zur Regulierung der Elbschiffahrt, wenn man sie an den Bundestag überwiesen hätte, verlaufen sein! Wo noch mehr Staaten mitzureden hatten als es in Dresden — schon gerade genug — der Fall war. So gefährlichen Situationen eine so ernste Arbeit, wie die Regulierung der Schiffahrt auf der Elbe sein musste, auszusetzen, hatte man in Wien doch nicht gewagt.

Zur Grundlage der Dresdener Verhandlungen sollte der Status des Jahres 1815 dienen, wie beim Beginn der Beratungen oft betont wurde; denn aus diesem Jahre stammte die Wiener Akte. Um die damalige Sachlage deutlich vor uns zu haben, wollen wir einen Augenblick in den praktischen Verkehr eintreten. Wir wollen eine Schiffsladung die Elbe von Cuxhaven bis Melnik hinauf begleiten und alle Freude und alles Leid mit ihr teilen.[33])

Betreten wir mit unserem Schiffe, sagen wir mit einem Amerikafahrer, die Mündung der Elbe, so haben wir zunächst zur Rechten die Insel Neuwerk. Den sogenannten „Werkzoll“, welcher in den ältesten Zeiten hier erhoben, im Anfang des 17. Jahrhunderts hinein nach Hamburg verlegt und dort durch eine kaiserliche Urkunde von 1630 bestätigt wurde, hat unser Schiffer weder hier noch in Hamburg mehr zu entrichten, ebenso wenig den dänischen Zoll in Glückstadt, jener Stadt, welche einstmals samt diesem in der Mitte des 17. Jahrhunderts nur für wenige Jahre in Kraft gewesenen Zoll dazu bestimmt war, den Handel Hamburgs an sich zu ziehen. Indessen, die Freude unseres Schiffers wird gar bald getrübt: dort, wo die Elbe mit einer ziemlich breiten Landzunge, der sog. Drommel, eine kleine Bucht bildet, also ihr Bett für eine kurze Strecke einengt, liegt auf ihrem linken Ufer, bei unserer Fahrt also rechts, an der Mündung der Schwinge Brunshausen.[34]) Hier muss unser Schiffer anlegen und für seine Waren dem Könige von Hannover den jahrhundertelang berüchtigten Stader Zoll, welcher sich auf die kaiserliche Verleihung eines Marktzolles in Stade an den Erzbischof von Hamburg im Jahre 1308 zurückführen lässt, entrichten. Führt unser Kapitän ein Schiff, welches mit der Ladung einem handeltreibenden hamburgischen Bürger gehört, so ist er von dem Zoll (gesetzlich) befreit. Auf unserer Weiterfahrt erblicken wir zur Rechten das „Alte Land“, ein weit und breit berühmtes Kirschenland, und zur linken von Blankenese stromaufwärts eine niedrige Hügelkette mit den Landhäusern der hamburgischen Kaufherren, welche uns die Nähe der grossen Handelsstadt ankündigt. Den Hafen von Altona lassen wir zur Linken liegen und laufen alsdann mit unserem Kauffahrteischiffe in den Hafen von Hamburg ein. — Hier findet, sofern die Waren für den Weitertransport in das Innere Deutschlands die Elbe benutzen sollen, die Umladung in das magdebuı gische Elbschiff statt. Bei der Einladung haben die Handelsleute, resp. der Schiffer, im Zoll-Comptoir Wert, Gewicht und Mass zu declariren und dabei einen geringen Zoll, den sogenannten Esslinger Zoll[35]) und für die Bemühungen des Zollofficianten eine Schreibgebühr zu zahlen. Vor 100 Jahren hätte unser Schiffer noch eine ganze Reihe Zölle hier zu zahlen gehabt. Wir fahren alsdann mit dem magdeburgischen (allgemein nannte man sie „Oberländer" damals schon) Kahn die Elbe hinauf, welche sich bald mit der „Süder-Elbe" wieder vereinigt und etwas breiter wird, vorüber an den zu beiden Seiten liegenden Marschen und den Blumen- und Obstkulturen der Vierländer, und gelangen zur Mündung der Ilmenau. Hier werden wir an jene Zeiten erinnert, in welchen alle Waren nach Lüneburg, der einst so stolzen Handelsstadt, die den Hamburgern Schiffahrtsgesetze zu dictiren versuchte, hinaufgebracht und dort umgeladen werden mussten, um zu Lande oder späterhin auch zu Wasser auf der Elbe weiter befördert zu werden. Der Flussmündung gegenüber erblicken wir den Zollenspieker, der uns hinter hohen Bäumen wie ein friedliches, niedersächsisches Bauernhaus anschaut, aber einst ein weit und breit gefürchtetes Zollhaus war, von welchem eine Handelsstrasse über Bergedorf nach Hamburg führte.[36]) Auf unserer Weiterfahrt erblicken wir links, nicht weit vom Zollenspieker, versteckt hinter dem Deich, einen Gutshof, welcher noch einige Trümmer der einst ebenfalls als Zollstätte, zugleich aber auch als Raubnest gefürchteten Riepenburg zeigt. Weiter oberhalb lassen wir links Artlenburg liegen, das alte Erthenburg oder Erteneburg, einst wie das nicht ferne Dörfchen Bardowick, wo uns noch der alte Dom an verschwundene Pracht erinnert, eine sehr bedeutende Handelsstadt. Wir gelangen alsdann nach Lauenburg, der Residenz der alten Sachsenherzöge, an einem kleinen Abhange gelegen, an der Mündung der Delvenau. Hier hat unser Schiffer den dänischen, oder richtiger herzoglich-lauenburgischen, seit 1632 rechtlich bestehenden, Zoll zu entrichten. Nach kurzer Fahrt passiren wir die mecklenburgische Grenze zu unserer linken und müssen in den Hafen des alten Boizenburg einlaufen, um den ersten mecklenburgischen Zoll zu entrichten. Er wurde 1623 nebst dem gleich zu erwähnenden Zoll in Dömitz auf 20 Jahre, das heisst in der damaligen Ausdrucksweise für alle Ewigkeit, masslos erhöht und unter gerade hier sehr fühlbaren Plackereien und Nebenabgaben aller Art eingenommen. Auf dem linken Ufer haben wir alsbald zwei hannöverische Zölle zu entrichten, in Bleckede und Hitzacker. Die alte Vergünstigung, dass sich die Schiffe nur an einem der drei hannöverischen Ämter (das dritte ist Schnackenburg) zur Zahlung für alle drei Zölle zusammen „zu stellen“[37]) brauchten, ist seit 1632, als sie um ein Dritteil erhöht wurden, aufgehoben. Nachdem wir die gefährliche Flussstrecke zwischen Hitzacker[38]) und Dömitz glücklich durchfahren haben, müssen wir in Dömitz den Mecklenburgern noch einen zweiten Zoll zahlen, da hier ihr Land mit einem schmalen Streifen an die Elbe tritt. Kurz vor Lenzen betreten wir den brandenburgischen Boden und haben in dem dortigen Hafen zunächst den Lenzener Lizent, einen Zoll, welchen einst Gustav Adolf bei der Schanze von Werben eingeführt und die brandenburgische Regierung später hierher verlegt hatte, etwas weiter hinauf am sogenannten Zollhaus den Lenzener Zoll (seit 1558) und bald darauf auf dem linken Ufer noch einen hannöverischen in Schnackenburg zu entrichten. Hiermit ist aber für die kurze Strecke noch nicht genug Zoll gezahlt: in Wittenberge haben wir noch zwei Zölle zu entrichten. Der eine ist für den preussischen Staat bestimmt und gehörte ursprünglich dem in der Westpriegnitz angesessenen Geschlecht: Gans, Edler Herr von und zu Putlitz; der andere gebührt dem Rittergute Kumlosen im Besitz der Herren von Möllendorf.[39]) Hier in Wittenberge findet wegen der preusischen Zollgesetze vom 13. März und 8. September 1814 in jedem Falle eine umfassende Revision der genannten Schiffsladung statt, während sie auf den bereits passirten Ämtern bei der Zollzahlung nicht ausgeschlossen war, was ganz von der mehr oder weniger guten Laune des Einnehmers, d. h. meist von der Zahlung der für ihn bestimmten Nebengebühren abhing. Schon hieraus geht zur Genüge hervor, dass unser Schiffer über seine Zeit nicht verfügen kann. Auf der Weiterfahrt hat er königliche Zölle in Sandau, in Tangermünde, einst wichtiger Handelsplatz und kaiserliche Residenz, und in Jerichow zu zahlen. Bei dem weiter oberhalb liegenden Dorfe Rogätz braucht er nicht mehr anzulegen, da die Herren von Alvensleben ihren hiesigen Zoll jetzt in Magdeburg mit den dortigen Zöllen erheben lassen. Nunmehr betreten wir den Hafen von Magdeburg. Hier muss unser Schiffer die Güter aus seinem Kahn ausladen. Sie werden auf den Packhofplatz hinaufgewunden und mit aller Sorgfalt nachgewogen. Alsdann können die Güter in den Dresdener Kahn eingeladen werden. Kann das nicht sofort geschehen, was sich wahrscheinlich sehr oft ereignete, so müssen die Waren zur Niederlage dem Packhof übergeben werden. Für alle diese damit verbundenen Manipulationen sind gewisse Gebühren zu entrichten und gerade ihretwegen waren die einzelnen Verrichtungen zur unbedingten Vorschrift geworden. Ausserdem hat noch unser Schiffer Zoll zu zahlen, sowohl einen königlichen wie einen städtischen, ferner den bereits erwähnten der Herren von Alvensleben.

Hier in Magdeburg hört die Schiffahrt in sehr vielen Fällen auf. Der Verkehr auf der Elbe ist oberhalb der Stadt — wir befinden uns im Jahre 1815 — nicht von Belang. Doch nehmen wir an, dass unser Schiffer noch Waren für Sachsen und Böhmen hatte, und setzen wir mit dem neuen Schiffer in dem Dresdener Kahn die Reise fort. Auf der nunmehr folgenden Strecke zahlen wir der preussischen Regierung Zölle in Schönebeck, Grunewald, Barby, wo einst die Herren und späteren Grafen von Barby geboten und den Zoll besassen, und Aken. In Barby wird auch noch ein Zoll für die Herren von Oppen erhoben. Darauf betreten wir die anhaltinischen Länder und haben diesen nicht weniger als 4 Zölle zu zahlen: und zwar dem Herzog von Dessau in Tochheim und in dem Dessauer Elbhause, dem Herzog von Köthen in Rosslau und dem Herzog von Bernburg in Koswig. Alsdann betritt unser Schiffer die ehemaligen sächsischen Landesteile Preussens, welches im Jahre 1815 auch die sächsischen Zollstätten übernommen hatte und weiter führte. Es sind Zölle in Wittenberg, Pretzsch, Torgau und Mühlberg zu entrichten. In Pretzsch lässt auch das Rittergut Clöden (etwas unterhalb Pretzsch, auf dem rechten Ufer gelegen) von unserem Schiffer eine Abgabe erheben für die Anfertigung und Unterhaltung eines Durchstiches (den es also noch unter sächsischer Herrschaft ausgeführt hatte). In Mühlberg, wo wir das preussische Gebiet wieder verlassen, werden aus dem nämlichen Grunde wie in Wittenberge die Schiffsgüter bei der Zollzahlung genau revidirt. In Sachsen haben wir zuerst in Strehla dem dortigen Rittergute Zoll zu zahlen; der sächsische Staat verlangt alsdann einen Zoll in Meissen, der alten Bischofsstadt mit der Albrechtsburg. — Dresden, wohin wir darauf gelangen, ist wie Magdeburg ein Umladeplatz. Hier muss also ebenfalls umgeladen werden in den böhmischen Kahn. Jedoch kommt uns dies hier nicht so teuer zu stehen; immerhin müssen wir ausser dem königlichen Zoll eine Gebühr bezahlen. Nach kurzer Fahrt muss in Pirna wiederum umgeladen werden. Indessen ist wohl anzunehmen, dass das hiesige Umladerecht infolge der Nähe Dresdens nur dann ausgeübt wurde, wenn die Umladung aus irgend einem Grunde in Dresden nicht erfolgte. Der Ertrag des Zolles, der neben der städtischen Umladegebühr von dem Staate in Pirna von unserem Schiffer verlangt wird, ist für den dortigen Gotteskasten und für den Geistlichen auf der Feste Königstein bestimmt. Bei unserer Fahrt durch die sächsische Schweiz erhebt die Regierung noch einen Zoll in Schandau. Der österreichischen Regierung müssen wir schliesslich noch 3 Zölle entrichten: in Tetschen, Aussig und Salesl. In Melnik muss die Schiffahrt in jedem Falle aufhören und unser Schiffer übergiebt hier die Waren dem Landtransport.

Das Bild von der Belästigung wird noch deutlicher, wenn wir an die Schwerfälligheit der Beamten, die Compliciertheit der Tarife und an das Unwesen der Nebenabgaben denken.

Der Status des Jahres 1815 hatte sich bis 1819, als die Commission in Dresden zusammentrat, bereits insofern verändert, als seit dem 1. Januar 1819 durch das preussische Zollgesetz vom 26. Mai 1818 eine Durchfuhrabgabe eingeführt worden war. Sie betrug regelmässig 12 Groschen für den hamburgischen Centner (= 112 ℔) und war von den Elbschiffern, sofern sie durch preussisches Gebiet fuhren, natürlich ebenfalls zu entrichten, wodurch die Schiffahrt noch mehr bedrückt wurde. Die langen Auseinandersetzungen, welche dies besonders mit den anhaltinischen Regierungen verursachte, werden weiter unten erwähnt werden.[40])

II.

PREUSSEN UND DIE DRESDENER ELBSCHIFFFAHRTS-COMMISSION.

---

1. DER ÄUSSERE GANG DER VERHANDLUNGEN.

Nach Artikel 108 der Wiener Akte sollten die einzelnen Flussschiffahrts-Commissionen 6 Monate nach Schluss des Wiener Congresses zusammentreten. Die Beratungen für die Elbe begannen indess erst am 3. Juni 1819, also mit einer Verspätung von fast $3^1/_2$ Jahren. Das ist jedoch ganz erklärlich. Denn es ist nicht zu übersehen, dass in den ersten Friedensjahren eine so grosse Anzahl Aufgaben für die Staatsthätigkeit entstand, dass eine Verzögerung von Anfang an unvermeidlich war. Die kurze Frist hatte der Wiener Congress wohl nur angegeben, damit diese Angelegenheit überhaupt nicht in Vergessenheit kam.

Preussen hatte die Aufgabe, die Einladungen zum Zusammentritt der Commission an die Uferstaaten zu erlassen. Das geschah im October 1817. Doch kam auch damals noch kein Anfang zu Stande. In Kopenhagen liess das Reformationsfest die Einladung vergessen;[41]) in Hannover wollte man erst genaue Nachrichten über die Anordnungen und Beschlüsse der Mainzer Commission, welche die Zollverhältnisse des Rheines endgültig zu ordnen bestimmt war, abwarten, obgleich Hannover selbst am Rhein gar keine Interessen hatte.[42]) In Preussen begann unterdessen die grosse, einheitliche Steuerreform durch das am 26. Mai 1818 erlassene „Gesetz über den Zoll und die Verbrauchs-Steuern von ausländischen Waren und über den Verkehr zwischen den Provinzen des Staates." [43]) Die Durchführung dieses Gesetzes in den 7 östlichen Provinzen wollte man mit Recht erst abwarten, bevor die Elbecommission ihre Conferenzen eröffnete, weil sich daraus erst „die nötigen Data und die Opfer" ergeben würden. Hamburg drang jedoch im Juli 1818 mit aller Kraft auf Eröffnung der Verhandlung [44]) und selbst der Herzog von Anhalt-Bernburg begann ungeduldig zu werden. [45])

Als Ort der Verhandlungen wählte man Dresden, weil dort bereits die Verhandlungen der preussisch-sächsischen Ausgleichs-Commission stattfanden, welche sich unter anderem ebenfalls mit Schiffahrtsangelegenheiten befasste. [46])

Am 3. Juni 1819 wurden die Beratungen der ersten Elbschiffahrts-Commission eröffnet. Der preussische Unterhändler, von Jordan, sah sogleich „dass die Mehrheit der Commission angewiesen sei, mit grosser Schonung der Verhältnisse vorzuschreiten; der hamburgische Abgesandte allein bemüht sich, die Vorteile eines ganz freien Handels herauszustreichen". [47]) Es ist daher erklärlich, dass die Verhandlungen während vieler Monate ohne greifbares Resultat blieben, und zwar bis Mitte April 1820. Ein Teil der Schuld lag auch auf der preussischen Seite: der Handelsminister Graf von Bülow bemerkte in einer Denkschrift an den Fürsten Hardenberg vom 4. November 1820, dass die Dresdener Verhandlungen deshalb lange Zeit so langsam vorwärts gegangen seien, weil bis Ende März 1820 die preussische Regierung sich weder des Rats noch der Hülfe seines Ministeriums und der des Finanzministers, Freiherrn von Klewitz, bedient hätte; sie hätten bis dahin von den Beratungen nur das gehört, was die öffentlichen Zeitungen enthielten. Ein weiterer Übelstand bestand darin, dass der preussische Unterhändler, Herr von Jordan, welcher preussischer Gesandter am sächsischen Hofe war, kein Sachverständiger in Elbschiffahrtsangelegenheiten war und daher im April 1820 die Berliner Regierung selbst bat, ihm einen Fachmann an die Seite zu geben. [48]) Der anfangs in Aussicht genommene Geheime Ober-Finanzrat Semler, welcher den Handels- und Schiffahrtsvertrag mit Russland vom 19./7. December 1818 unterzeichnet hatte, übernahm jedoch aus Familien- und Gesundheitsrücksichten dieses Amt nicht (14. 4. 1820). Vielmehr wurde dieses endlich (3. 5. 1820) dem Geheimen Finanzrat Mauve übertragen.[49]) Dieser Mann, der keine Minute lang das preussische Interesse bei den Dresdener Verhandlungen aus dem Auge liess, geriet nun immer mehr, zweifelsohne infolge seines heftigen Temperamentes, in einen scharfen Gegensatz zu Jordan. Nach der Ansicht J. G. Hoffmanns wurde sein Urteil durch seine Heftigkeit sehr beeinflusst, sodass die Objectivität darunter litt; aber dies sei lediglich auf einen übertriebenen Diensteifer zurückzuführen.[50]) Mauve selbst bat des öfteren um seine Entlassung, da er sowohl mit Herrn von Jordan wie mit dem österreichischen Unterhändler, Freiherrn von Münch, während seines ganzen Aufenthaltes in Dresden sich in den wenigsten Fällen einigen konnte.[51]) Fürst Hardenberg suchte ihn indessen solange als möglich (bis zum 9. 4. 1821) auf seinem Posten zu halten, da er sich stets in den Verhandlungen als kenntnisreicher und die preussischen Interessen wahrnehmender Beamter bewies.[52]) Auch der zeitweilige Personalwechsel des österreichischen Bevollmächtigten, welcher zugleich Vorsitzender der Commission war, störte den Verlauf der Verhandlungen.[53]) Neben Mauve und Hoffmann gebührt entschieden ein hervorragender Anteil an dem Zustandekommen der Elbschiffahrtsacte dem Senator der Freien und Hansestadt Hamburg, Ch. N. Pehmöller, welcher ein erfahrener, im praktischen Leben stehender Kaufmann war.[54])

Einen ganz neuen Abschnitt in den Dresdener Verhandlungen leiteten einige Separatconferenzen ein. Am 1. April 1820 fand in Berlin eine Conferenz statt zwischen dem Handelsminister, dem Finanzminister, Herrn von Jordan und einigen Räten aus den Ministerien; am 13., 14., 16. und 17. April 1820 fanden ebendort eine Anzahl Conferenzen zwischen dem Baron Münch und J. G. Hoffmann, damals Rat im Ministerium der auswärtigen Angelegenheiten, statt. In diesen Conferenzen wurden die Grundzüge der Elbschiffahrtsakte festgelegt, nachdem man allerdings vorher in

Dresden durch Pehmöller manche Anregung empfangen hatte. Die nach diesen Beratungen stattgehabten Dresdener Conferenzen zeugen auch von einem ungleich tieferen Verständnis für die Elbschiffahrtsangelegenheiten als die vorhergegangenen.

Geschlossen wurden die Dresdener Verhandlungen am 23. Juni 1821, nachdem die Arbeiten oft wochenlang unterbrochen worden waren.

Was den Inhalt der Beratungen angeht, so mussten und sollten diese vor allen Dingen sich auf die Zollverhältnisse erstrecken, wie ja auch ohne Weiteres aus den damaligen Elbschiffahrtsverhältnissen hervorgeht. An Meliorationsarbeiten im Flussbette und an Correction des Laufes konnte damals, wenn überhaupt etwas geleistet werden sollte, noch nicht gedacht werden. Über diese Arbeiten sagte auch die Wiener Acte in Artikel 113 nur, dass jeder Staat für sie zunächst selbst zu sorgen habe und dies nur im allgemeinen in der zu vereinbarenden Acte festgesetzt werden solle. Bezüglich der Zölle verlangte die Wiener Acte, dass die Erhebungsämter auf die notwendige Zahl beschränkt, die Zölle selbst herabgesetzt, der Tarif vereinfacht und die dem Schiffahrtsverkehr dienenden Anstalten nur dann beibehalten würden, wenn sie als eine Notwendigkeit, eine Förderung des Verkehrs anzusehen wären. Diese Punkte sind in den folgenden Abschnitten zu untersuchen.

Wir müssen an dieser Stelle noch einen Gegenstand erledigen: die Nebenflüsse der Elbe. Der Artikel 110 der Wiener Acte hatte ausdrücklich bestimmt, dass die Schiffahrt auf diesen ebenfalls von den Commissionen der Flüsse, in welche sie münden, zu reguliren sei, sofern sie das Gebiet mehrerer souveräner Staaten berührten. Hier, bei der Elbe, kamen, wie an verschiedenen Stellen in den Acten erwähnt wird, in Betracht: die Saale, die Jetze, die Aland und die Delvenau. Doch überliess der Artikel 32 der Elbschiffahrtsacte die Anwendung und Ausdehnung ihrer Bestimmungen auf die in Frage kommenden Nebenflüsse den betreffenden Staaten „zum besonderen Abkommen“.[55]) Es kamen bei den einzelnen Nebenflüssen nur zwei Staaten, bei der Delvenau drei, in Betracht; ausserdem hatte die Schiffahrt auf ihnen eine fast ausschliesslich locale Bedeutung.

Die Saale durchströmte damals in ihrem schiffbaren Laufe einen Teil des preussischen Staates und einen Teil der anhaltinischen Länder, meist der herzoglich-bernburgischen Linie gehörend. Sie ist bereits im achtzehnten Jahrhundert durch Schleusen zum Teil schiffbar gemacht worden, zu deren Unterhaltung Schleusengelder von den einzelnen Schiffen erhoben wurden. Die Erhebungstarife dieser Abgaben waren indessen bisher nicht so festgesetzt worden, dass der Einnehmer nicht willkürlich sie hätte anwenden können. Auch fehlte jede Vereinbarung über die Unterhaltung des Strombettes und der Leinpfade, sowie über die Strompolizei. Während der Dresdener Conferenzen war die Schiffbarmachung der Saale seitens Preussens (bis 1815 Sachsens) noch im Gange und man hoffte durch sie Thüringen dem grossen Verkehr noch mehr als bisher zu erschliessen, wenn die Saaleschiffahrt sich hinauf bis Naumburg erstreckte. Schon damals gingen die Producte der Landwirtschaft und Gärtnerei in Thüringen in grossen Mengen nach Magdeburg, Berlin und Hamburg. Durch die Weiterführung der Schiffbarmachung der Saale hoffte man auch die Unstrut hinauf bis Artern fahren zu können, sodass die dortigen Salzbergwerke, sowie die in Kösen und Halle die Schiffahrt benutzen könnten. Nicht weniger wichtig war die Saaleschiffahrt für den Kohlenbau bei Wettin und die Steinbrüche bei Rothenburg.[56]) Die Schiffahrtsverhältnisse der Saale wurden erst ziemlich spät geregelt: durch den Vertrag zwischen Preussen und Anhalt-Bernburg wegen Regulierung der Schiffahrts-Abgaben auf der Saale vom 17. Mai 1831.

Der schiffbare Lauf der Jetze, oder wie sie auch heisst, Jetzel, berührte preussisches und hannöverisches Gebiet. Er beginnt bei Salzwedel und, da diese Stadt kaum eine halbe Meile von der hannöverischen Grenze entfernt lag, so hatte Hannover zunächst das grösste Interesse an der Schiffahrt auf ihr. Indessen war das der Stadt Salzwedel nicht geringer, da von ihr aus noch immer sehr viel Korn aus der Altmark verschifft wurde. Während der Dresdener

Konferenzen bestanden noch immer alte Streitigkeiten zwischen den hannöverischen und preussischen Schiffern, indem die ersteren den letzteren auf dem hannöverischen Lauf der Jetzel kein Recht zur Schiffahrt einräumen wollten.[57]) Wahrscheinlich sind die Schiffahrtsverhältnisse der Jetze durch ein Privatübereinkommen zwischen der hannöverischen und preussischen Regierung geregelt worden; denn es findet sich weder in der preussischen noch in der hannöverischen Gesetzsammlung etwas, was darauf Bezug hätte. Vielleicht fand gar kein Abkommen statt, da die Schiffahrt der Jetze immer mehr an Bedeutung verlor.

Genau dasselbe lässt sich bezüglich der Aland sagen, welche ein wenig oberhalb der Jetzemündung in die Elbe fliesst. Die Schiffahrt auf diesem Flusse ist im Laufe der Zeit noch unbedeutender geworden, sodass er heute officiell nicht mehr unter die schiffbaren Flüsse gezählt wird.[58])

Die Regelung der Verhältnisse auf der Delvenau, welche als Fortsetzung der von Lübeck aus westlich von dem Ratzeburger See gehenden kanalisierten Stecknitz bei Lauenburg in die Elbe mündet, wurde ebenfalls den betreffenden Regierungen, Dänemark, Mecklenburg und Lübeck überlassen. Nach einer Mitteilung des hamburgischen Bevollmächtigten in der Dresdener Commission hatte sich Lübeck bereit erklärt, auf alle Privilegien und ausschliesslichen Schiffahrtsrechte zu verzichten, sobald man zu einer Einigung über die Schiffahrt auf dem Stecknitz-Kanal und der Delvenau im allgemeinen gekommen sei.[59]) Auch diese Einigung scheint der geringen Bedeutung dieser Schiffahrt wegen unterblieben zu sein.

Eine Regelung der Verhältnisse auf den nur flössbaren Flüssen, also besonders der Mulde, der oberen Saale, der weissen und der schwarzen Elster war von vornherein ausgeschlossen, da auch die Wiener Akte nichts über sie sagte.

2. DIE REGELUNG DES REVISIONSRECHTES.

Das preussische Zollgesetz vom 26. Mai 1818 war ein sehr kühnes Unternehmen. Bisher war durch das Verbotsystem die Industrie gross geworden und nun machte der Staat eine Schwenkung zum Schutzzollsystem. Es war sehr fraglich, ob die junge Industrie jetzt nach dem Kriege der ausländischen Konkurrenz standhalten würde. Durch dieses neue System, damals Handelsfreiheit genannt, wurden die meisten Waren mit einem Zoll beim Eingang und bei der Durchfuhr belegt, während bei der Ausfuhr die Zollfreiheit die Regel war. Neben dem Zoll, der Verkehrsabgabe, wurde noch eine Verbrauchsabgabe eingeführt. Während der Zoll lediglich die Absicht verfolgte, „die inländische Gewerbsamkeit zu schützen“ (vornehmlich gegen die englische Konkurrenz), war die Verbrauchsabgabe vor allem eine Steuer. Die Durchführung dieses neuen Gesetzes verlangte nun, wenn man die wirtschaftlichen Ziele desselben in irgendwie erreichen wollte, eine sehr energische Bewachung der Grenze, was jetzt noch schwieriger als früher wurde, da die gesamte Monarchie nunmehr ein einziges Zollgebiet bildete, hierbei jedoch die Spaltung der Länder der preussischen Monarchie in zwei Hälften noch sehr störte. Besonders war zu erwarten, dass die Durchfuhrabgabe, welche zu Lande und zu Wasser erhoben wurde, dem Handelsstande und den Schiffern ein Dorn im Auge sein würde. Hier also hiess es ganz besonders auf den Verkehr Obacht geben, zumal die zahlreichen kleinen Staaten Mitteldeutschlands ein ganz offenbares Interesse haben mussten, dass ihre Bevölkerung die Versteuerung der Waren durch die preussische Durchfuhrabgabe nicht treffen möchte.

So war eine neue Gelegenheit zum Paschhandel geschaffen worden. Daher ist es ganz erklärlich, dass der Schmuggel in die preussischen Nachbargebiete und aus ihnen heraus, so gross er auch vor dem neuen Gesetz schon gewesen sein mochte, gerade durch dieses trotz aller strengen Grenzbewachung seitens Preussens sehr zugenommen hatte und die Moralität eines grossen Teiles der Grenzbewohner als sehr bedenklich erscheinen liess. Im preussischen Ministerium beklagte man sich häufig über einen vollständig organisierten Schmuggelhandel nach Sachsen, von Sachsen und durch Sachsen nach Österreich. Nach Österreich schaffte man diese Contrebande über Grossenhain, Kamenz, Bautzen und Zittau, oder durch Vermittelung von Annaberg über das Erzgebirge oder von den Elbhäfen Pirna und Schandau aus über das Gebirge.[60]) Der Warenschmuggel würde sicherlich bedeutend zugenommen haben, wenn man die Elbe, eine bequeme Wasserstrasse, nicht mit strengen Massregeln für die Warenrevision an der preussischen Grenze versehen hätte. Es war daher durchaus nicht ungerechtfertigt und unbillig, dass Preussen die genaue Controle des Transitverkehres auf der Elbe zum Wohle seiner selbst in der Commission in Dresden zunächst gesichert wissen wollte, ehe es sich in irgend eine Unterhandlung über die Anzahl der Zollstätten oder über die Höhe der Elbzölle selbst einliess. Von dieser Forderung durfte die preussische Regierung in keinem Falle ablassen, wenn sie sich irgend welchen Erfolg von ihrer eben beendeten Steuer- und Zollreform versprechen wollte; von dem genauen statistischen Nachweise des Warenverkehrs hing die weitere Ausbildung des preussischen Abgabensystems im weitesten Sinne ab und nur auf diesem Wege konnte die Regierung eine klare Anschauung der Bedürfnisse des eigenen Landes und der Nachbaren erhalten.[61]) So hielt denn Preussen die Sicherung der Durchfuhrcontrole sogar für so wichtig, dass es gerade auf eine sichere Form der Erhebung und Controle viel mehr Gewicht legte als auf die Einkünfte selbst.[62]) In jedem Falle verlangte es hinreichend sichere Mittel, durch welche nicht allein das Gewicht der verschifften Waren, sondern auch die genaue Beschaffenheit des Inhaltes der Umhüllungen festgestellt würde. Jedoch bestand die preussische Regierung nicht auf einer, vor den Conferenzen in Dresden, im Schosse des Ministeriums bestimmten Massregel, sondern sie wollte jedem Vorschlage eines der übrigen Uferstaaten sich anschliessen, sofern durch ihn die Zollbehörde eine sichere Überzeugung erlangen könnte, wieviele und welche Waren ein- und ausgeführt würden.[63])

Die österreichische Regierung hatte der Commission ein sehr weitläufiges, von dem früheren Generaldirector des Rheinoctroi, Eichhoff, ausgearbeitetes Reglement vorlegen lassen, durch welches eine Schiffsaiche allgemein eingeführt werden sollte. Durch die Aiche wird die Tiefe, in welche das Fahrzeug im Wasser sich einsenkt, ermittelt. In jedem Hafen, welchen die Schiffe berührten, sollten diese hinsichtlich der Richtigkeit der Aiche inspicirt werden und die Veränderungen, welche sich infolge Ausladens oder Einladens in einem Hafen einstellen würden, auf dem sogenannten Manifest des Schiffers, gewissermassen einem Gesamtladeschein, bemerkt werden. Indessen kann die Controle durch die Aiche nur ein Mass für grobe Waren geben, bei welchen es auf einige Centner mehr oder weniger nicht ankommt. In einer zwischen den preussischen Ministern und einigen höheren Regierungsbeamten am 1. April 1820 stattgefundenen Conferenz wurde folgendes Beispiel angeführt. Bei einem Fahrzeuge, welches, sagen wir, 600 Centner geladen hat, wird man die Veränderung seiner Einsenkung in das Wasser kaum bemerken, wenn man 6 Centner aus ihm nimmt. Wenn nun diese 6 Centner in Seidenwaren bestehen, von denen der Centner ungefähr 1500 Thlr. — so heisst es in dem betreffenden Bericht — wert ist, so werden Seidenzeuge im Werte von 9000 Thlr. heimlich ans Land gesetzt, ohne dass die Verminderung der Ladung durch die geringere Einsenkung kenntlich wird. Ebenso wenig kann die Aiche die Gattung der Waren verbürgen. Denn es war sehr leicht möglich, dass während der Fahrt ein Fass wertvoller Kolonialwaren mit einem Fasse gleichen Gewichtes voll wertlosen Inhalts, wie Sand oder Steine, vertauscht wurde, ohne dass die Aiche in dem nächsten Hafen eine Änderung zeigte. Dieser Umstand kam allerdings jetzt nicht mehr in dem Masse in Betracht wie früher, da in Preussen das System der Wertzölle fallen gelassen war. Für den Schiffer und Kaufmann bot diese Art Controle immerhin den nicht zu unterschätzenden Vorteil, dass sie nicht einen so grossen Zeitverlust wie das Untersuchen der einzelnen Güter herbeiführte. Indessen stand auf der anderen Seite der Umstand, dass sie eine sehr bequeme Gelegenheit zum Schmuggeln darbot. Die Aiche war daher für den Verkehr auf der Elbe, welcher eine genaue Controle erforderte, nicht brauchbar. Anfangs schien sie allerdings auch den übrigen Uferstaaten recht brauchbar. Besonders die dem umfangreichen Entwurf beigegebenen, sehr klaren Darstellungen der Schiffsaiche haben vielleicht die Unterhändler zu ihrem schnellen Urteil bewogen. Preussen jedoch sah bald nach den betreffenden Specialverhandlungen die Unbrauchbarkeit der Aiche ein, und, da die anderen Uferstaaten keine Controlmassregel vorzuschlagen wussten aus dem sehr einfachen Grunde, weil ihnen sehr wenig oder nichts daran lag, hielt die preussische Regierung an dem bisher von ihr ausgeübten Revisionsrechte an den Grenzzollämtern fest.

Preussischerseits hatte man für die Controle des Elbhandels zunächst daran gedacht, die Schiffe in Hamburg selbst bei der Abfahrt einer zollamtlichen Revision zu unterziehen. Bei dieser Prüfung der einzelnen Versandstücke sollte das oben angedeutete Manifest von dem Schiffer vorgelegt worden. In diesem Manifest sollten enthalten sein:[64])

1) der Name (die Bezeichnung) und die Ladungsfähigfähigkeit des Fahrzeuges;
2) die Namen und die Wohnplätze der Eigentümer des Fahrzeuges oder Flosses;
3) der Name des Schiffers, dem die Führung des Schiffes oder Flosses von dem Eigentümer anvertraut ist;
4) die Aufzählung und Bezeichnung der geladenen Waren, nach Gattung, Quantität und Gewicht;
5) die Bestimmungsorte der geladenen Güter.

Dieses obligatorische Manifest sollte vor der Abfahrt in Hamburg von dem Zollamt beglaubigt und auf der Endstation des Schiffes wieder auf seine Richtigkeit hin geprüft werden.[65]) Etwaige unredliche, auf der Reise vorgenommene Handlungen des Schiffers würden demnach sich auf der Endstation herausstellen. Daher könnte dieses Manifest den Zollbehörden der oberhalb Hamburg liegenden Uferstaaten ohne weitere Controle genügen. Allein der hamburgische Bevollmächtigte, Senator Pehmöller[66]) erklärte ausdrücklich, dass es in Hamburg selbst nicht möglich sei, eine Revision der zu verschiffenden Waren so, wie die preussische Regierung sie wünschte, vorzunehmen. „Hamburgs ganzes Zollsystem“, sagte er in der 20. Conferenz, (13. November 1819) beruht auf Treue und Glauben, auf der Rechtlichkeit der Bürger, und dabey hat man sich in jeder Hinsicht immer befriedigt befunden. Es finden keine sonst bekannte Mautheinrichtungen dort statt, auch würden solche nach dem ganzen Wesen der Staatsverfassung, und bei dem grossen Umfang der Geschäfte nicht Statt haben können, wie Jeder Kundige des Orts sehr deutlich erkennt. Ferner hat der Staat kein öffentliches Warenmagazin, sondern Jeder Kaufmann hat seine Waren in eigenen oder gemietheten Magazinen oder Speichern in Verwahrung; er empfängt die Güter directe vom Schiffe und sendet sie wieder directe zum Schiffe, die schnelleste Expedition dabey ist der Zweck und das Leben des grossen Betriebes. — Verladungen von Hunderttausenden Pfunden von Waaren eines Handlungshauses mit Berichtigung des Zolles, der Frachtbriefe, des Manifestes in vollkommenster Ordnung ist das Geschäft eines Tages; und dieses an demselben Tage von so Vielen an vielen Orten zugleich in Masse betrieben, befördert eben die schnelle Besorgung des Binnenlandes.“

In Hamburg selbst war also eine genaue Untersuchung der Waren — in der damaligen Amtssprache nannte man dies „materielle Verification“ — nicht möglich. Der im Stillen von Preussen gehegte Wunsch, in Hamburg für diesen Zweck eine von den übrigen Uferstaaten zu bestellende und von der dortigen Verwaltung unabhängige Behörde einzusetzen, würde ohne Zweifel im hamburgischen Senate, dieser hocharistokratischen und conservativen Körperschaft, auf erheblichen Widerstand gestossen sein.[67])

So erhob nun jeder Uferstaat den Anspruch, sich selbst bei jedem Schiffe zu überzeugen, ob die im Ladescheine angeführten Waren und keine anderen verladen seien. Hätte auch in den meisten Fällen eine oberflächliche Besichtigung der Warenladung genügt, so wäre doch durch die Verleihung des Revisionsrechtes an sämtliche Uferstaaten der Willkür der Subalternbeamten Thür und Thor geöffnet worden. Alle Achtung vor der Integrität des deutschen Beamtentums; aber die Versuchung der Bestechung von Seiten der Schiffer wäre eine sehr grosse gewesen. Ausserdem besagten die Worte der Regierungsvertreter, dass für eine Revision ein begründeter Verdacht vorliegen müsse, doch gar nichts. Die preussische Zollpolitik, welche auf die Vereinigung mehrerer Uferstaaten zu einer gemeinsamen Revision hinarbeitete, kam daher sofort mit den übrigen Staaten in Conflikt. Es schien fast unmöglich zu sein, Mecklenburg, Hannover, Anhalt und Sachsen von der Unmöglichheit ihrer Forderung zu überzeugen. Der handelspolitische Gesichtskreis in den Mittelstaaten war ein sehr enger. Vor allem sahen es die Uferstaaten, mit einem gewissen Misstrauen gegen Preussen, als einen Ehrenpunkt an, Preussen kein Recht einzuräumen, welches ihnen nicht ebenfalls gesichert wäre.[68]) Preussen sah sich daher veranlasst, mit Österreich allein zu verhandeln über die Köpfe der kleinen Staaten hinweg „welche kein erhebliches Handels- und Gewerbs-Interesse durchzuführen haben und bei denen es nur darauf ankommt, die Zufälligkeit, dass sie Besitzungen an einigen Uferpunkten eines grossen Stromes haben, so hoch als möglich zur Beschatzung des Handels und Verkehrs zu benutzen, welchen die grossen Länder treiben.[69])“ (13.—17. April 1820 zu Berlin). Österreich hatte sich anfangs selbst einem Vorrechte Preussens, welches vorschlug, dass die Revision an seiner Grenze, in Wittenberge und Mühlberg, allein stattfinden solle, widersetzt, da Fürst Metternich, auch noch später, die Forderung Preussens so aufgefasst hatte, dass es verlangte, dass jedes einzelne Schiff ohne Ausnahme revidirt werden solle.[70]) Jedenfalls hatte sich die österreichische Regierung die Ausführung der preussischen Forderung zu streng vorgestellt. In den Berliner Conferenzen legte Preussen in langer Verhandlung dar, dass ohne Erledigung der Revisionsfrage an eine weitere Verhandlung nicht zu denken sei. Österreich selbst könne den preussischen Wunsch sehr gut unterstützen, ohne seine eigenen Interessen zu verletzen. Denn damals hatte es noch weit strengere Schutzzollmassregeln für den Elbehandel, wie für den Aussenhandel überhaupt[71]) zum grossen Teil directe Einfuhrverbote. Kaffe, Zucker und Wein waren auf der Elbe mit fast verbotähnlichen Abgaben belegt. Die böhmische Einfuhr auf der Elbe war unter solchen Umständen gering und die Ausfuhr bestand zum grössten Teil aus Waren, welche leicht an der Verpackung erkenntlich waren, wie Glas und Metallwaren, oder aus unverpackten, wie Holz und Getreide. Eine Verzögerung des österreichischen Verkehres durch die preussische Revision war also nicht zu befürchten. Auch der sächsiche Elb-Handel war unbedeutend, da meist von Magdeburg aus erst der Wassertransport benutzt wurde. So konnte die preussische Regierung mit einer gewissen Berechtigung verlangen, dass wenigstens diese beiden Staaten ihre Revisionsberechtigung aufgäben.

Immerhin aber blieb noch die Frage offen, auf welche Weise man die übrigen Elbestaaten zu einem Verzicht auf ihr Revisionsrecht bewegen könnte. Das preussische Ministerium ging von der Ansicht aus, dass bei dem Revisionsrecht nur die Staaten in Betracht kämen, welche von der Elbe durchschnitten würden.[72]) Die Staaten, für welche die Elbe nur ein Grenzfluss sei, also Hannover,[73]) Hamburg, Dänemark und Mecklenburg[74]), könnten das Flussufer ebenso behandeln und besetzen wie ihre trockenen Grenzen. Dass auf einer Wassergrenze eine grössere Gefahr des Schmuggels besteht als auf einer einfachen, längs der Grenze laufenden Landstrasse ist klar genug. Es ist auch wohl anzunehmen, dass dieser Grund von preussischer Seite nur angeführt wurde um die vorgeschlagene Revision in Wittenberge, also ungefähr bei dem Eintritt der Elbe in das preussische Gebiet, zu rechtfertigen, da ja durch Gründe der Zweckmässigkeit bei den kleineren Staaten fast nichts auszurichten war. Sachsen und Österreich sollten jedoch, wenn auch für ihre Einfuhr die Revisionen in Wittenberge und Mühlberg genügen würden, insofern ein Äquivalent erhalten, als Preussen die österreichischen und sächsischen Manifeste anerkennen würde, um bei dem Eintritt in Preussen, in Mühlberg, die Revision wegfallen zu lassen. Von Anhalt verlangte allerdings Preussen aus weiter unten zu erörternden Gründen Anschluss an sein Zollsystem. Es kam jedoch eine Einigung mit Anhalt nicht zu Stande, da durch eine solche Concession die anhaltinischen Herzöge in der Ausübung ihrer Souveränität sich zu sehr beeinträchtigt gefühlt haben würden. Preussen sah sich daher genötigt, auch an den anhaltinischen Grenzen die Waren zu revidiren.

Bei den preussischen Vorschlägen bezüglich des Revisionsrechtes durften die übrigen Staaten auch nicht übersehen, dass gerade in Wittenberge und Mühlberg die Einrichtungen für die Zollabfertigung und den Hafenverkehr in den letzten Jahren, parallel mit der Entwickelung der Verbrauchsabgaben und Zölle, sehr gefördert worden waren.[75]) Vor allem hatten sie den Vorteil, dass ihre Häfen nicht versandet waren.[76]) In Wittenberge, in dessen Hafen 50 grosse sog. Magdeburger Ladungen Platz hatten, konnten längs des Bollwerks zu gleicher Zeit die Ladungen von 5 Schiffen dieser üblichen Grösse revidirt werden.[77]) Zum Hinaufwinden der Waren befanden sich daselbst 3 Krähne und 5 Wagen (4 unter Dach und 1 im Freien), um die Güter zur Verzollung nachzuwiegen. In Mühlberg, wo ein geringerer Verkehr stattfand, befand sich nur 1 Krahn, auf einem Revisionsschiffe. Ferner befanden sich in beiden Häfen zur Verhütung des Schmuggels auch während der Nacht mehrere Wachtschiffe und Zollböte. Schiffe mit Getreide oder Holz wurden nicht gezwungen in den Hafen einzulaufen, sondern wurden auf freiem Strom revidirt. Schiffe, deren Ladung versiegelt war, wurden, wenn sie mit einem Begleitschein versehen waren, erst am Bestimmungsort revidirt, also in Wittenberge und Mühlberg eventuell unberührt gelassen. Allerdings liess die Dresdener Handelsinnung durch die sächsische Gesandtschaft bei dem preussischen Ministerium (26. 9. 1819 und wiederholt 30. 3. 1820) eine Beschwerde einreichen, dass bei der Zollrevision in Mühlberg sehr viel Zeit verloren ginge und die dortigen Einrichtungen gegen Wind und Wetter nicht geschützt seien, sodass sogar die Waren der Gefahr des Einwinterns ausgesetzt wären. Es ist jedoch nicht anzunehmen, dass diese Gefahren sehr ernster Natur waren; denn wir hören während der Tagung der Dresdener Commission nichts mehr von solchen Beschwerden oder von Verhandlungen über diese Beschwerden.

Preussen hielt jedoch an seinem Revisionsrechte in Wittenberge und Mühlberg fest, so sehr sich auch die übrigen Staaten dagegen sträubten.[78]) Andererseits aber sahen die übrigen Staaten doch schliesslich ein, dass die Ausübung dieses Rechtes durch jeden Uferstaat die Schifffahrt sehr belästigen würde und daher ihre Zolleinnahmen geschmälert werden würden. Wohl gerade die letzte Erkenntnis bewog schliesslich Dänemark, Hannover, Mecklenburg und Sachsen ihr Revisionsrecht, zunächst provisorisch auf 6 Jahre, an Preussen abzutreten für alle Schiffe, welche Wittenberge oder Mühlberg passirten.[79])

3. DIE ANZAHL DER ELBZOLL-ÄMTER.

Während die Festsetzung des Revisionrechtes eine Massregel mehr im Intenesse des Fiscus war, so war die Verminderung der Anzahl der Zollämter eine Massregel, die einmal mehr im Interesse des Handels geschah als in dem des Fiscus, anderseits auch auf die Handelsbeziehungen einschneidender wirken musste, als das Revisionsrecht. Denn wenn auf den Zollstätten der Zoll bezahlt werden musste, wobei die Waren der Controle wegen zum grössten Teil nachgewogen wurden oft ganz nach dem Belieben des Zöllners, wurde in vielen Fällen ein Aufenthalt verursacht, welcher länger war als die Dauer der Fahrt an sich. Hierbei trugen die Schwerfälligkeit der Beamten und die Spezialisierung der Tarife, welche daher unübersichtlich und schwer zu handhaben waren, den grössten Teil der Schuld.

Bereits das „Publikandum wegen Aufhebung der Gross-Handlungs-Accise-, Durch- und Ausfuhr-Zoll-Gefälle, und Einführung eines Ersatz-Zolles, vom 8. 9. 1814“ hatte sowohl auf dem Lande als an den Flussläufen eine wesentliche Vereinfachung herbeigeführt. Die „Verordnung wegen Aufhebung der Wasser-, Binnen- und Provinzialzölle, zunächst in den alten Provinzen der Monarchie, vom 11. 6. 1816“ hatte die Aufhebung der meisten Zollämter an der Havel, Spree, Oder, Netze, Warthe, Uker und verschiedener einzelner Zölle zur grossen Befriedigung der Kaufmannschaft, besonders in Breslau und Frankfurt, ausgesprochen. Das Gesetz vom 26. 5. 1818 hatte in § 17 den Rest der Binnenzölle mit Ausnahme der in § 20 erwähnten Gebühren beseitigt. Bereits in § 2, d, der Verordnung vom 11. 6. 1816 war gesagt worden, dass auch mit den noch bestehen bleibenden Wasserzöllen im märkischen Stromgebiet der Elbe alsdann eine Veränderung eintreten würde „wenn die Elbzoll-Verfassung geordnet werden kann.“ Es ist daher unter solchen Umständen dem preussischen Staate nicht allzuhoch anzurechnen, dass er in Dresden, als die Frage der Erhebungsämter auf die Tagesordnung kam, sofort erklärte, dass er seine 15 Elbzollämter unter gewissen Bedingungen auf 2 herabsetzen wolle.[80]) Es war dies sogar notwendig, wenn die preussische Finanzpolitik, wie sie seit 1814 agirte, consequent handeln wollte und die Steuerreform durchgeführt werden sollte. Daher erklärte auch der § 20 des Gesetzes vom 26. Mai 1818 ausdrücklich die Beibehaltung der Rhein-, Weser- und Elbgefälle „für jetzt“.

Die beiden Zollstätten in Lenzen wurden bereits am 1. Januar 1820 mit der in Wittenberge vereinigt. Allerdings stellt die Elbschiffahrts-Acte vom 23. 6. 1821 in Art. 16 das Zollamt zu Lenzner Fähre wieder her.

Bereits 1820 wurde es den von Hamburg nach Magdeburg oder Berlin fahrenden Schiffern gestattet, den gesamten preussischen Zoll erst am Ort der Bestimmung zu zahlen und ein Dampfschiffahrtsunternehmer auf der Elbe, John Barnett Humphreys, welcher bei der preussischen Regierung heftige Beschwerde wegen der Höhe der Elbzölle führte, wollte, wenn auch vergeblich, durchsetzen, dass er auch die dänischen, mecklenburgischen und hannöverischen Zölle erst am Landungsort zahlte, da das Heizen während des Aufenthaltes am Zollhause grosse Kosten verursachte.[81])

Der Artikel 112 der Wiener Kongressakte verlangte nun, dass die Erhebungsstellen „möglichst“ zu beschränken seien. Das sollte heissen, dass nur die Anzahl erlaubt sei, welche zur Kontrolle des Handelsverkehres und zur Sicherung der zur Unterhaltung des Flusslaufes notwendigen

Abgaben nötig sei. Die Festsetzung der Höhe des Zolles wahr davon wohl zu zunterscheiden. Mochte nun auch das Entgegenkommen Preussens in der Herabsetzung seiner Zollämter-Zahl nur eine Thatsache sein, welche in jedem Falle eingetreten wäre, so konnte es doch verlangen, dass die übrigen Staaten in gleicher Weise ihre Erhebungsstellen verminderten.

Allerdings war in dieser Frage innerhalb des preussischen Ministeriums keine Einstimmigkeit vorhanden. Graf Bernstorff, der Minister der auswärtigen Angelegenheiten, wollte das Zollamt in Magdeburg beibehalten.[82]) Vermutlich war er damals noch der Ansicht, dass Magdeburg sein Umladerecht behalten würde, und glaubte, dass dort ohne Belästigung des Handels ein Zoll erhoben werden könne, zumal in Magdeburg viele Waren den Strom verliessen und über Leipzig und Altenburg nach Süddeutschland verladen wurden.[83]) Der Finanzminister Freiherr von Klewitz drang darauf, dass sich Preussen ein Nebenzollamt in Lenzen vorbehalte für alle Waren, welche zwischen Lenzen, welches hart an der mecklenburgischen Grenze lag, und Wittenberge ausgeladen wurden.[84]) Dieses Nebenamt wurde auch durch die Elbschiffahrts-Akte eingerichtet.

Die übrigen Uferstaaten gingen in der Verminderung ihrer Zollstätten nicht soweit wie Preussen. Es wurden von ihnen folgende Ämter beibehalten: Österreich behielt Aussig und Niedergrund, wohin, als dicht an der sächsischen Grenze liegend, das bisherige Amt in Tetschen verlegt wurde; Sachsen Schandau und Strehla und für den inneren sächsischen Verkehr auch Dresden und Pirna; die Anhaltiner Coswig, Rosslau und Dessau; Hannover Schnackenburg, Bleckede und Brunshausen, sowie Hitzacker für diejenigen Waren, welche keine seiner übrigen Zollstellen berührten; Mecklenburg Dömitz und Boizenburg; Dänemark (resp. Lauenburg) Lauenburg; und Hamburg Hamburg.

Wir ersehen hieraus, dass die Staaten zum Teil viel Gewicht auf den Lokalverkehr legten. Denn dieses kann doch nur der Grund gewesen sein, warum z. B. Hannover für sich 4 Ämter beibehielt. Ausserdem wird uns hierdurch gezeigt, dass in den Flusszöllen noch immer die Idee lag, dass sie eine Besteuerung sind für die Benutzung des Verkehrsweges und seiner einzelnen Teilstrecken.

Besondere Schwierigkeiten bereiteten auch hierbei die Herzöge von Anhalt. Der „Köthener“ ist bereits durch v. Treitschke in seiner ganzen Grösse dem lesenden Deutschland bekannt geworden.[85] Hier haben wir es weniger mit ihm zu thun, als mit dem Verhalten der drei Anhaltinischen Regierungen im allgemeinen; aber auch hier machte die Köthensche Regierung die meisten Schwierigkeiten.

Die Reduktion der preussischen Zollämter auf 2 hatte die preussische Regierung ebenfalls an die Bedingung des Zollanschlusses der drei Anhaltinischen Herzöge an Preussen geknüpft. Vielleicht würde sie auch einen Vertrag, der mehr die Gestalt des Vereins hat, geschlossen haben. Das war jedoch zunächst ganz ausgeschlossen; und so verlangte Preussen wenigstens die Vereinigung der 4 Anhaltinischen Ämter, welche seit 1674 mit ihren jetzigen Tarifen bestanden, zu einem Gesamtamt, „indem durchaus kein Vorwand erfindlich zu sein scheint, unter dem ein solches Gesamtverhältnis verweigert werden könne, die ansehnlichsten Stammverwandten deutscher Bundesfürsten keinen Anstand nehmen, in sehr viel wichtigeren Angelegenheiten, als eine blosse Zollerhebung ist, fortdauernd Gesamtverhältnisse zu unterhalten, und es überhaupt die gemeinsame Pflicht deutscher Bundesfürsten sein muss, den gemeinschädlichen Folgen der zu ihren Gunsten bestehenden Zerstückelung Deutschlands durch zweckmässige Vereinigungen entgegen zu wirken.“[86])

Jedoch nicht einmal dies war durchzusetzen. Wenn die preussische Regierung so streng und rücksichtslos gegen die Anhaltiner auftrat, so hatte sie ihre guten Gründe: die anhaltinischen Handelsverhältnisse waren einfach empörend. Ich gehe auf diese Zustände hier etwas näher ein und verweise zur Vervollständigung auf die Darstellung Treitschkes, welche zum Teil andere Gegenstände betrifft.

Die anhaltinischen Herzogtümer haben eine ganz eigentümliche geographische Lage. Einige Meilen lang fliesst durch sie, und zwar durch alle drei Herzogtümer, die Elbe.

Dadurch haben sie den grossen Vorteil in direkter Verbindung durch eine Wasserstrasse mit Hamburg, mit der Nordsee, mit der ganzeu Welt, zu stehen. Auf der Landseite sind sie zum weitaus grössten Teil von der neuen preussischen Provinz Sachsen umgeben, nur im Westen sind sie von braunschweigischem Gebiet begrenzt. Sie bilden nicht einen zusammenhängenden Gebietskomplex; sondern von dem Hauptbestandteil an der Elbe ist zunächst nach Westen die Herrschaft Ballenstedt, damals dem Herzoge von Bernburg gehörig, durch einen ganz schmalen preussischen Landstreifen, in welchem Aschersleben liegt, getrennt. An der Elbe, etwas unterhalb des Hauptteiles liegt die Enclave Dornburg, und innerhalb der Provinz Sachsen liegen noch 4 andere kleine Enclaven. Ganz in der Nähe der Herrschaft Ballenstedt, im Südwesten, befindet sich ein Gebietsteil des damaligen Königreichs Hannover, das Amt Ilfeld.

Wie sollte man nun ein so zerstückeltes Land preussischerseits behandeln, als es sich um die Schöpfung des einheitlichen preussischen Zollgebietes im Jahre 1818 handelte? Vorher, als die Einheit noch nicht da war, als in Preussen das Verbotsystem für die meisten Waren des Auslandes bestand und daher die Contrebande leicht zu erkennen war, als der Verkehr von Stadt zu Stadt unter Aufsicht stand und im ganzen Lande Aufsichtsbeamte und Aufsichtsbehörden verteilt waren, d. h. die Accise bestand, während jetzt die Aufsicht nur an den Grenzen stattfinden sollte, — damals bestand, wie leicht erklärlich, diese Frage garnicht. Und jetzt, durch das Gesetz vom 26. Mai 1818, führte Preussen eine Durchfuhrgabe ein, und zwar auf allen Wegen und ohne Unterschied der Bestimmung der Waren. Also hatten auch alle Waren, welche nach Anhalt z. B. auf der Elbe gingen, die preussische Durchfuhrabgabe zu zahlen. Dieser konnten sich die Anhaltiner zunächst garnicht entziehen, weil sie nur durch preussisches Gebiet ihren Import beziehen konnten und der Weg durch Hannover und Braunschweig über den Harz infolge seiner Beschwerlichkeit nicht in Frage kommen konnte. In Anhalt gerieten darüber sowohl Fürst wie Unterthanen in einen gewaltigen Zorn. Ein souveräner Staat sollte von einem anderen besteuert werden! Und da das Gefühl der anhaltinischen Souveränität grösser war als die Macht derselben, so machten die Anhaltiner unaufhörlich Eingaben an die preussische Regierung, es möchte die neue Durchfuhrabgabe, wenigstens für Anhalt, abgeschafft werden. Sogar auf dem Bundestag wurde dieser politische Lärm zur Sprache gebracht; dort machte man grosse Augen und schüttelte sehr bedenklich den Kopf über das Auftreten Preussens. Der Herzog Leopold von Dessau selbst schrieb persönlich unter dem 15. Oktober 1820 an den König Friedrich Wilhelm III.: „Es ist die höchste Achtung für Sie, die mich zu sagen zwingt, dass der Durchgangszoll, den Höchstderos Zollämter von den Einwohnern Anhalts erheben, nicht den Verhältnissen der Staaten des deutschen Bundes gegen einander und nicht der Gerechtigkeit gemäss sei, die keinen Unterschied zwischen dem Stärkeren und Schwächeren kennt. — Dieser Durchgangszoll besteuert in den Einwohnern Anhalts fremde Unterthanen nicht nach ihrem Landesgesetz."

Die Reaktion gegen den Durchgangszoll war nun natürlich ein massloser Schmuggel.

Dieser hatte bereits vor dem neuen preussischen Gesetze bestanden und war durch die Kriegsunruhen der letzten Jahrzehnte und durch die Handelspolitik Napoleons sehr begünstigt worden. Anhalt war „eine grosse, durch die dasige Landespolizei begünstigte Niederlage für den Schmuggelhandel" geworden. Das war eben das Bedenkliche: die Behörden wussten von dem Schmuggel, unterdrückten ihn aber nicht, da die Landeskinder durch ihn sich ihre harten Thaler verdienten.[87]) Der Handel in den anhaltinischen Städten nahm jetzt, nach dem neuen preussischen Gesetz wie schon vor ihm, einen ganz unerwarteten Aufschwung. Eine Anzahl grosser Firmen, besonders Juden, liessen von Berlin und England aus in Anhalt Zweiggeschäfte errichten oder liessen sich dort selbständig nieder.[88]) Ihren sogenannten Verdienst suchten diese eben darin, die auf der Elbe oder auf Landwegen in Anhalt eingeschmuggelten Waren wieder nach Preussen zu schaffen. Dabei kam ihnen die Zersplitterung des Landes sehr zu statten; denn Preussen konnte und wollte nicht, die ganze anhaltinisch-preussische Grenze mit Zollstätten versehen, da es doch wenig genützt hätte und Preussen selbst die Umstellung der Grenzen sehr grosse Kosten verursacht hätte.[89])

Dessau wurde der Mittelpunkt dieser Handelspolitik und des Schmuggelhandels. Schon durch ihre Lage war diese Stadt sehr befähigt, ein bedeutender Handelsplatz zu werden. Zwischen Berlin, Magdeburg und Leipzig gelegen war sie sehr geeignet nach diesen drei Orten ein unsauberes Geschäft zu führen und den ehrlichen Handel durch diesen Auswuchs der Konkurrenz in seinen Erfolgen sehr zu gefährden; denn die Herren in Dessau konnten „billiger" liefern. Die Konkurrenz sollte nun, wenigstens äusserlich eine ehrbare Form, Legalität, annehmen dadurch, dass die Anhaltiner von der preussischen Durchfuhrabgabe befreit würden. Wie mag man sich in den Dessauer Kontoren gefreut haben, als man zum ersten Mal das Wort: „Freiheit der Elbschiffahrt" hörte! Daher auch das offenbare Interesse der anhaltinischen Regierungen, in der Dresdener Commission die Beseitigung der Durchfuhrabgabe zu verlangen als einer Bedrückung des Handels. So musste auch die zu erwartende Aufhebung des Magdeburgischen Umladerechtes das Emporblühen Dessaus sehr fördern. Denn während die Wasserfracht zwischen Hamburg und Dessau nicht um vieles höher sein kann als zwischen Hamburg und Magdeburg, so ist doch ohne Zweifel die Landfracht von Dessau z. B. nach Leipzig ganz bedeutend billiger als von Magdeburg aus. Besonders fürchtete man in Preussen, dass Anhalt zu einem ausgedehnten Schmuggeldepot für Liverpooler und Lüneburger Salz werden würde[90]); denn damals wurde in Preussen der Preis des Salzes, welches nur in staatlichen Niederlagen verkauft wurde, sehr hoch gestellt. Auch aus preussischen Handels- und Gewerbekreisen, so aus der Magdeburgischen Gegend, kamen Klagen über den anhaltinischen Schleichhandel, der jeden reellen Handel rechts der Elbe vernichte; die eigentliche Ursache dieses Handels führte man hier auf eine zu hohe Besteuerung in Preussen, besonders des Zuckers, des Tabaks und des Weines, zurück.[91])

Die meisten Schwierigkeiten bei den Verhandlungen über diese Zustände bildete, wie schon bemerkt, der seit der Auflösung des alten Reichsverbandes überall und bei jeder Gelegenheit hemmende, oft ins Grenzenlose gehende Souveränitäsdünkel mit seinem Wahlspruch: Noli me tangere.[92]) Dieser Dünkel war bei den deutschen Staaten um so grösser, je machtloser sie waren. Was wollte die preussische Regierung machen, wenn der anhaltinische Abgesandte in der Dresdener Commission auf alle Beschwerden Preussens stumm blieb und natürlich nichts zu antworten wusste, wenn die preussische Regierung rundweg behauptete, dass „sich unter den Augen der anhaltinischen Polizei in einem nicht bloss das Finanzinteresse, sondern auch die öffentliche Sicherheit gefährdenden Grade ein Schleichhandel ausbildete, welcher sich bis zu gewaltsamen Gebietsverletzungen erstreckte.“ Die Dresdener Commission war ja ein völkerrechtliches Institut, und auf dem Boden des Völkerrechts giebt es nur ein eingreifendes Mittel, die Gewalt, mag sie sich nun in feinen diplomatischen Feldzügen zeigen oder mit dem Schwert in der Hand auftreten.

Daher hatte die preussische Handelspolitik in Dresden den Anhaltinern gegenüber keine Erfolge zunächst aufzuweisen. Auch in der Handels- und Verkehrspolitik kommt die Einsicht und die Vernunft nicht ganz plötzlich und unvorbereitet, sondern diese setzen sich erst ganz allmählich fest. Die Entwicklung der Zollverhältnisse des deutschen Bundes, nicht zum wenigsten die zwischen Preussen und Anhalt, illustrieren dies trefflich.

Die einzige Konzession, welche in den handelspolitischen Verhandlungen in Dresden von Seiten Anhalts in der Frage der Anzahl der Zollämter erlangt wurde, war die Vereinigung der beiden Dessauer Zollämter zu Tochheim und in dem Dessauer Elbzollhause. Das lag nun so nahe, dass man diese Konzession geradezu als etwas selbstverständliches hinnehmen kann. In dieser Frage erklärte in der 28. Sitzung, vom 2. Oktober 1820, der anhaltinische Bevollmächtigte:

„Die Erhebungsämter betreffend wollen die Durchlauchtigsten Herzöge zu Anhalt die drei Zolstätten zu Dessau, Roslau und Coswig beibehalten und hoffen, dass man bei diesem billigen Verlangen eben so wenig Bedenklichkeiten finden werde, als dass Hamburg, Dänemark und Mecklenburg jedes seine besondere Zollstätte behalte. Die drei Herzoglichen Häuser zu Bernburg, Cöthen und Dessau befinden sich gerade in der nämlichen Kategorie, und es ist gar kein Grund vorhanden, weshalb man diese anders als jene behandeln wolle."

Unter diesen Umständen musste sich Preussen bis zu dem in der Schlusssitzung versprochenen Anschluss Anhalts an das preussische Zollgebiet gegen die Hauptmasse der anhaltinischen Länder die Ämter Wittenberg und Aken, und gegen die Enclave Dornburg die Ämter Barby und Schönebeck vorbehalten, „um nur einigermassen den Schleichhandel zu beschränken."

Der Anschluss der Anhaltiner im Laufe der zwanziger Jahre bereitete noch manche Schwierigkeiten.[93])

4. DIE HÖHE DES ELBZOLL-TARIFS.

Die zukünftige Höhe der Elbzollsätze stand in engster Verbindung mit der Anzahl der Erhebungsämter. Je mehr Ämter ein Staat hatte, desto niedriger musste natürlich der Zoll sein, welcher in dem einzelnen Amt erhoben wurde. Was den Status der preussischen Abgaben auf der Elbe angeht, so haben wir viererlei auseinander zu halten. Es waren zu entrichten:

1) der königliche Warenzahl auf den gleich zu erwähnenden 15 Ämtern.
2) die Privatzölle und zwar:
   a. die verschiedenen städtischen Abgaben wegen des Umladerechtes der Stadt Magdeburg und der dortige Zoll,
   b. die 3 Zölle der Herren von Oppen, von Alvensleben und von Möllendorff und das Durchstichgeld des Rittergutes Clöden.

3) die Durchfuhrabgabe infolge des Gesetzes vom 26. Mai 1818.
4) die zum Teil den Beamten zufallenden Nebenabgaben, sogenannten Accidenzien, unter denen die Rekognitionsgebühr die grösste Bedeutung hatte. Diese besprechen wir am Schluss dieses Abschnittes.

Die Rollen der 15 königlichen Ämter erstreckten sich auf eine lange Reihe Artikel und waren auch für die einzelnen Warenarten vielfach nach Unterarten gegliedert.[94]) In Bezug auf den Handelsverkehr waren sie längst veraltet und werden daher wohl kaum von den Beamten immer streng durchgeführt worden sein. Die Abgabenerhebung darf man sich überhaupt nicht so vorstellen, als wenn sie streng nach dem Tarif vor sich gegangen wäre. Der Zöllner war in gewissem Sinne ein kleiner Pascha: er schaltete oft nach augenblicklicher Eingabe und Laune.

Die Lenzener Zollrolle stammte aus dem Jahre 1653, die Lenzener Lizentrolle datierte von 1720, die Rollen für Magdeburg, Jerichow und Sandau von 1686, die für Wittenberge aus dem Jahre 1713. Ferner gab es für Tangermünde, dessen Elbzollrolle von 1632 war,[95]) und Lenzen einen „Supplements-Tarif zur Erhebung der Zoll-, Schleusen- und Lizentgefälle für das auf der Havel und Spree etc. verschifft und verflösst werdende Nutz- und Kaufmannsholz vom 20. Mai 1799".[96]) Die Rollen der früher sächsischen Ämter in Mühlberg, Torgau, Pretzsch und Wittenberg waren überhaupt nicht gedruckt worden. Da sie ebenfalls sehr umfangreich waren, so verursachte ihre Abschrift für die Kommission einen grossen Zeitverlust.[97]) Darnach war also dem Kaufmann eine genaue Berechnung seiner Spesen auf der Elbe zum Teil gar nicht möglich; infolge seiner Unkenntnis des Tarifs war er den Beamten gegenüber vollkommen machtlos.

Die Einnahmen der preussischen Regierung aus ihren 15 Ämtern waren nicht unbedeutend. Im preussischen Etat für 1818 waren die Elbzölle mit 258486 Thlr. 7 Gr. 5 Pf. angesetzt worden. Diese Summe verteilte sich auf die einzelnen Ämter, wie folgt:

	Etat.	Wirkliche Einnahme.
Lenzener Zoll	62693. —. —.	109398. 17. 7.
„ Licent	55070. —. —.	71460. 2. 1.
Wittenberge	18387. —. —.	24140. 19. 4.
Sandau	11558. —. —.	16323. 14. 9.
Tangermünde	26144. —. —.	
Jerichow	11557. —. —.	15874. 14. 2.
Magdeburg	25767. —. —.	
Schönebeck	6968. —. —.	
Grünewalde	8866. —. —.	
Barby	8570. —. —.	
Aken	7239. —. —.	
Wittenberg	2899. 3. 7.	
Pretzsch	2674. —. —.	
Torgau	3159. 21. 4.	
Mühlberg	6934. 6. 6.	
	258486. 7. 5.	

Wie aus den beigefügten wirklichen Einnahmen einiger Ämter ersichtlich ist, überstieg die wirkliche Einnahme den Etat noch um 1/4 bis 1/3.[98]) Die Verwaltungskosten sollten nach dem Voranschlag 11071 Thlr. 3 Gr. 2 Pf., also ungefähr 4 1/3 % betragen.

Unter den Privaterhebungen waren die bedeutendsten die in Magdeburg, sowohl die Niederlagegebühren, als der Zoll.

Die Verwaltung der Stadt Magdeburg liess im Zusammenhang mit der Ausübung ihres Umladerechtes, auf welches in dem folgenden Abschnitt eingegangen werden wird, eine Anzahl Abgaben erheben. Ich muss diese Abgaben in der Besprechung von dem Institute des Umladerechtes an sich trennen, da sie an dieser Stelle, wo es sich um die Frage der Belastung des Verkehres durch Abgaben handelt, angeführt werden müssen. Sie hatten einen gebührenartigen Charakter, insofern sie für den allerdings erzwungenen Genuss einiger dortiger Verkehrsanstalten entrichtet werden mussten.[99]) Zunächst war eine sogenannte Niederlagegebühr zu zahlen für die Benutzung der Lagerräume des Packhofes. Die Waren waren in keinem Falle von ihr befreit, auch dann nicht, wenn die Umladung in den Dresdener Kahn (resp. bei der Thalfahrt in den Magdeburgischen) sofort erfolgen konnte. Nach dem Tarif vom 1. Januar 1818 hatten Güter, welche für Rechnung eines magdeburgischen Kaufmanns verschifft wurden, für den Centner 11 Pfg. Niederlage zu zahlen, fremde Güter dagegen 1 Gr. 8 Pfg. Benutzten fremde Güter die Lagerräume länger als 3 Monate, so mussten sie die Niederlagegebühr nochmals bezahlen; die „eigenen" Güter waren hiervon ausgenommen. An die Niederlagegebühr schloss sich zunächst das Wagegeld. Es betrug regelmässig 8 Pf. für den Centner. Nur Runkelrüben und Cichorien zahlten 4 Pf. Diejenigen Waren, welche gepfündet wurden, zahlten $6\,^2/_3$ Pf.[100]) Schliesslich gab es noch eine Anzahl (43) Güter, welche ihrer grossen Mengen oder Volumina wegen weder gewogen noch gepfündet zu werden verpflichtet waren; diese zahlten trotzdem eine für jede einzelne Ware festgesetzte Abgabe als Wagegeld. Bei der letzteren Gruppe wurde auch unterschieden, ob es sich um eigene oder fremde Güter handelte. Jedoch waren von dieser Abgabe diejenigen Waren befreit, welche aus den Speicherräumen eines magdeburgischen Kaufmanns kamen (sog. häusliche Niederlage), um zu Wasser versendet zu werden (ebenso bei dem entgegengesetzten Wege), und weder gewogen noch gepfündet wurden. Neben dem Wagegeld wurde noch ein Windegeld, 1 Pf. für den Centner, erhoben. Kamen die Waren nicht auf den Packhof zur Niederlage, sondern gingen in die Speicherräume eines Kaufmanns zu diesem Zwecke, so waren sie von allen Packhofabgaben, wie wir die Zahlungen zusammen genommen wohl nennen können, befreit; aber sie durften, wenn sie alsdann weiter verladen werden sollten, nie länger als 24 Stunden vor der Einladung in die Schiffe, welche regelmässig vom Packhof aus geschah, dort liegen, ohne die Niederlagegebühr zu zahlen. Die Benutzung von Privatspeichern kam häufig bei denjenigen Waren vor, welche in Magdeburg den Landweg verliessen und erst von hier aus die Elbe, entweder aufwärts oder abwärts, benutzten; dasselbe wird der Fall gewesen sein, wenn die Waren zuerst das Schiff und dann den Fuhrmann benutzten. Die verschiedenen Bedingungen, unter welchen die einzelnen Teile des Tarifes zur Anwendung kamen, haben sicherlich oft zwischen Kaufmann und Frachtführer einerseits und den Beamten andrerseits Streitigkeiten hervorgerufen.

Die Einkünfte der Stadt aus dem Niederlage-, Wage- und Windegeld waren recht ansehnlich, obgleich sicherlich viele städtische Kosten mit diesen Gebühren verbunden waren. Nach den statistischen Angaben des Bürgermeisters Francke betrug der Reinertrag:

1817:	76 515 Thl.	12 Gr.	7 Pf.
1818:	84 945 „	15 „	— „

Die Rechnung für 1819 war, als die Dresdener Kommission tagte, noch nicht abgeschlossen; Francke selbst rechnete immerhin auf ungefähr 70 000 Thl. [101])

Neben diesen Packhofgebühren erhob die Stadt noch einen Zoll. [102]) Derselbe war keine einheitliche Abgabe, sondern war an sehr verschiedene Bedingungen geknüpft. Zunächst wurde der städtische Elbzoll, der Fähramt-Zoll, erhoben und zwar von folgenden Gütern: a) von Gütern, welche unterhalb der Brücke (gemeint ist die Strombrücke) geladen und durch dieselbe stromaufwärts expediert wurden, b) von Gütern, welche durch die Brücke kamen und dann vom Packhof aus stromabwärts verschifft wurden (die Strombrücke liegt etwas oberhalb des Packhofs), c) von Gütern, welche eigentlich unterhalb der Brücke hätten geladen werden müssen, aber aus Vergünstigung oberhalb der Brücke geladen und stromaufwärts verschifft wurden. Der Zoll wurde nicht erhoben von den in Magdeburg auf den Strom gebrachten und niederwärts verschifften Waren und von den von oberhalb Magdeburg angekommenen, welche hier den Strom verliessen. Nur von Getreide, welches niederwärts versendet werden sollte, wurde ein Zoll erhoben unter dem Namen Getreide-Verrechtung. Diesen wichtigen Artikel wollte man sich doch nicht hier entgehen lassen. Der Zoll selbst war bestimmt zur „Unterhaltung der Wege, der Strombette und der Sicherheit". Ferner wurde von jedem stromabwärts gehenden Kahn ein sogenanntes Buhnengeld erhoben und von jedem Schock der in Magdeburg ausgewaschenen (?) Bauhölzer musste ein Stück als Fähramts-Naturalzoll abgeliefert werden.

Auch aus dem Elbzolle waren die Einnahmen der Stadt nicht ohne Belang. Es wurden erhoben (also ohne das Buhnengeld, den Naturalzoll und die Getreideverrechtung):

1817:	29 063 Thl.	14 Gr.	7 Pf.
1818:	22 111 „	17 „	7 „
1819:	29 812 „	16 „	10 „

Die Beschwerlichkeiten, welche sich aus den hier im Einzelnen angegebenen Abgaben in Magdeburg für die Schifffahrt ergaben, sowie der Mangel an Klarheit in den Abgaben leuchten sofort ein, wobei auch nicht zu vergessen ist, dass ausser diesen Abgaben noch ein Königlicher Zoll in Magdeburg gezahlt wurde.

Der Zoll der Herren von Möllendorff auf Kumlosen (westlich von Wittenberge gelegenes Dorf) betrug für die verschiedenen Warenarten 2–6 Pfennige für den hamburgischen Centner.

Die Herren von Oppen liessen in Barby folgende Zölle erheben:

Getreide pro Scheffel 1 Groschen
Wein pro Gebind 1

Ausserdem zahlte jeder Kahn 1 Thaler, jeder Floss- oder Schiffsknecht ebenfalls 1 Thaler. Von jedem das erste Mal den Zoll passierenden Schiffe wurden ein für allemal 7 Thaler erhoben.

Der Zoll der Herren von Alvensleben war nach Kahnladungen zu entrichten.[103]) Es zahlten:

1 Kahnladung von 18 Lasten à 36 Ctr. 2 Thl. 6 Gr. (= p. Ctr. 1 Pf.).
1 „ „ 40 „ „ 4 „ — „ („ $^4/_5$ „).
1 „ „ 98 „ „ 7 „ — „ („ $^{28}/_{49}$ „).

Über die Höhe des Durchstichgeldes, welches das Rittergut Clöden erheben liess, habe ich nichts erfahren. In dem Protokoll der 13. Konferenz (17. September 1819) wird erwähnt, dass der preussische Kommissar Berichte übergab über „Verhandlungen, welche sich auf eine auch schon unter königlich sächsischer Landeshoheit angeordnete Nebenabgabe für den Gebrauch eines Durchstiches beziehen, welcher in der Elbe bei dem Rittergut Clöden ist angelegt worden". Diese Berichte fanden sich jedoch in den von mir benutzten Protokollen nicht. Es ist aber anzunehmen, dass die Abgabe in jedem Falle unbedeutend war. Sie wurde als Gefässgeld von den Fahrzeugen, nicht von den Waren erhoben, da das Fahrzeug als solches zunächst die Vorteile des Durchstiches genoss[104]); das Durchstichgeld war also eine Abgabe, welche auch nach der neuen Elbschiffahrtsacte vielleicht hätte bestehen können, da man sie zu den in Artikel 14, b und c, aufgezählten gemeinnützigen Anstalten rechnen kann.

Auf die preussische Durchfuhrabgabe ist bereits oben eingegangen, auch wird weiter unten auf sie zurückzukommen sein.

Was die anderen Uferstaaten, auf welche hier näher einzugehen nicht meine Aufgabe ist, betrifft, so waren für sie die Einnahmen aus den Elbzöllen zweifelsohne viel wichtiger als für Preussen. Sie wehrten sich auch sehr energisch gegen die Zollermässigungen mit der leicht begreiflichen Ausnahme Hamburgs und Österreichs. Es fehlten eben für den Augenblick die Ersatzquellen. So kam es auch, dass die Verschiedenartigkeit der Finanzbedürfnisse in den einzelnen Staaten sehr grosse Schwierigkeit verursachte, als es galt, einen einheitlichen Massstab für die zukünftige Elbzollerhebung zu finden.

Bei Eröffnung der Kommissionsverhandlungen hatte die kaiserliche Regierung einen ebenfalls von Eichhoff ausgearbeiteten Entwurf vorlegen lassen, welcher sich dem Wunsche der Wiener Acte gemäss an das ehemalige Rheinoktroisystem anlehnte. Man hatte sich in der Wiener Acte nicht dahin vereinigt, dass das Oktroisystem auf der Elbe eingeführt werden sollte, vielmehr hatte man dieses System den betreffenden Staaten nur anempfohlen (pourra), schon aus dem einfachen Grunde, weil die Wiener Unterhändler die Verhältnisse der Elbe nicht so im einzelnen kennen konnten, dass sie diesen Schritt wagen durften. Der Eichhoffsche Entwurf setzte einen bestimmten Maximaltarif fest, den höchsten Betrag, welchen ein Schiffer auf der schiffbaren Elbe als Summe sämtlicher Zölle zu zahlen habe. Diese Summe sollte nach der Uferlänge unter die einzelnen Staaten zur Erhebung verteilt und von den einzelstaatlichen Beamten erhoben werden. Die Gesamtsumme der Einkünfte sollte, nach Abzug gewisser Unkosten für die Generalverwaltungsbehörde, nach demselben Massstabe unter die Uferstaaten verteilt werden; alles wie bei dem Rheinoktroi. Allein dieses Projekt fand, wie in dem Aktenwerk über die Elbzölle auseinandergesetzt ist, sehr wenig Billigung. Jeder der einzelnen Staaten befürchtete eine Einmischung der anderen Uferstaaten in seine eigenen Finanzverhältnisse; von preussischer Seite wurde auch darauf hingewiesen, dass das Rheinoktroisystem ungefähr 10 % Unkosten für die Verwaltung verlange, während die bisherige Verwaltung Preussen nur 4 1/4 bis 4 1/3 % gekostet habe.

Der grosse Vorteil des Octroi-Systems für Kaufleute und Schiffer hätte allerdings in der Einheitlichkeit der Erhebung des Zolles bestanden.[105]) Ein weiterer Vorteil war auch der, dass in Verbindung mit dem Octroisystem gemeinsame polizeiliche Vorschriften für die Elbeschiffahrt erlassen werden konnten. In dieser Hinsicht wurden auch sehr umfangreiche Entwürfe, wahrscheinlich sämtlich von Österreich ausgearbeitet, der Kommision übergeben, so: „Polizeiliche Vorschriften, welche bei Ein- und Ausladungen in den Häfen der Elbe zu beachten sind“; „Bestimmungen der Strafen, welche die Vergehen und Übertretungen gegen die Verordnungen für die Elbeschiffahrt nach sich ziehen“; „Manual über die Dienstverrichtungen der Schiffahrtsbeamten“; ferner in Verbindung mit dem bereits oben (Anm. 67) erwähnten Vorschlage ein „Manual, die Rechte und Pflichten des bei der Elbeschiffahrt angestellten Ober-Inspektors, sowie der beiden Inspektoren betreffend“. Diese Entwürfe seien hier nur erwähnt, um zu zeigen, dass trotz aller Kleinstaaterei bereits damals ein starker Zug für gemeinschaftliche Unternehmungen vorhanden war. Nur fehlte die auf allen Seiten nötige Einsicht in die Zweckmässigkeit solcher Unternehmen; man war noch nicht reif.

Die polizeilichen Vorschriften der Elbeschiffahrtsakte waren gegen diese Entwürfe sehr oberflächlich, wenn sie auch übersichtlicher infolge ihrer Kürze waren.

So musste man jedem einzelnen Uferstaate seine Elbzollverwaltung ohne Eingreifen lassen, so sehr auch Österreich an seinem vorgechlagenen Oktroi-System festhielt.[106])

Nunmehr konnte man für die Neuregulierung vier verschiedene Wege einschlagen:

1) Man setzte den Zollsatz für die einzelnen Staaten resp. Zollämter herab und zwar bei allen um einen gleichen Anteil der bisherigen Höhe des Zolles.
2) Man setzte die Zölle, ohne Rücksicht auf ihre bisherige Höhe, im Verhältnis zur Uferlänge der Staaten fest; dabei konnte man von einer bestimmten Gesamtsumme, wie bei dem Oktroisystem, ausgehen.
3) Man nahm einen bestimmten Einheitssatz an, welchen jeder Uferstaat nach der Anzahl seiner zukünftigen oder bisherigen, wenn auch zum Teil aufzuhebenden Zollämter erheben würde.
4) Mit jedem Staate wurde ein besonderer Zollsatz vereinbart, welcher auf die Handels-, Finanz- und Stromverhältnisse des Staates Rücksicht nahm.

Der letzte Weg bot wohl, aller Voraussicht nach, die meisten Schwierigkeiten.

Der erste Grundsatz war für die Elbe gänzlich unbrauchbar und wurde von den Regierungen auch nicht genauer geprüft. Die ungleiche Verteilung der Zölle würde alsdann beibehalten worden sein, nur in verkleinertem Massstabe. Nicht viel geeigneter war die zweite Möglichkeit. Denn hätte man den Zoll nach der Uferlänge erheben wollen, so würden einzelne Staaten eine Verminderung ihrer Zolleinnahmen erfahren haben, welche im Verhältnis zu den bisherigen zu gross und zu plötzlich gewesen wäre; sie würden sich nach den in der Kommission bereits gemachten Erfahrungen nicht gefügt haben. So beträgt der mecklenburgische Uferbesitz an der Elbe 2,75 geogr. Meilen, der lauenburgische 3 geogr. Meilen; dagegen betrug der mecklenburgische Zoll im (weiter unten zu erwähnenden)

Durchschnitt 1 Gr. 4 Pf. für den hamburgischen Zentner, während der lauenburgische 7 Pf. betrug. Ein ähnliches Verhältnis bestand zwischen Hannover und Österreich. Anhalt hat einen Uferbesitz von 13,31 geogr. Meilen an der Elbe, Hannover 24,48 geogr. Meilen [107]); an Elbzoll aber erhob im Durschnitt Anhalt 5 Gr. 1 1/3 Pf., Hannover 2 Gr. 4 Pf.

Daher griff man zunächt zur Annahme der dritten Möglichkeit, eines bestimmten, für alle Uferstaaten gültigen Zollsatzes. Die Kommission setzte ein Komité, bestehend aus den Vertretern Sachsens, Hannovers und Hamburgs, ein, welches die Durchschnittssätze der einzelnen Staaten nach dem Stande im Jahre 1815 ausmitteln und zu dieser Berechnung die am meisten auf der Elbe verschifften Waaren heranziehen sollte. Nach dem Resultat dieser Untersuchung erhoben für den hamburgischen Zentner an Zoll:

Österreich	auf	3	Zollstätten	6	Gr.	9 2/3	Pf.
Sachsen	„	5	„	8	„	2	„
Preussen	„	15	„	10	„	8 2/3	„
Anhalt	„	4	„	5	„	1 1/3	„
Hannover	„	3	„	2	„	5	„
Mecklenburg	„	2	„	1	„	4	„
Dänemark	„	1	„	—	„	7	„
	auf	33	Zollstätten	1 Thl. 11	Gr.	1 2/3	Pf.

Nach der Auseinandersetzung der preussischen Regierung war diese Berechnung sehr mangelhaft.

Zu der Berechnung waren diejenigen Waaren herangezogen worden, von welchen in den letzten 10 Jahren wenigstens 3000 Zentner auf der Elbe, nach den Angaben der lauenburgischen, hannöverschen und mecklenburgischen [108]) Verwaltung, verschifft worden waren. Diese (40) Warengattungen hatten aber für die einzelnen Staatskassen, vornehmlich für die preussische, eine sehr verschiedene Bedeutung. Für Preussen (und ohne Zweifel auch für die meisten anderen Uferstaaten) waren sowohl hinsichtlich des Konsums, als auch hinsichtlich des Zollertrages, die Hauptartikel: Zucker, Kaffee und Wein.[109]) Diese 3 Artikel zahlten bisher folgenden Elbzoll:

	Österr.	Sachsen.	Preussen.	Anhalt.	Mecklbg.	Hann.	Lauenbg.	Sa.
Zucker:	8.—.	9.—.	10.6.	8.8.	1.2.	5.3.	—.7.	43.2.
Kaffee:	8.—.	14.—.	13.9 1/2	8.8.	—.10.2/3	2.8.	—.7.	48.7 1/6
Wein:	4.—.	4.6 1/2	15.3.	5.9	1.4.2/3	8.9	—.7.	40.3 1/6

(die Privatzölle und Nebenabgaben sowie die preussische Durchfuhrgebühr sind in dieser Berechnung nicht einbegriffen). Diesen Waaren war bei der Berechnung kein grösserer Einfluss auf den Durchschnittssatz eingeräumt worden als, wie das preussische Ministerium sagte, Ingwer, Mandeln, Kacao, Zitronenschalen, Korinthen, Fischbein, Horn, Arsenik, gedörrtes Obst, Waaren, welche ihrer Substanz nach nur in geringen Quantitäten importiert werden konnten. Das Komité hatte nun die Zollsätze der 40 Artikel, berechnet nach hamburgischem Gewicht und nach Konventionsgeld, addiert und diese Summe durch die Anzahl der zu dieser Berechnung gezogenen Artikel dividiert. Mit dieser Ermittelung des Durchschnittes konnte aber die preussische Regierung nicht zufrieden sein. Wenn z. B. in einem Tarif der Zentner Zucker mit 4 Groschen und der Zentner Fischbein mit 8 Groschen bisher zu verzollen war und in einem anderen der Zucker mit 8 Groschen und das Fsichbein mit 4 Groschen, so ist der Durchschnitt aus diesen beiden Artikeln jedesmal 6 Groschen[110]). Von Zucker kann aber vielleicht hundertmal mehr importiert werden als von Fischbein. Alsdann würde im ersten Falle — der Zentner Zucker mit 4 Groschen, und der Zentner Fischbein mit 8 Groschen verzollt — der Staat, wenn an Zucker 10000 Zentner und an Fischbein 100 Zentner importiert würden, eine Einnahme von 1700 Thl. haben, im anderen Falle dagegen bei gleichen Warenmengen 3350 Thl. Der zweite Tarif würde also den Handel noch einmal so hoch belasten als der erste. Diese hohe Belastung war aber zugleich eine grosse Einahme für die Staatskasse und darauf musste in jedem Falle Rücksicht genommen werden. Ein grösserer Konsum aber ist durch Herabsetzung des Zolles ohne weiteres nicht zu erwarten; dabei spielen andere

Faktoren, vor allem die Lebensgewöhnung, eine viel grössere Rolle.

Bei der Berechnung des Durchschnittsatzes waren ferner ausser Acht gelassen worden die städtischen Abgaben wegen der Umladegerechtigkeiten zu Dresden (nach einem Privilegium aus d. J. 1455) und zu Pirna (nach einem Privilegium aus d. J. 1325) mit je 6 Pf. für den hamburgischen Zentner, sowie die oben erwähnten Packhofgebühren in Magdeburg.

Von sächsischer Seite wurde auch, nach einem Mandat vom 29. März 1670, eine Durchfuhrgebühr, die sogenannte Landaccise von $^2/_3$% ad valorem, geltend gemacht. Sie wurde ohne Zweifel sehr nachlässig erhoben; denn Sachsen verzichtete in der Kommission sehr bald auf sie.[111])

Jedenfalls hätte der hamburgische, sog. Esslinger Zoll nebst der mit ihm verbundenen Schreibgebühr bei der Berechnung berücksichtigt werden sollen, mochte er auch noch so unbedeutend sein. Seine rechtliche Begründung stand nie ausser Zweifel; besonders zu Anfang des 18. Jahrhunderts entstand über ihn ein heftiger Streit zwischen Hamburg und Lüneburg (der Zollenspieker liegt gegenüber der Mündung der Illmenau![112])

Freilich zweifeln kann man, ob der Stader Zoll zu den Elbzöllen zu rechnen ist. Die meisten Schriftsteller behaupten, dass die hannöverische Regierung sich im Unrecht befand, als sie trotz aller Einwendungen der übrigen Uferstaaten den Stader Zoll für einen Seezoll erklärte und daher seinen Tarif erst bei der Unterzeichnung des Schlussprotokolles, soviel auch die Kommissionsmitglieder früher sich um die Publizierung desselben bemüht hatten, vorlegte. Er wude nur von Gütern auf Seeschiffen, welche auf der Elbe nach Hamburg hinein fuhren und zwar mit Ausschluss der hamburgischen Eigenschiffe erhoben.[113]) Seine Natur wäre nicht geändert worden, wenn er hart an der Mündnng der Elbe, etwa in Neuhaus oder Otterndorf, erhoben worden wäre. Fischerkähne und Ewer, welche auf der Unterelbe dem Lebensmittelverkehr und, wie überhaupt dem Lokalverkehr dienten, waren frei. Aus diesem Grunde kann man den Staderzoll mit den übrigen Flusszöllen nicht in eine Linie stellen. Aber mit dem Lokalverkehr beschäftigte sich die Dresdener Kommission nicht, sondern, als völkerrechtliches Institut, mit dem internationalen. Daher war von der Frage nach der Natur dieses Zolles wohl zu trennen die Frage, ob durch ihn der Elbeverkehr, welcher doch zum grössten Teil das Ende oder der Anfang eines Seetransportes ist, erschwert wurde. Ohne Zweifel war dies in hohem Masse der Fall, wie aus den überaus häufigen Klagen während seines Bestehens hervorgeht. Aus diesem Grunde war daher Hannover verpflichtet, den Tarif, über welchen kein Schiffer und kein Kaufmann etwas positives wusste [114]), der Kommission vorzulegen. Das Hemmende dieses Zolles lag vor allem in dem Umstande, dass er keine Gegenleistung dem Verkehr darbot. Zur Unterhaltung des Unterlaufes der Elbe trug Hannover nicht das Geringste bei. Dies wurde dem Hamburgischen Senate, vielleicht auch dem Magistrate in Altona, überlassen. [115])

Schliesslich hatte das Komité auch nicht die preussische Durchfuhrabgabe berücksichtigt. Preussen selbst wollte sie ganz von den Elbzöllen getrennt wissen; denn die Kommission habe nur die besonderen, örtlichen Zölle im Auge, während der Durchgangszoll eine allgemeine Handelsabgabe sei, welche nicht von der Elbschiffahrt, sondern von dem Verkehr mit dem Auslande erhoben würde. Nach dieser Anschauung hätte sie aber von Preussen bei der Ermittelung des Durchschnittzolles nicht vermisst werden dürfen, sondern ebenso, wie der Stader Zoll, für sich daraufhin geprüft werden müssen, ob und in wieweit sie eine Erschwerung des Elbetransitverkehres bildete. Eine eingehende, wo möglich, statistische Untersuchung dieser Frage fand aber nicht statt. Da Preussen als einziger Uferstaat eine solche Abgabe erhob, so erklärten sich schon aus diesem Grunde die übrigen Staaten gegen ihr Weiterbestehen auf der Elbe. Aber ebensowenig wurde eine Abwägung der Motive dieser Abgabe, besonders wegen des Schmuggels, vorgenommen. [116])

Für Preussen wäre der Verlust der Aufhebung dieser Abgabe ein sehr grosser gewesen, wozu noch kam, dass die, ebenfalls aufzuhebenden, Privatzölle von der preussischen Regierung zu entschädigen waren. Indessen, es stand fest, dass die Durchfuhrabgabe, welche in den Jahren 1819 und 1820 im Durchschnitt 110 000 Thaler jährlich allein auf der Elbe eingebracht habe [117]), in jedem Falle für die Elbe abgeschafft werden sollte. Bei vielen Gelegenheiten betonte die preussische Regierung die Grösse ihres Verlustes in diesem Falle. Ganz im Gegensatz zu den Anschauungen des preussischen Bevollmächtigten und der Berliner Regierung stellte der Hamburgische Unterhändler, Senator Pehmöller, die Theorie von der Auslandsqualität der Elbe auf. Alles, was nicht Elbzoll, d. h. Abgabe zur Unterhaltung des Flussbettes, sei, käme bei Unterhandlungen über die Schiffahrt gar nicht in Betracht und habe in jedem Falle in Zukunft zu fallen. [118]). Diese Theorie von der Auslandsqualität der Elbe gab noch im Jahre 1880 bei Gelegenheit der Beratung einer neuen Elbschiffahrtsakte, auf welche weiter unten zurückzukommen sein wird, im Deutschen Reichstag Gelegenheit zu langen staatsrechtlichen Debatten.

Bei diesen verschiedenen theoretischen Auffassungen interessirt uns jedoch nicht allein die Theorie an sich, sondern auch die praktische Grundlage, auf der sie sich aufbaut. Es war für den Vertreter der Freien und Hansestadt Hamburg natürlich sehr naheliegend, diese Theorie aufzustellen; denn sie gab dem Verkehr auf der Elbe eine sehr grosse Freiheit in der Bewegung und die hamburgische Verwaltung hatte mit Konsumtions- und Transitabgaben gar nichts zu thun. Schon damals lebte Hamburg fast ausschliesslich vom Handel; von dem gesamten Elbhandel zog Hamburgs Speditionsgeschäft den grössten Nutzen, da $^4/_5$ dieses Handels in Hamburg seinen Anfang oder sein Ende nahm. Ganz anders war die Sachlage Preussens. Hier haben wir einen wirtschaftlich vielseitigen Staat vor uns; seine Einnahmebedürfnisse sind natürlich von denen Hamburgs, auch relativ, sehr verschieden, da er eine ganz bedeutend grössere Anzahl wirtschaftlicher und politischer Aufgaben zu erfüllen hat. Wie stand es mit der Durchfuhrgebühr im besonderen? Das Gesetz vom 26. Mai 1818 hatte sie für den gesamten Umfang der Monarchie eingeführt und das durch dieses Gesetz neu errichtete preussische Finanzsystem sollte nun durch die Aufhebung der Durchfuhrabgabe auf der Elbe durchbrochen werden. Das bedeutete zunächst einen bedeutenden Ausfall in den Einnahmen, dessen Deckung doch wieder Schwierigkeiten verursachen musste. Man kann daher die Finanzwirtschaft eines einfachen Stadtstaates, wie Hamburg doch einer ist, mit der eines vielseitigen Reiches, wie Preussens, nicht ohne weiteres vergleichen.

Es war jedoch nicht allein ein fiskalisches Interesse, welches Preussen veranlasste, an der Weitererhebung der Durchfuhrabgabe auf der Elbe festzuhalten, vielmehr auch ein handelspolitisches. Das war die Rücksicht auf Stettin.

Wir müssen an dieser Stelle uns etwas näher mit dieser wichtigen Politik beschäftigen.

Der § 12 des Gesetzes vom 26. Mai 1818 hatte im allgemeinen angeordnet, dass die Durchfuhrabgabe nur die Summe der Einfuhrabgabe und der Ausfuhrabgabe sein sollte. Von dieser Festsetzung machte der § 14 eine wesentliche Ausnahme. Dieser bestimmte nämlich: Beträgt für eine Ware diese Summe mehr als 12 Groschen, dann darf dennoch nicht mehr als 12 Groschen in den östlichen Provinzen an Durchfuhrabgabe erhoben werden, wenn die Waren links der Oder den preussischen Staat betreten und ebenso wieder verlassen. Damit sollte gesagt sein, dass Waren, welche beispielsweise von Hamburg oder von Lübeck aus auf der Elbe in die preussischen östlichen Provinzen zur Durchfuhr gebracht werden sollten, die Oder nur betreten dürften, wenn sie im Stande wären, die Bezahlung eines höheren Durchfuhrzolles als die von Stettin aus auf der Oder verschifft werdenden Güter zu ertragen. Auf diese Weise wollte man den hamburgischen Handel nach Polen, Galizien, Ungarn und Mähren von der Elbe wegziehen und in seiner ganzen Ausdehnung auf die Oderschiffahrt und auf das rechte Oderufer verlegen, d. h. man wollte bewirken, dass die Warenspedition bei dem Transithandel dem Kaufmannstande in dem preussischen Stettin zu Gute käme.

Absolut betrachtet, war diese Massregel wohl geeignet, in Handel und Schiffahrt einen Umschwung in der Verkehrsrichtung von Grund aus herbeizuführen. Etwas neues war diese Handelspolitik indessen nicht.

Von jeher standen Hamburg und Stettin in sehr scharfem Wettbewerb, zumal in jenen Zeiten, als noch das Getreide der fast ausschliessliche Exportartikel in diesen beiden Häfen war. Besonders seit der Erbauung des Friedrich-Wilhelm-Kanals, des sogenannten Neuen Grabens, war der wohlbegreifliche Neid Stettins gewachsen: Hamburg war ja durch diesen in unmittelbare Wasserverbindung mit den Textilindustrie-Bezirken der Lausitz und Niederschlesiens getreten. Seit jener Zeit dehnte Hamburg seine direkten und indirekten Handelsbeziehungen noch weiter östlich über Schlesien hinaus aus. Daher war der Handel Stettins immer mehr auf den Nordosten der preussischen Monarchie, welcher in seinen Bedürfnissen sehr bescheiden war und sehr wenig oder gar keinen Ausfuhrhandel trieb, angewiesen worden.[119]) Seine kaufmännischen Beziehungen zu Mecklenburg, welche nach Schmoller in schwedischer Zeit nicht ganz unbedeutend gewesen waren, waren bereits in dem ersten Drittel des 18. Jahrhunderts fast vollständig in die Hände Stralsunds, Lübecks und Hamburgs, vielleicht auch Wismars und Rostocks, übergegangen.[120])

Hamburg war stets seiner territorialen Ausdehnung nach ein kleines politisches Gemeinwesen gewesen und somit der dortige Kaufmannstand mehr auf sich selbst als auf staatliche, politische Massregeln angewiesen. Daran war der hamburgische Handel seit seiner Jugendzeit gewöhnt. Stettin dagegen war seit dem Ausgange des Mittelalters Glied eines grossen Staates gewesen, anfangs ein Teil Schwedens, später Brandenburg-Preussens. Für Stettins Wohlfahrt durch staatliche Hilfsmittel zu sorgen, war daher ganz etwas anderes, als wenn der Senat in Hamburg Handelspolitik trieb. Der hamburgische Handel musste daher gewissermassen mehr die Qualität eines Self-made-man haben. Aber man wäre in Hamburg, welches sowieso Jahrhunderte lang von seinen Nachbarn mit neidischen Blicken betrachtet wurde, doch nicht zu der heutigen Handelsmacht gelangt, wenn nicht diese Stadt eine sehr günstige geographische Lage hätte: der äusserste Punkt eines grossen Meerbusens, genannt die Nordsee.

Stettin liegt dagegen im grossen Verkehr von Land zu Land ganz anders. Das musste natürlich in einer Zeit, als dieser Verkehr noch ziemlich unentwickelt war, noch viel mehr ins Gewicht fallen. Durch die häufigen und gefährlichen Stürme im Kattegat und um Skagen, nicht weniger in der Ostsee selbst, wurde die Fracht und die Seeassekuranz sehr verteuert. Ferner war die Fahrt um Jütland und durch einen grossen Teil der Ostsee ohne Zweifel ein bedeutender Zeitverlust. Dazu kam noch der berüchtigte Sundzoll.[121]) Daher waren die Stettiner auch am Anfang des 19. Jahrhunderts noch keine Weltkaufleute wie die in Hamburg geworden: die grossen Kapitale, die internationalen Beziehungen, das ausgedehnte Wechselgeschäft, alles das fehlte in Stettin als Grundlage für einen grossen Verkehr.

Die meisten Waren, welche Stettin einführte, waren zum Konsum in Preussen selbst bestimmt. Das sollte nun durch die Zollgesetzgebung von 1818 ganz anders werden; vor allem galt es, dem hamburgischen Kaufmann im Handel nach Polen, Galizien u. s. w. den Rang abzulaufen.[122])

An und für sich ist der direkte Handel Hamburgs nach jenen östlichen Gebieten damals nicht gross gewesen. Hamburg lieferte meist indirekt. Die slavischen Juden, welche den Handel jener Landesteile damals schon fast ausschliesslich in den Händen hatten, kauften von dem Grosskaufmann in Breslau und vor allem auf der Messe in Leipzig persönlich, also indirekt vom hamburgischen Importeur. Es sind jene polnischen Handelsjuden, welche Gustav Freytag in seinem „Soll und Haben“ uns so lebendig in der Gestalt des Tinkeles vorgestellt hat und welche wir heute noch täglich in Breslau auf dem Karl-Platz und dessen Umgebung beobachten können. Aber gesetzt den Fall, dieser Transithandel wäre den hamburgischen Kaufleuten entzogen worden, so wäre auch ohne Zweifel der Handel, welchen Hamburg mit einem grossen Teile Schlesiens betreibt, der sogenannte

Breslauer Markt, verloren gegangen. Ebenso lagen die Verhältnisse des Handels nach Posen und den Provinzen Preussen. Trotz der für Hamburg sehr ungünstigen Elbzollverhältnisse bestanden die Beziehungen zu Galizien und Polen auch nach Aufhebung der Oderzölle noch; denn der Kaufmann lässt sich aus gewonnenen Positionen nicht so leicht verdrängen und begnügt sich lieber mit einem geringeren Nutzen. Ob dieser Handel ein direkter oder ein indirekter war, ist, wie gesagt, hier für uns einerlei. Nur auf die Richtung des Handels kommt es hier an. Die Richtung musste nun, sei es dass Hamburg und die Elbschiffahrt in Betracht kam, sei es Stettin und die Oderschiffahrt, Schlesien, und enger begrenzt, Breslau sein. Breslau und sein Handelsgebiet waren also hier der springende Punkt.

Breslau hatte vor allem seine Handelsverbindungen in Polen, Galizien und Ungarn. Ausserdem bestand in Breslau, wie heute auch, ein ausgedehntes Provinzialgeschäft mit den Krämern in den schlesischen Städten, sei es nach Westen und Süden, wie Liegnitz, Jauer, Hirschberg und Schweidnitz, sei es nach Süd-Osten und Osten, wie Neisse, Brieg, Oppeln und die oberschlesischen Bergwerksgegenden, sei es nach Norden, wie Wohlau, Trachenberg, Polnisch-Wartenberg. In vielen Fällen wird dieser Breslauer Kaufmann derselbe gewesen sein wie derjenige, den die slavischen Händler aufsuchten.

Nach Böhmen und Mähren, im ganzen, konnte der Handel von Breslau aus nicht allzu gross sein. Die südlichen Teile dieser Länder wurden bereits damals von Triest aus mit ihrem Bedarf versehen. [123]) Das Herz Böhmens, vor allem Prag selbst, stand in direkter Stromverbindung mit Hamburg. Im westlichen Böhmen bereitete der Mainhandel durch Franken über Eger Konkurrenz. [124])

In den österreichischen Ländern war daher den Breslauern nur ein kleines Handelsgebiet übrig geblieben. Bei der scharfen Konkurrenz in diesen Ländern von allen Seiten her war es daher sehr natürlich, dass man sich in Breslau so wohlfeil wie nur irgend möglich mit seinen Waren versehen musste. Dabei konnte es den Breslauern zunächst ganz gleichgültig sein, ob sie von Hamburg oder von Stettin aus bedient wurden. Das war Sache dieser beiden Hafenplätze. In diese Konkurrenz zwischen Hamburg und Stettin sollte nun das Gesetz von 1818 sehr kühn eingreifen. Es war nichts mehr und nichts weniger zunächst als ein Rest der alten Territorialpolitik: die Elbe den Elbebewohnern und die Oder den Oderbewohnern.[125])

Durch das Gesetz vom 26. Mai 1818 sollten die Breslauer Kaufleute von Stettin aus — die Oderzölle waren aufgehoben — sowohl billiger als bisher auf der Oder als auch billiger als von Hamburg aus versorgt werden. Durch die Dresdener Verhandlungen sollte nun aber auch der Elbekurs die Waren billiger als bisher transportieren können, sodass der Hamburger Kaufmann vielleicht ebenso billig die Waren nach Breslau liefern konnte wie der Stettiner. Wie wir aber oben gesehen haben, musste der überseeische Transport nach Hamburg jedenfalls billiger sein als nach Stettin. Dazu kam noch, dass der Hamburger Kaufmann ein sehr grosses Absatzgebiet, in vielen überseeischen Ländern seine Verbindungen hatte, und daher stets die einzelnen Waren in grösserer Auswahl beschaffen konnte, wenn er sie nicht vorrätig hatte. Er hatte daher eine grössere Geschäftskenntnis als der Stettiner und konnte dadurch in seinem eigenen Interesse die Interessen seiner Kunden im Binnenland besser wahrnehmen. So hatte also die Kaufmannschaft in Breslau ebenfalls ein grosses Interesse an den Dresdener Verhandlungen. Nur nicht das Interesse, welches die preussische Regierung annahm, sodass der Oberpräsident in Pommern in Berlin beantragte, dass nicht nur die Kaufmannschaft in Stettin, sondern auch die in Breslau, bei den Elbschiffahrtsverhandlungen vertreten sein möchten! Nicht an einer Bedrückung der Elbschiffahrt durch hohe Abgaben im Vergleich zur Oder musste, wie der Oberpräsident annahm, den Breslauern gelegen sein, auch nicht im Hinblick auf den böhmischen Elbehandel, sondern sie mussten vielmehr, gerade weil die scharfe Konkurrenz bestand, darnach trachten, möglichst billig von Hamburg aus, dessen Handel doch etwas anderes als der in Stettin auch für Breslau bedeutete, zu beziehen!

Hamburg stände im Begriff, sagte man in Stettin, den ganzen preussischen Handel an sich zu reissen. In der That, es ist nicht zu weit gegangen, wenn man sagt, dass man damals ernstlich für die Zukunft Stettins besorgt zu werden begann.[126]) Gerade um den Handel Stettins zu schützen und zu heben, bestanden nach der Angabe der preussischen Regierung die besonderen Elbzölle. Auf der Oder waren die Lokalzölle von Preussen (der schiffbare Lauf der Oder geht nur durch preussisches Gebiet) durch die Verordnung vom 11. Juni 1816 aufgehoben worden mit geringen Ausnahmen und nur die Durchfuhrabgabe bestand dort, allerdings teilweise in höheren Sätzen als auf der Elbe. Dadurch, hoffte man, würde der Handel Stettins wieder aufblühen, und man hatte auf den Hafenbau in Swinemünde bereits ansehnliche Summen verwendet. „Es herrscht nur eine Stimme, dass die auf den Hafenbau in Swinemünde verwendeten und zu verwendenden Kosten verschwendet sind und der Handel Stettins und der Oderkurs verschwinden muss, wenn durch Erleichterung und Begünstigung des Elbkurses der Stadt Hamburg noch ein ausgebreiteterer Handel nach den preussischen Staaten zugewiesen wird".[127])

Die Stettiner Kaufleute wollten offenbar nicht sehen, dass gerade die Regulierung der Flusszollverhältnisse eine scharfe, internationale Konkurrenz im Handel und in der Schiffahrt herbeiführen sollten und mussten. Nicht weniger als Stettin hatte Hamburg für seinen zukünftigen Absatz zu fürchten. Besonders das westdeutsche Marktgebiet stand auf dem Spiele, da hier infolge der Vereinfachung der Rheinzölle durch die Centralkommission in Mainz der Handel Antwerpens und Rotterdams sehr zu fürchten war. Von jetzt an kam es eben darauf an, durch Billigkeit und eigene Rührigkeit den Handel an sich zu ziehen und an sich zu fesseln; die bisher mehr oder weniger weitgehende landesväterliche Fürsorge durch Zölle und Strassenzwang konnte nicht in das mehr und mehr sich ausbreitende volkswirtschaftliche System der freien Konkurrenz eingereiht werden.

Es ist ganz natürlich, dass der preussische Staat ein grosses Interesse an dem Aufblühen des preussischen Stettins hatte.[128]) Dieses hatte aber seine Grenze darin, dass Hamburg nicht durch künstliche Mittel dauernd benachteiligt wurde und dass ein so einschneidendes Unternehmen, wie die Arbeiten der Elbschiffahrtskommission, nicht deswegen in der Vollendung hinausgeschoben oder zu Fall gebracht werden durfte. Für die Zukunft bestand der Nachteil Stettins, soweit es überhaupt damals möglich war, irgend etwas in der wirtschaftlichen Entwickelung, welche jetzt ihre Richtung geändert hatte, vorauszusehen, darin, dass der Transport zwischen Hamburg und „Übersee" billiger sein musste, als von Stettin aus.[129])

Unter diesen Verhältnissen war es vorauszusehen, dass sich sämtliche Uferstaaten gegen eine Begünstigung der Oder, also gegen die Aufrechterhaltung des preussischen Durchfuhrzolles auf der Elbe, erklärten. Die Elbefahrt an sich wurde nicht billiger als die Oderfahrt; denn der Durchfuhrzoll, welcher ungefähr die Höhe des für Preussen allein ermittelten Elbzollsatzes hatte, blieb für alle anderen Verkehrswege bestehen.

Gehen wir nunmehr zu der Frage nach der Höhe der Elbzölle zurück.

Nach dem oben angeführten, wie wir gesehen haben, sehr mangelhaften Berechnungsresultat erhob Dänemark den geringsten Elbzoll, nämlich 7 Pfg., und ehe eine neue Berechnung im Sinne Preussens stattfand, machte Österreich den Vorschlag, dass dieser dänische Zollsatz, als Einheitssatz für die einzelnen Ämter genommen werden sollte. Dabei sollte die Anzahl der Zollstätten, welche im Jahre 1815 vorhanden war, als zweiter Faktor benutzt werden. Nach diesem österreichischen Vorschlag würden also in Zukunft erhoben haben:

Österreich	(3 Ämter)	—	1	Gr.	9	Pfg.
Sachsen	(5 „)	—	2	„	11	„
Preussen	(15 „)	—	8	„	9	„
Anhalt	(4 „)	—	2	„	4	„

Hannover	(3 Ämter)	—	1 Gr.	9 Pfg.	
Mecklenburg	(2 „)	—	1 „	2 „	
Dänemark	(1 „)	—	— „	7 „	
		Summa:	19 Gr.	3 Pfg.	

Für die Staatskassen in Hannover, Mecklenburg, den anhaltinischen Herzogtümern und Sachsen wäre ein wirklicher Verlust nach diesem Vorschlage nicht eingetreten. Denn dort trat bisher ein bedeutender Rabatt beim Zahlen der Zölle für grosse Warenmengen ein; die Zölle wurden überhaupt nicht sehr streng erhoben. Von jetzt an aber sollten sie genau nach der Anzahl der Centner erhoben werden.[130]) Für Preussen wäre der obige Satz ein bedeutender Verlust gewesen, da dort das Rabattsystem nicht bestand und der bei weitem grösste Teil der Elbeverschiffungen entweder preussischer Handel war oder durch Preussen ging.

Die preussische Regierung hatte zwar die Berechnung des Komités für unbrauchbar erklärt, verhandelte aber zunächst noch auf Grund derselben weiter. Als Preussen davon sprach, dass es den Normalsatz von 7 Pfg. nach den bisherigen 15 Ämtern erheben wollte, was auch schon das Komité angenommen hatte, machte sofort die sächsische Regierung ausser den angeführten 5 Ämtern noch 4 andere (Königstein[131]), Rathen, Wehlen, Schloss Sonnenstein) geltend, welche örtlich getrennte Untereinnahmen des Amtes in Pirna ursprünglich gewesen waren, aber der Bequemlichkeit wegen mit diesem Zollamte schon seit langer Zeit vereinigt waren. Diese 9 Ämter wurden auch thatsächlich bei der Festsetzung des sächsischen Elbzolles benutzt.

Im preussischen Ministerium herrschte grosse Unklarheit. An dem Zollsatze von 7 Pf. für jede augenblicklich bestehende preussische Zollstätte hatten die Berliner Conferenzen im April 1820 zwar festgehalten, aber zu der Aufhebung der Durchfuhrabgabe hatte die preussische Regierung ihre Einwilligung nicht gegeben. Selbst diese Festsetzungen bezeichneten die preussischen Handels- und Finanzminister und der Unterhändler von Jordan als für Preussen einen zu grossen Verlust bringend.[132]) Dazu kam noch, dass das preussische Handelsministerium, wie es in seiner Denkschrift vom 4. November 1820 ausführlich darlegte, der Ansicht war: „Preussen muss gegen jede Erleichterung der Elbschifffahrt hinsichtlich der im Monat Juni 1815 bestandenen, von der Congress-Schlussakte Artikel 111 garantirten Abgaben und Zölle ankämpfen". Jeder Pfennig, den die preussische Verwaltung an Zoll nachlasse, käme irgend einem inländischen oder ausländischen Kaufmann zu statten; die Uferstaaten könnten kein Äquivalent für einen so grossen Verlust bieten und sie hätten auch kein nur scheinbares Recht ein so grosses Opfer von Preussen zu verlangen; die wirtschaftlichen und fiskalischen Interessen der einzelnen Uferstaaten durchkreuzten sich viel zu sehr, sodass von wahrer Handelsfreiheit keine Rede sein könne. — Die Anschauungen des Handelsministers drangen jedoch im Ministerium nicht durch; seine Opposition aber hemmte den ganzen Gang der Dresdener Verhandlungen.[133]) Einen grossen Teil der Schuld an dem Festhalten solcher Anschauungen trug, wie schon angedeutet, die geringe Fühlung, welche zwischen den einzelnen Ministerien während der ersten Zeit der Dresdener Verhandlungen vorhanden war, vor allem die Thatsache, dass vor Anfang April 1820 der Handels- und Finanzminister so viel wie nichts von den Verhandlungen wussten.[134]) Ja der Gegensatz der preussischen Minister war so gross, dass der Handelsminister den Vorschlag machte, die Dresdener Verhandlungen möchten bis zur Beendigung der Beratungen des deutschen Bundestages über den allgemeinen Handelsverkehr in Deutschland suspendiert werden, ein Vorschlag, dessen Ausführung das Resultat der Kommissionsberatungen sehr in Frage gestellt hätte.[135])

Diese Verhältnisse liessen daher nichts anderes übrig, als für jeden einzelnen Staat einen Zollsatz auf Grund seiner besonderen wirtschaftlichen Lage festzusetzen, d. h. den vierten, oben angedeuteten Weg einzuschlagen. Zur Bestimmung dieser Zollsätze wurde ein zweites Komité eingesetzt. Auch dieses hielt allerdings im Prinzip an dem Normalsatz von 7 Pf. fest; aber in Berücksichtigung des voraussichtlichen grossen Ausfalles der Zolleinnahmen wurde Anhalt und Hannover eine Erhöhung von einigen Pfennigen per Centner zugestanden, ebenso Mecklenburg und Dänemark, weil diese beiden Staaten jetzt plötzlich ihre hohen Kornzölle verloren. Den preussischen Wünschen wurde das Komité insofern gerecht, als nur diejenigen Waren für Preussen zur Berechnung gezogen wurden, welche durch ihre Menge im Handel sich ganz besonders auszeichneten. Zu diesem Zwecke legte die preussische Steuerbehörde der Kommission die nötigen Berechnungen vor. Zu dieser Berechnung waren nur 6 Artikel verwendet worden.[136]) Dieselben bezahlten auf den königlichen preussischen Elbzollämtern ohne die Durchfuhrabgabe:

Taback	17	Gr.	4½	Pf.
Wein	15	„	3	„
Kaffee	13	„	9½	„
Syrob	10	„	9½	„
Zucker	10	„	6	„
Moskobade	9	„	7	„

Der Durchschnittssatz dieser 6 Artikel ist (Sa. 77 Gr. 3½ Pf. : 6 =) 12 Gr. 10 7/12 Pf. und dieser Satz wurde in der runden Summe von 13 Gr. der preussischen Elbe zugesprochen, unter der Bedingung, dass die Durchfuhrabgabe auf der Elbe, deren Herabsetzung auf 8 Gr. auch die magdeburgische Kaufmannschaft gewünscht hatte, wegfiele.[137])

Ausser den eigentlichen Elbzöllen hatten auf den Zollämtern die Schiffer bisher noch sogenannte Accidenzien zu zahlen, Abgaben, welche für die Zollbeamten selbst bestimmt und gar nicht geregelt waren.[138]) Diese sehr bedenklichen Abgaben fielen in Zukunft vollständig weg.

Anders verhielt es sich mit der sogenannten Rekognitionsgebühr. Sie war eine Abgabe, welche die Zollämter neben dem Warenzoll von dem Fahrzeuge selbst nach der Grösse desselben erhoben. Man rechnete sie zu den Accidenzien. Bisher war diese Abgabe gar nicht geregelt worden und lag in dem Ermessen der Zollbeamten. Österreich erhob sie weder vor noch nach der Kommissionsberatung. Der neue Tarif derselben sollte nur als ein provisorischer bis zur ersten Revisionskonferenz gelten, da die einzelnen Staaten sich nicht zu einem feststehenden Tarif einigen konnten. Die Elbschiffahrtsakte zeigt daher in dem Tarif der Rekognitionsgebühr gar keine Verhältnismässigkeit zwischen den einzelnen Staaten. Daran war vor allem Schuld, dass man bei der Festsetzung des eigentlichen Elbzolles diese Art Abgabe gar nicht berücksichtigt hatte; aus welchem Grunde, ist nicht recht ersichtlich. So kam es, dass nach der Festlegung des Zolles, als die einzelnen Uferstaaten einen ganz erheblichen Ausfall in ihren Elbzolleinnahmen vor sich sahen, diesen durch die Rekognitionsgebühr zu ersetzen strebten und dabei zu keinem einheitlichen Satze gelangen konnten. Daher ist es nicht ganz unrichtig, wenn man sagt, dass die Rekognitionsgebühr die Wohlthaten des neuen, geregelten Elbzolles in gewissem Grade paralysierte. In der Zukunft war sie auch in der That während langer Zeit die Hauptbeschwerde der Schiffahrt, mehr als die Elbzölle an sich.[139])

Die preussische und österreichische Absicht ging ursprünglich dahin, die Rekognitionsgebühr im Verhältnis der neuen Zollsätze unter die Uferstaaten zu verteilen; um ihre Erhebung möglichst einfach zu gestalten, könne sie im Einladehafen für die ganze von dem betreffenden Fahrzeuge zu durchfahrende Strecke gezahlt werden.[140]) Mit diesen Vorschlägen drang man indessen nicht durch. Auch die Länge der Uferbesitzungen nahm man nicht als Massstab für die Festsetzung. Denn diese standen in gar keinem Verhältnis zu den bisherigen Einnahmen: Sachsen gab diese auf jährlich 5000 Thl. an, Anhalt auf 2250, Preussen auf 24000, Hannover auf 3500, Lauenburg auf 19000, Mecklenburg auf 23500.[141]) Die preussische Regierung erklärte sich bereit, auf mehr als die Hälfte dieser Einnahme zu verzichten, also sich mit 10—12000 Thl. begnügen zu wollen, indem sie die gleiche Bereitwilligkeit der anderen Uferstaaten voraussetzte. In wie weit diese Voraussetzung eintrat, ist nicht bekannt. Jedenfalls ist anzunehmen, dass die preussische Regierung auf die obige Summe noch rechnete, indem der Tarif für die verschiedenen Grössen der Schiffe auf dem preussischen Laufe der Elbe 1 Thl. 8 Gr. bis 5 Thl.

8 Gr. festsetzte, welche teilweise in Wittenberg und teilweise in Mühlberg zu zahlen waren.[142])

Die zweifelsohne oberflächliche Behandlung der Rekognitionsgebühr ist jedenfalls ein Anzeichen dafür, dass bei der Festsetzung des eigentlichen Elbzolles viel mehr Schwierigkeiten von Seiten einzelner Regierungen dargeboten wurden, als uns der Wortlaut der Akten erkennen lässt, so dass man einer Wiederholung möglichst aus dem Wege zu gehen suchte. Es würde vielleicht bei einer sorgfältigen Untersuchung der Recognitionsgebühr das bereits erlangte Resultat der Beratungen, vornehmlich in Betreff der Zollhöhe, in Frage gestellt worden sein.[143])

Mit wenigen Worten gehe ich auch auf die Frage ein, nach welchem Geldsysteme der Zoll zu entrichten war. Geldsysteme gab es damals innerhalb des deutschen Bundes fast wie Sand am Meere. Geldstücke aus längst verschwundenen Münzsystemen liefen noch immer im Verkehr um.

An dieser Stelle sei nur auf die Münzsysteme Österreichs und Preussens eingegangen.

In Österreich bestand seit 1748 der 20-Gulden-Fuss oder, wie er seit der Münzkonvention mit Baiern von 1753 hiess, der Konventionsfuss. Auf 1 kölnische Mark Fein (= 233, 855 g) gingen (20 Gulden oder) $13^1/_3$ Thaler (Konventionsthaler), dessen Korn $^5/_6$ war. Diese Einteilung der kölnischen Mark in $13^1/_3$ Thaler geschah jedoch nur mit Rücksicht auf die noch im Verkehr befindlichen Thaler nach dem Leipziger Fuss, von denen 1 Thaler gleich $1^1/_3$ Rechnungsthaler war. Daher gingen dem Gehalt an feinem Silber nach in der That nur 10 Konventionsthaler auf 1 kölnische Mark feines Silber (Aufschrift: „Zehn eine feine Mark"). Das Feingehalt dieses Thalers betrug also in Wirklichkeit 23,386 g feines Silber.

In Preussen bestand seit 1750 resp. 1764 der 14-Thaler-Fuss. Auf 1 kölnische Mark Fein gingen also (21 Gulden oder) 14 Thaler; das Korn war $^9/_{10}$. Das Feingehalt dieses Thalers betrug also 16,704 g feines Silber.

Der Konventionsthaler zerfiel in 24 Groschen; jeder Groschen in 12 Pfennige. Der preussische sog. (Courant-) Thaler wurde bis zu dem Münzgesetz vom 30. September 1821 in 24 Groschen eingeteilt, jeder Groschen in 12 Pfennige. Seit diesem Gesetze zerfiel er in 30 Groschen zu je 12 Pfennige. Der Münzfuss war also durch dieses Gesetz nicht geändert worden, sodass es einerlei ist, ob wir an den 24 Groschen-Thaler oder den zu 30 Groschen in Preussen denken.[144])

Das Verhältnis der beiden Münzfüsse war also $13^1/_3$: 14 = 20 : 21. Dieses Verhältnis findet sich auch angegeben in der Münzvalvationstabelle, welche der Elbschiffahrtsakte beigegeben ist. In ihr findet sich auch die Angabe, dass in Preussen nur preussisches Courantgeld an den Zollämtern genommen wurde. Da nun der Preussen bewilligte Zollsatz von 13 Groschen im Konventionsfusse ausgedrückt ist, so wurden also in Preussen thatsächlich 13 Groschen $1^4/_5$ Pfennig gezahlt. Die innerhalb des deutschen Bundes befindlichen Goldmünzen, Pistolen und Dukaten, waren in der Tabelle in Silber tarifiert worden und wurden in einigen Staaten genommen (innerhalb des deutschen Bundes war bekanntlich nur in Bremen Goldwährung), in Preussen jedoch nicht. Wie aus dem Folgenden hervorgeht, würde es keinem Schiffer eingefallen sein, in Konventionsmünze zu zahlen, wenn er die Wahl, ob Konventionsgeld oder preussisches Courant, gehabt hätte.

So ganz glatt ging indessen diese Festsetzung nicht von Statten.

Nach dem oben angegebenen Verhältnis war 1 preussischer Courant-Thaler = 22 Groschen $10^2/_7$ Pfennig Konventionsmünze. Im Verkehr war natürlich mit diesen Brüchen sehr schlecht zu rechnen und man liess sie daher, wenn sie weniger als $^1/_2$ betrugen, einfach weg. In einem Schreiben an den Bevollmächtigten v. Jordan macht J. G. Hoffmann (26. Juli 1820) eine Aufstellung verschiedener preussischer Münzen (Courantmünzen), wie sie damals im Verkehr bei der Umrechnung in Konventionsgeld angenommen wurden:

1 Thl.	= genau	22 Gr.	$10\frac{2}{7}$ Pf.	= abgerundet	22 Gr.	10 Pf.
$\frac{1}{2}$ Thl.	= „	11 „	$5\frac{1}{7}$ „	= „	11 „	5 „
8 Gr.	= „	7 „	$7\frac{3}{7}$ „	= „	7 „	7 „
$\frac{1}{4}$ Thl.	= „	5 „	$8\frac{4}{7}$ „	= „	5 „	9 „
4 Gr.	= „	3 „	$9\frac{5}{7}$ „	= „	3 „	10 „
2 Gr.	= „	1 „	$10\frac{6}{7}$ „	= „	1 „	11 „
Reduc. Gr.[145])	„	— „	$6\frac{26}{49}$ „	= „	— „	7 „

Die preussischen Zollämter hatten nun nach der Elbschiffahrtsakte ihre Courantmünzen nach dem Verhältnis von $\frac{20}{21}$ bei der in Konventionsmünze zu zahlenden Zollabgabe anzunehmen; das heisst sie mussten den genauen Umrechnungssatz nehmen, während im Verkehr selbst weniger gegeben wurde. Es ist daher nicht anzunehmen, dass die preussische Regierung an ihren Kassen die genauen Umrechnungssätze genommen hat, sondern die im Verkehr üblichen, abgerundeten.

Nehmen wir nun aber an, ein Schiffer hätte in Preussen beispielsweise 300 Thaler, also Konventionsgeld, an Zoll zu zahlen gehabt, so wären dies also 315 Thaler preussisch Courant gewesen. Wenn nun der Schiffer diese Summe in Thalerstücken hätte zahlen wollen, von denen jedes für 22 Groschen 10 Pfennige Konventionsmünze gerechnet wurde, so hätte er in Wirklichkeit 299 Thl. 16 Groschen 6 Pfennig Konventionsmünze gezahlt, also $7\frac{1}{2}$ Pfennig zu wenig. Zu den 315 Thalern hätte er also noch 8 Pfennige zulegen müssen. Ebenso ergeben sich bei der Annahme der anderen Münzen Unterschiede, zum Teil grösser, zum Teil kleiner als 8 Pfennige, je nach dem abgerundeten Bruch.

Auf eine solche Umrechnung konnte man sich natürlich nicht einlassen und so rechnete man einfach die zunächst in Konventionsgeld angegebene Zollsumme nach $\frac{21}{20}$ um und liess sich diese Summe zahlen, die auch nach preussischem Courant verrechnet wurde.

Vor der Inkraftsetzung der Elbschiffahrtsakte hatte sich Preussen seine Elbzölle in Gold zahlen lassen („bei weitem zum grössten Teil ganz in Golde"), den Friedrichsd'or (= Pistole) zu 5 Thl. und den Dukaten zu 2 Thl. 18 Gr. gerechnet; jetzt setzte J. G. Hoffmann durch: „Der Preussen überwiesene Betrag des Zolles und der Rekognitionsgebühr soll alles in Silber gezahlt werden, nicht in Gold; der Preis des Silbers zu Gold ist zu veränderlich.“ Der Bevollmächtigte erklärte daraufhin in der 28. Konferenz (2. August 1820), dass „Preussen künftig den zu regulierenden neuen Elbzoll nur in preussischem Courantgelde erheben werde.“

5. DIE AUFHEBUNG DES UMLADEZWANGES IN MAGDEBURG.

Die Dresdener Kommission hatte ihre Aufgabe nicht richtig aufgefasst und zeigte nur Zaghaftigkeit und Schwäche, als sie die Bewilligung des Zollsatzes von 13 Groschen für Preussen ausser an die angeführten Bedingungen auch an die knüpfte, dass das Umladerecht der Stadt Magdeburg beseitigt würde.[146]) Denn dieses hatte bereits nach dem Artikel 114 der Wiener Akte zu fallen und durfte gar kein Gegenstand der Do-ut-des-Politik werden. Indessen that man letzteres doch, weil die Magdeburger sich sehr gegen die Aufhebung sträubten und den Verlust so darstellten, als wenn die Stadt dadurch an den Rand des Verderbens gebracht würde, welche Redewendung thatsächlich verbo tenus gebraucht wurde.[147])

Uns, die wir mit dem System der freien wirtschaftlichen Konkurrenz aufgewachsen sind, erscheint das Auftreten der Magdeburger als einer entfernten Vergangenheit angehörend. Es ist daher nötig, dass wir auf die Interessen der Stadt und ihrer Bürger näher eingehen, und es wird sich zeigen, dass ihr Blick allerdings sehr kurzsichtig war, was sich eben daraus erklären lässt, dass zu der in Frage stehenden Zeit die Anschauungen des Konkurrenzsystems durchaus noch nicht dem deutschen Handelsstand in dem Masse in succum et sanguinem übergegangen waren wie etwa in England.

Es wird im Anhang 1 dargelegt werden, dass das alte, eigentliche Stapelrecht, von welchem in den Akten die Rede ist, aus Gründen seiner inneren Beschaffenheit schon seit langer Zeit nicht mehr bestand und nicht bestanden haben kann; ein genauer Zeitpunkt ist natürlich sehr schwer anzugeben. Es waren also noch der Umladezwang und eine Reihe Gebühren, welche mit der obligatorischen Benützung öffentlicher Institute verbunden waren, übrig. Diese Gebühren waren — wie bereits in Abschnitt 4 gezeigt — meist so gestellt, dass es in jedem Falle geraten war, durch Vermittlung eines magdeburgischen Kaufmanns die Waren zu versenden. Infolge dessen entwickelte sich zweierlei Art Handel in Magdeburg. Einmal war es das Speditionsgeschäft, welches sich in Magdeburg festsetzte, ein anderes Mal das Kommissionsgeschäft, welches wahrscheinlich in sehr vielen Fällen mit der Spedition verbunden war. Magdeburg wurde so zu einem Stapelplatz im heutigen, neuzeitlichen Sinne, welcher Begriff im Gegensatz zu dem mittelalterlichen gar keine handelsrechtliche Definition und Bedeutung hat. Wie schon von anderer Seite gezeigt worden ist, wusste sich Magdeburg trotz aller sächsischer und böhmischer Strassenverbote eine selbständige Stellung zu erwerben, welche zwischen Niederdeutschland oder dem unteren Elbe- und Wesergebiete einerseits und Schlesien und dem slavischen und gemischten Osten andererseits den Verkehr vermittelte.[148]) Indessen jenen Glanz und jene Bedeutung, welche Magdeburg als mittelalterliche Handelsstadt gehabt hatte, erhielt es selbst dann nicht mehr, als Friedrich II. das durch die Macht der Zeitumstände aufgehobene Umladerecht wieder herstellte. Einen Teil jener Bedeutung hatte Leipzig bereits an sich gezogen, welches sich trotz seiner ungünstigen Stromlage mehr und mehr zu dem kommerziellen Mittelpunkt des inneren Deutschlands ausbildete.

Ein allgemeiner Zug, welcher durch die Entwicklung des Verkehrs und Handels bei allen Kulturvölkern geht, besteht nun darin, dass der Zwischenhandel immer mehr beseitigt wird. Hiermit steht im Zusammenhang, dass der Zwischenhandel an immer weniger Orte sich konzentriert und dass der Kampf um Sein oder Nichtsein der Zwischenplätze immer heftiger und mit schärferen Waffen geführt werden wird. Diese Beobachtung lässt sich auch an Magdeburg machen. Im Mittelalter, als noch eine grosse Anzahl Städte im inneren Deutschland eine fast gleiche Bedeutung für den Handel hatten, war die Besorgnis der Magdeburger um die Erhaltung ihrer Rechte nicht entfernt so gross, als im 18. Jahrhundert, als es mit Leipzig allein den Kampf um die Handelsherrschaft in Mitteldeutschland führte, nachdem Erfurt, Halle und Naumburg nicht mehr in Betracht kamen. Der Wettstreit der beiden Städte ist bis in unsere Tage hineingetragen worden und im Laufe der Zeit immer mehr zu Gunsten Leipzigs ausgefallen. Wie lange Leipzig noch die eroberte Stellung innehaben wird, wird nur die wirtschaftliche Entwicklung entscheiden.[149])

In diese Zeit des Kampfes um die Zukunft Magdeburgs fällt nun die Aufhebung des Umladerechtes, welches eine wesentliche Stütze der Stadt bildete. Der Kampf sollte sich in Zukunft nicht mehr auf Privilegien und andere Rechte, sondern auf die Kraft allein stützen.

Dem allgemeinen Schwärmen der Theoretiker und der Staatsmänner in Wien für „laisser faire et laisser aller“ entsprach die wirtschaftliche Entwicklung insofern, als jetzt nach dem Kriege mit einem neuen Aufschwung im Handel wieder ein Zeitpunkt gekommen war, einen Teil des Zwischenhandels zu beseitigen.[150])

Bei der nationalökonomischen Beurteilung der Frage, ob Umladezwang in Magdeburg oder nicht, war, wie weiter unten ausgeführt wird, die Thatsache von Bedeutung, dass er im siebzehnten und achtzehnten Jahrhundert bereits eine Zeit lang beseitigt gewesen war; von juristischer Bedeutung war das nicht, da die Stadt nicht freiwillig sich ihres Rechtes entledigt hatte.

Es ist nicht zu verkennen, dass von dem Umladezwang ein grosser Teil des magdeburgischen Wohlstandes abhing. Der städtischen Kasse waren aus den verschiedenen Elbeerhebungen im Durchschnitt der Jahre 1818, 1819 und 1820 jährlich 109 325 Thl. 19 Gr. erwachsen. Diese Summe verteilte sich, wie folgt:

1. Getreide-Verrechtung:	4365 Thl.	19 Gr.	3 Pf.
2. Städtischer Elbzoll:	23 291 „	3 „	2 „
3. Buhnengeld:	118 „	10 „	8 „
4. Niederlage-, Winde- und Wagegeld:	73 719 „	15 „	7 „
5. Kaufhofs-Expeditionsgebühren:	6794 „	15 „	4 „
6. Natural-Bauholzzoll:	1036 „	3 „	— „

Genauere Daten zu 2 und 4 sind oben bereits mitgeteilt worden.[151])

Durch die Dresdener Kommission waren 1, 2, 3 und 6 beseitigt worden und die Posten 4 und 5 mussten voraussichtlich sich sehr verringern für den Fall, dass in Zukunft die gezwungene Umladung wegfiel. Vor allem aus diesem fiskalischen Grunde suchte die Stadt, so viel sie konnte, die Aufhebung des Umladezwanges zu verhindern. Eine Eingabe an das Ministerium folgte der anderen, die eine immer länger als die andere, hin und wieder auch mehr an das Gefühl als an die Vernunft der Minister appellierend.[152]) Der Oberbürgermeister Francke nahm wiederholt Aufenthalt in Berlin, um dem Ministerium die Lage Magdeburgs nach der Aufhebung des Umladezwanges auseinander zu setzen. Auch nach Dresden unternahm er in Begleitung eines magdeburgischen Kaufmanns eine Reise. Es blieb jedoch alles fruchtlos.

Hören wir nun, was man in Magdeburg für die Aufrechterhaltung des Zwanges als im Interesse des Handels der Stadt anführte und wie man die Vorteile der Umladung so gut als möglich hervorzuheben suchte.[153])

Vor allem brachte bisher das Umladerecht nach der Ansicht der Magdeburger der Schiffahrt Schnelligkeit und Ordnung in der Versendung der Waren, deren Transport auf diese Weise sicherer sei als bei freier Schiffahrt. Alle auf der Elbe schwimmenden Ladungen, welche über Magdeburg, resp. Tangermünde oder Aken, hinaus gingen, wurden ja an magdeburgische Kaufleute gerichtet, unter deren Schutz die verschiedenen Manipulationen auf dem Packhof vorgenommen wurden. Um diesen Verkehr zu regeln, bestand das sogenannte Institut der kaufmännischen Prokureure.[154]) So hatte die magdeburgische Kaufmannschaft einen solchen in Hamburg, Dresden und Pirna. Bei diesen mussten alle nach und von dem betreffenden Umladeplatz zu verschiffenden Waren zur Verladung angemeldet werden. Durch diese Anmeldungen erfuhren sie genau, welche Waren in einer bestimmten Zeit nach einem der Elbehandelsplätze zu versenden sein würden und konnten so in kürzester Zeit ein Schiff befrachten und abgehen lassen. Der Prokureur war ein von der kaufmännischen Korporation des Korrespondenzplatzes bestellter Beamter; der Lokalverkehr mit den zwischen beiden Plätzen gelegenen Häfen lag also nicht in seinen Händen, sondern allein der Grosshandel. Die Waren selbst wurden jedoch nicht an ihn gerichtet, sondern an den speziellen Kaufmann direkt oder an einen Spediteur. — Als Ergänzung dieses Institutes bestand zwischen den magdeburgischen Kaufleuten und einer Anzahl Schiffer (die Zahl 250 wird genannt), welche teilweise in Magdeburg selbst, teilweise in anderen Plätzen an der Elbe und an der Saale wohnten, ein „Frachtvertrag". Diese Schiffer bildeten damals noch die alte magdeburgische Elbschiffahrts - Brüderschaft. Obgleich sie in den Akten nicht als diese bezeichnet werden, und dort von einer zwischen den Schiffern bestehenden Organisation nichts berichtet wird, so ist doch anzunehmen, dass die Gilde noch bestand, da über eine vorhergehende Auflösung derselben nichts bekannt ist. Freilich war ihre Organisation wesentlich verändert, vereinfacht worden, nachdem durch das Gesetz vom 2. November 1811 in Preussen der Zunftcharakter der Gewerbeverfassung gänzlich beseitigt worden war, wobei die Zünfte an sich sozusagen als Fachvereine bestehen blieben. Auch wurde in § 21 des genannten Gesetzes das Stromschiffergewerbe nicht unter denjenigen aufgezählt, für welche ein Befähigungsnachweis bestand.

In jenem Vertrage verpflichteten sich die Kaufleute, ihre Versendungen von und nach Hamburg, sowohl die eigenen Güter wie die Speditionsgüter nur durch diejenigen Schiffer verfrachten zu lassen, welche zu dieser Vereinigung gehörten. Die Gegenleistung dieser Schiffer bestand in der

Verpflichtung, dass sie die Verladungen in kürzester Zeit und bei jedem Wasserstande, welcher eine Fahrt zuliess, vornehmen würden und dass sie gegen einen festen, wahrscheinlich in gewissen Zwischenräumen neu zu vereinbarenden Frachtsatz die Waren verschiffen würden. Bevor ein Fahrzeug in den Betrieb neu eingereiht wurde, musste es hinsichtlich seiner Tauglichkeit von einer aus Kaufleuten, Schiffern und nautischen Sachverständigen bestehenden Kommission untersucht und für geeignet zur Flussschiffahrt erklärt werden. Ausserdem durften die Schiffer die Fahrzeuge nur mit einer im Verhältnis zu ihrem Laderaum bestimmten Anzahl Güter beladen. Aus diesem Reglement ergaben sich sowohl für die beiden kontrahierenden Teile als auch für den Elbverkehr als solchen grosse Vorteile. Für die Kalkulation der Transportspesen ergab sich daraus eine gewisse Beständigkeit und Sicherheit, welche allerdings durch die teilweise unberechenbaren Elbzolltarife wieder aufgehoben werden konnte. Was das Abkommen selbst betrifft, so stand seinem Weiterbestehen nach der Aufhebung des magdeburgischen Umladerechtes nichts im Wege, zumal der Artikel 6 der Elbschiffahrtsakte vom 23. Juni 1821 ausdrücklich die Beibehaltung der sogenannten Rangfahrten, welche natürlich mit dem magdeburgischen Frachtvertrag verbunden waren, erlaubte. Auf der anderen Seite war allerdings die Möglichkeit vorhanden, dass die an Magdeburg vorüberfahrenden Schiffe den zur Vereinigung gehörigen Schiffern Konkurrenz machen und den Transport vielleicht gegen eine niedrigere Fracht übernehmen würden, wenn sie schon Waren an Bord hatten, sodass der eine oder der andere Kaufmann bewogen worden wäre, den Kontrakt zu lösen. Indessen vollziehen sich gerade im Handel und Verkehr, wo jeder auf die Zuverlässigkeit des anderen unbedingt angewiesen ist, solche Wandlungen sehr langsam und diese Befürchtung brachte damals, obwohl sie zweifelsohne bestand, auch weder die Kaufmannschaft noch die Schifferschaft Magdeburgs zum Ausdruck. Grundlos aber und mit anderen Äusserungen im Widerspruch stehend war die Befürchtung, dass die Schiffer den Vertrag kündigen würden und dann auf eigene Gefahr hin, nicht nur in Magdeburg, sondern auch in anderen Elbehäfen Güter sammeln würden. Die Schiffer würden, so sagte man, die Waren nur mit grossem Zeitverlust expedieren können, da sie oft lange in Ladung liegen müssten und das Ein- und Ausladen von Gütern zwischen den beiden Endstationen die Fahrt sehr verlangsamen würde; die Kalkulation würde unsicher werden. Diesen Deduktionen gegenüber genügt der Hinweis darauf, dass die Schiffer ebenfalls sich diese Folgen überlegt haben würden und sie selbst einen nicht geringeren Schaden erlitten hätten. Gewiss werden hier und da solche Experimente vorgekommen sein; denn ohne sie vollziehen sich nun einmal die Wandlungen in dem wirtschaftlichen Leben nicht. Dass indessen nach der Aufhebung des Umladezwanges sofort gewissermassen eine wilde Jagd der Schiffer nach Gütern längs des ganzen schiffbaren Laufes der Elbe beginnen würde, war doch nicht zu erwarten und die uns heute, wenn wir von der Entwicklung des magdeburgischen Handels abstrahieren, etwas wunderlich erscheinende Angst vor solchen Experimenten war nicht begründet.[155]) Sie stand auch im Widerspruch mit anderen Äusserungen der magdeburgischen Kaufleute. Kein Schiffer in Magdeburg habe, so sagte man, eine genügende Kenntnis einer grösseren Strecke, als von Magdeburg nach Hamburg; ebenso wenig seien die böhmischen und sächsischen Schiffer mit den Stromverhältnissen der Niederelbe bekannt. Der ganze Elbeverkehr sei eben deshalb in 3 Sektionen eingeteilt: zwischen Hamburg und Magdeburg führen die preussischen, magdeburgischen Schiffer, zwischen Magdeburg und Dresden resp. Pirna die sächsischen, und oberhalb Pirnas die böhmischen. Da die Schiffer bei den zu erwartenden Versuchen nur sehr langsam und vorsichtig fahren könnten, so würde die Gefahr bestehen, dass die Waren Schaden litten. Die Flüssigkeiten, welche einen grossen Teil des Handels bildeten, wie Öle, Wein, Syrob und Spirituosen, seien entweder der Leckage unterworfen oder der Gefahr des Verderbens ausgesetzt. Ebenso gefahrvoll sei die lange, ununterbrochene Fahrt für Waren, welche sehr leicht nass würden oder schmelzen.

Alle diese Waren müssten unterwegs umgeladen und auf ihre Beschaffenheit hin geprüft werden.[156]) Für diese Thätigkeit sei Magdeburg seiner Lage in Beziehung zu dem Laufe der Elbe und zu dem deutschen Konsumtionsgebiet nach und seiner Hafeneinrichtungen wegen sehr geeignet.[157]) Diese Verhältnisse waren aber den Schiffern ebenfalls bekannt und diese Thatsache hätte daher die Kaufleute gar nicht fürchten lassen können, dass der Vertrag gelöst würde von Seiten der Schiffer.

Wohl zu unterscheiden davon ist die Frage, ob die magdeburgischen Schilderungen der Wirklichkeit thatsächlich entsprachen. Das ist zum mindesten zu bezweifeln. Wie wir bereits gesehen haben, waren die dresdener Schiffer bereits von 1632 bis 1747 ohne Umladung nach Hamburg gefahren, also zu einer Zeit, in der die Elbschiffahrt noch in einem technisch weniger entwickelten Zustand war als zu Beginn des 19. Jahrhunderts.[158]) Und auch jetzt wünschte man sowohl von Seiten der Schiffer wie von Seiten der dresdener und hamburgischen Kaufleute die Aufhebung des magdeburgischen Zwanges. Die Unkenntnis der Schiffer bezüglich der Stromverhältnisse auf der Elbe konnte also nicht den magdeburgischen Äusserungen entsprechen. Wie der preussische Handelsminister berichtet, wurden schon während der Dresdener Verhandlungen nicht allein in Hamburg und Dresden, sondern auch in Preussen, z. B. in Tangermünde, Kontore für die direkte Schiffahrt zwischen Hamburg und Dresden gegründet „welche um Beschäftigung bitten".[159])

Die Befürchtungen der Magdeburger bezüglich der Unkenntnis der Schiffer waren um so weniger begründet, als die Ausübung der Schiffahrt zwar im Prinzip frei und nur von der Lösung eines Gewerbescheines nach dem Edikt über die Einführung einer allgemeinen Gewerbesteuer vom 2. November 1810 abhängig war, aber doch nach Artikel 4 der Elbschiffahrtsakte an eine besondere Erlaubnis seitens der Landesbehörde nach vorangegangener Prüfung der Person und des Fahrzeuges geknüpft wurde. Die Verknüpfung der Lösung dieses Erlaubnisscheines mit der Entrichtung einer Gebühr hing von dem freien Ermessen des Einzelstaates ab.

In Preussen war das bis zum Erlass des Gesetzes wegen Entrichtung der Gewerbesteuer vom 30. Mai 1820 so wie so der Fall.[160]) Indessen ob Preussen nach dem Erlass der Akte eine Gebühr für die Lösung des Scheines erhob, geht aus der Gesetzsammlung nicht hervor. In anderen Staaten wurde für die Lösung des Erlaubnisscheines für die Elbschiffahrt eine Gebühr erhoben; so in Hannover 12 Groschen, und seit 1828 noch 4 Groschen für den Sachverständigen, welcher mit der Untersuchung der Fahrzeuge beauftragt wurde.[161]) Jedenfalls war die Lösung des Scheines eine Praeventiv-Massregel gegen untaugliche Schiffer.

Indessen honnte diese Bestimmung den Magdeburgern zur Zeit des Kampfes um ihr Umladerecht noch nicht bekannt sein.

Die direkte Schiffahrt war ein Verlangen, welches ohne Zweifel den jetzigen Bedürfnissen des Verkehrs entsprach. Die Elbe wurde immer mehr gewissermassen ein langgestreckter Hafen, in welchem an den verschiedenen Punkten die Güter eingenommen und ausgeladen wurden. Aber nicht allein den schiffbaren Lauf der Elbe selbst wollten die Schiffer direkt von Hamburg aus befahren, sondern auch die Nebenflüsse, vor allem die Saale, sollten der direkten Schiffahrt offen stehen. Die Schiffer waren kühn genug, diese geplante Änderung des Verkehrs in öffentlichen Blättern während der Dresdener Konferenzen so bekannt zu machen, als wenn sie bereits eingetreten wäre. Es ging ein frischer Zug und Unternehmungseifer durch den Verkehr und seine Diener. Natürlich waren diese Versuche rechtlich verfrüht und wurden daher bis zur Ratifikation der zu erwartenden Elbe-Akte von Seiten der Behörden unterdrückt.[162]) Das verdunkelt aber die wirtschaftliche Bedeutung dieser Unternehmungslust, welche damals mehr denn je für den gewerbetreibenden Teil der deutschen Bevölkerung zu wünschen war, nicht. In Magdeburg indessen waren Kaufmann und Schiffer in den Traditionen des mit Stolz betrachteten Umladerechtes aufgewachsen und mit der kalten Vornehmheit, welche dem grossen Kaufmann im besten Sinne eigen ist, betrachteten sie jene Versuche und Wünsche als die Aspirationen von homines novi. Diese Psychologie ist, historisch betrachtet, uns heute sehr verständlich.

Auch für den Handel durch Vermittelung der Elbschiffahrt versprach sich die an ihm interessierte Kaufmannschaft einen grossen Aufschwung nach der Beseitigung der Umladerechte.[163]) Es musste die schon damals unzählige Mal beobachtete Thatsache eintreten: wo eine Schranke des Verkehrs fällt, wo der Transport billiger wird, dort nimmt der Verkehr rasch und in grossen Zahlen zu. Schon während der Kommissionsverhandlungen wurden in Dresden und Pirna, deren Umladerechte jetzt ebenfalls aufgehoben werden mussten, die Speicher- und Hafenräumlichkeiten vergrössert.[164]) Grosse Leipziger Handlungshäuser, welche bisher ihre Waren auf der Elbe bis Magdeburg und dann zu Lande nach Leipzig kommen liessen, legten bereits Zweigniederlassungen in Dresden für ihren Absatz in Sachsen an, so z. B. das noch heute bestehende Leipziger Haus Vetter & Co.[165])

Waren die magdeburgischen Umladeeinrichtungen in der That so unbedingt notwendig für den Elbeverkehr, so ist leicht einzusehen, dass man dann nicht des Zwanges bedurfte, sondern dass die Handeltreibenden in Zukunft sie aus freien Stücken benutzen würden. Diese Anschauung suchte man in Magdeburg im voraus dadurch zu widerlegen, indem man den Wortlaut des Artikels 114 dahin auslegte „dass zur Aufrechterhaltung eines Umladerechtes hinlänglich ist, wenn dessen (d. h. des Umladerechtes) Nutzen oder Notwendigkeit für den Handel im allgemeinen bewiesen werden kann.“ Die Magdeburger meinten also: Nutzen oder Notwendigkeit des Umladerechtes, während der Artikel deutlich sagt: Nutzen oder Notwendigkeit der Aufrechterhaltung.[166])

Für die Argumente der magdeburgischen Interessenten bildete der Umstand eine wichtige Stütze, dass in „der zwischen Preussen und Westfalen unterm 14. Mai 1811 wegen der Grenz- und dahin gehörigen Angelegenheiten abgeschlossenen Konvention“ der Artikel 14 des § 4 ausdrücklich die Aufrechterhaltung des Umladerechtes in Magdeburg aussprach, und zwar in kraftvollen Worten. Der Artikel lautet nämlich so: „Es ist ausdrücklich verabredet, dass dem bisherigen Umladungsrecht, welches in der Stadt Magdeburg besteht, kein Abbruch geschehen soll, sondern es soll unter der Souverainetät des Königs von Westphalen fortgesetzt und erhalten werden“. Vielleicht hatte die scharf betonte Festsetzung nur den Zweck, dass dem fremden Machthaber jede Möglichkeit abgeschnitten würde, die alten preussischen Einrichtungen einfach über den Haufen zu werfen, wobei man wohl im Stillen hoffte, dass der Bestand des neuen Königreichs Westphalen kein dauerhafter sein würde. Die Festhaltung des magdeburgischen Umladerechtes basierte auf allgemeinen politischen Ideen damals, welche darauf hinausgingen, an dem Alten möglichst wenig ändern zu lassen; handelspolitische waren dabei wohl kaum in Frage.

Nun berichtete aber in der 27. Konferenz (1. Juli 1820) der sächsische Kommissar, Herr von Bünau, dass man „bei Gelegenheit der Commercial-Unterhandlung mit Westphalen über die Aufhebung des magdeburger Stapels bereits einverstanden war.“ Dabei war der leipziger Handelsstand, wie aus dem Zusammenhang hervorgeht, natürlich lebhaft interessiert. Jedenfalls ist diese Unterhandlung zu keinem Resultat gekommen, da die Herrschaft Jerôme-Napoleons unterdessen klanglos ihr Ende erreichte.

Das preussische Ministerium wusste die magdeburgischen Interessen wohl zu würdigen. In dem Handelsminister hatte die Stadt einen eifrigen Befürworter der Aufrechterhaltung des letzten Restes eines alten Rechtes. Preussen müsse das Äusserste versuchen, das magdeburgische Umladerecht zu erhalten „weil es mit diesem ganz augenscheinlich nicht nur den grössten Teil des bisher besessenen Elbhandels an fremde Staaten übergiebt und die grosse magdeburgische Spedition vernichtet, sondern auch den ganzen bisherigen Gang des preussischen Handels im westlichen Teile der östlichen Provinzen aus seinen Fugen und Angeln reisst zum ganz unübersehbaren Nachteile der Stadt Magdeburg nicht allein, sondern auch vieler Tausende seiner andern gewerbfleissigsten dabei beschäftigten Unterthanen“ und was sonst noch an Gründen angeführt werden konnte.[167]) Lediglich auf Veranlassung des Handels- und des Finanzministers kamen die Einwände der Magdeburger in Dresden zur Sprache. Obgleich das Haltlose der Gründe gegenüber den Wiener Artikeln, in welche die Dresdener Kommissare und die Minister sich desto mehr hineinlebten, je mehr sie sich mit ihnen beschäftigten, jedem klar sein musste, so widerlegte doch ausführlich der hamburgische Unterhändler die Anschauungen seiner magdeburgischen Berufsgenossen.[168])

So fiel das magdeburgische Umschlagsrecht als einer der letzten Reste eines veralteten Handelssystems.[169]) Spät genug.

Jedoch war mit der einfachen Aufhebung diese Angelegenheit noch nicht abgethan. Es handelte sich noch darum, ob, von wem und in wie weit die Stadt Magdeburg für ihren Verlust zu entschädigen war.

Bei der Frage, ob die Stadt überhaupt zu entschädigen wäre, musste man die juristische Seite von der der Billigkeit trennen.

Bezüglich der ersten konnte man nur auf die Thatsache zurückgehen, dass die Stadt dem brandenburgischen Kurfürsten Joachim II. 1554 bei der Restitution des Rechtes 45 000 Gulden „gangbare Müntze" (in mehreren Raten) gezahlt hatte. Das Recht war also, wie die Stadt des öfteren der Regierung durch ihren Bürgermeister auseinander setzte, titulo oneroso erworben worden. An der Bedeutung dieser Thatsache kann auch der Umstand nichts ändern, dass das Recht von 1685 (resp. 1632) bis 1747 ausser Kraft war. Denn das war nur zeitweilig eingetreten, weil die Kräfte und die Handelsmacht Magdeburgs in jener Zeit sehr gesunken waren und daher die übrigen Handelsstädte an der Elbe sich dies zu Nutzen machten, indem sie sich um das Recht gar nicht kümmerten. Jedoch die preussische Regierung betrachtete das Instrument von 1554 als eine „Gnadenbewilligung", Privilegium und wies aus diesem Grunde alle Entschädigungsansprüche zurück.[170]) Der Genuss des Privilegiums und die gezahlten 45 000 Gulden hatten den Magdeburgern ohne Zweifel viel Wohlstand und Einnahme gebracht.

Daher konnten sie jetzt unter Zugrundelegung der Idee einer Gnadenbewilligung auch keine Entschädigung verlangen für die Abschaffung eines nicht mehr mit den volkswirtschaftlichen Anschauungen im Einklang stehenden Rechtes.

Die Stadt berief sich aber zur Erlangung einer Entschädigung auf das Allgemeine Landrecht für die Preussischen Staaten.[171])

In diesem Gesetzbuch handeln § 54—58 und 63—72 der Einleitung von den Privilegien. In § 70, auf welchen allein sich die Magdeburger zunächst beriefen, wird festgesetzt: „Privilegia, auch solche, die durch einen lästigen Vertrag erworben worden, kann der Staat, jedoch nur aus überwiegenden Gründen des gemeinen Wohls, und nur gegen hinlängliche Entschädigung des Privilegirten, wieder aufheben". Hiernach hätte allerdings der magdeburgische Magistrat auf seiner Entschädigungsforderung bestehen können. Aber § 69 wurde von ihm wohlweislich nicht angeführt. Dieser lautet nämlich so: „Auch Privilegien, welche zu einem bestimmten Endzweck gegeben sind, hören auf, wenn der Zweck gar nicht, oder doch ferner nicht mehr erreicht werden kann". Auch bei dem Umladerecht kann man von einem Endzweck reden, da keine wirtschaftliche Institution im Ernst für alle Ewigkeit geschaffen werden kann, wenn dies auch aus Zweckmässigkeitsgründen in den Urkunden steht. Der Kurfürst Joachim II. drückt sich sehr vorsichtig aus: er will die Magdeburger an der Ausübung der aufgezählten Rechte „ferner nicht hindern". Worin bestand nun der Zweck des magdeburgischen Umladerechtes? Zunächst allerdings sollte der Stadt eine Einnahme zur Deckung der städtischen Ausgaben geschaffen werden. Alsdann hatte aber der Umladezwang auch einen handelspolitischen Zweck: der Handel sollte in feste Geleise gelenkt werden. Diesen Zweck erreichte er auch in sehr wohlthätiger Weise, solange der Handel noch unentwickelt war. Jetzt aber, 1821, hatten sich die kommerziellen Verhältnisse geändert. Der Handel befand sich, wenigstens für jetzt, in festen Bahnen, sodass der Zwang eben nur als Zwang gefühlt wurde, und der wirtschaftliche und gesellschaftliche

Zeitgeist war mehr denn je auf Freiheit gerichtet. Nicht weniger hatten sich die Anschauungen bezüglich der staatlichen und städtischen Einnahmequellen im Zusammhang mit den freiheitlichen Ideen geändert, wenn auch durch das Recht ebenso wie vorher eine gewisse Einnahme den Magdeburgern zugesichert wurde. Das Institut, welches mit dem Privilegium verbunden war, erfüllte also seinen Zweck nicht mehr; es musste also nach § 69 einfach „aufhören" und für diese Privilegien, welche also durch sich selbst fielen, hatte der § 70 keine Entschädigung bestimmt.

Die Magdeburger beriefen sich ferner auf Teil 1, Titel 8, § 31 und Teil 2, Titel 15, § 103. Die erste Stelle handelt vom Eigentum und hat mit Privilegien, welche gesondert in der Einleitung erledigt wurden, nichts zu thun. Die zweite Stelle kam nicht bei der Entschädigung des Umschlagsrechtes, sondern bei der des städtischen Zolles in Betracht und besagte dasselbe wie der weiter unten zu erwähnende § 19 des Gesetzes vom 26. Mai 1818.

Auf einen Rechtstitel konnten sich also die Entschädigungsansprüche nicht stützen. Eine andere Frage war, ob man der Stadt nicht aus Billigkeitsgründen eine Entschädigung zusprechen wollte, nicht im engen Sinne als Entschädigung, sondern nur als staatliche Anerkennung des finanziellen Verlustes an sich, welchen die Stadt voraussichtlich in Zukunft erleiden würde.

Daher nahm die Regierung thatsächlich eine Berechnung der obigen 45 000 Gulden auf den Wert im Jahre 1820 vor. Diese führte jedoch zu keinem brauchbaren Resultat, da die Münzverhältnisse sich als zu verwirrt erwiesen und in der genannten Summe die Zahlung für „Zölle, Jahrmerckte, Schöppenstuel und andere Freyheiten und Gerechtigkeiten" mit enthalten war.[172]) Auch der Bürgermeister Francke beeilte sich gar sehr (bereits am 29. Juni 1820) dem Fürsten Hardenberg eine Berechnung der Entschädigung vorzulegen. Diese Berechnung war der Durchschnitt der in den Jahren 1817, 1818 und 1819 aus dem Niederlage-, Winde- und Wagegeld erzielten Einnahmen und betrug rund 77 000 Thl. Diese Summe betrachtete Francke als die 4% jährlichen

Zinsen eines Entschädigungskapitals, welches demnach 1 925 000 Thl. betrug. Diese Summe wäre mehr als die volle Entschädigung des Rechtes gewesen, da ein Teil der Einnahmen voraussichtlich auch in Zukunft bleiben würde.

Diese Verhandlungen nahmen ein spätes, sehr unerwartetes Ende. Die Staatsregierung wies jeden Entschädigungsanspruch zurück, indem sie den titulus onerosus nicht anerkannte, sondern (durch eine königliche Kabinetsordre vom 25. Juni 1828) den Vertrag mit dem Kurfürsten von 1554 für einen titulus gratiosus erklärte. Jedoch erhielt die Stadt unter der Bedingung, dass sie alle weiteren Ansprüche aufgab, die Summe von 62 000 Thl. Warum gerade diese Summe? Weil die Stadt gerade soviel der Staatskasse für einen Mauerbau in der Citadelle schuldete.[173])

Dies ist das definitive Ende des — sit venia verbo — Stapelrechtes der Stadt Magdeburg.

An dieser Stelle soll aber nicht übersehen werden, dass die Magdeburger sich grosse Mühe gaben, dem Staate die Entschädigung abzunehmen und diese auf die anderen Uferstaaten zu übertragen. Innerhalb der Regierung war man auch nicht abgeneigt, diese Ansicht zu acceptieren; denn es ist nicht zu bestreiten, dass durch die Aufhebung des magdeburgischen Umladezwanges den übrigen Uferstaaten ein ebenso grosser, vielleicht noch grösserer Vorteil verschafft wurde als Preussen selbst.[174]) Indessen war vorauszusehen, dass in diesem Falle auch die sächsische Regierung eine Entschädigung der Umschlagerechte in Dresden und Pirna liquidiert haben würde.[175]) Die für diesen Zweck in der Kommission zu führenden Unterhandlungen würden sicherlich auf grosse Schwierigkeiten gestossen sein, zumal de facto die beiden sächsischen Rechte im Vergleich mit dem magdeburgischen sehr unbedeutend gewesen waren. Der preussische Unterhändler brachte daher diese Frage nicht auf die Tagesordnung in Dresden.

Auch hatten die Magdeburger sich grosse Mühe gegeben, für den Verlust ihres Rechtes von der Regierung ein anderes Recht zu erhalten. Magdeburg sollte zum Freihafen erklärt werden; denn dann mussten doch alle Güter, welche auf der Elbe über Magdeburg hinausgingen, hier umgeladen werden, da eine Revision stattfinden müsste.[176]) Das wäre aber nichts anderes gewesen, als dem alten Institute einen mehr an moderne Bestrebungen erinnernden Namen geben. Auch hatte man daran gedacht, eine besondere Durchgangsabgabe für Magdeburg einzufühen; dies fand sogar Unterstützung im Ministerium, ohne jedoch zur Ausführung zu gelangen.[177]) Aus Vorschlägen solcher Art geht nur zu deutlich hervor, dass man in Magdeburg gar nicht sah, aus welchem Grunde das Umladerecht aufgehoben wurde.

Es mag an dieser Stelle erwähnt werden, dass der Elbzoll dagegen von dem preussischen Fiskus der Stadt, wie allen Privatberechtigten, regelrecht entschädigt wurde. Schon nach § 19 des Gesetzes vom 26. Mai 1818, welcher die durch lästige Erwerbstitel begründeten Kommunal- und Privaterhebungen nach dem Durchschnittsbetrage des reinen Einkommens aus den drei letzten Jahren in monatlichen Raten zu entschädigen anordnete, musste dies geschehen. Doch kann sich auch in diesem Falle die Stadt nur auf die obigen 45 000 Gulden als lästigen Erwerbstitel berufen haben. Bei dem Umladerechte lag die Sache insofern anders, als hier die Entschädigung des Rechtes, des Privilegiums, an sich von den mit ihm verbundenen Einnahmen, welche rechtlich nicht aufgehoben wurden, zu trennen war, was natürlich thatsächlich nicht durchgeführt werden konnte. Nach der nämlichen Berechnung Franckes betrug der Durchschnittsertrag jährlich 27 000 Thl. (als 4 % Zinsen eines Kapitales von 675 000 Thl.). Die Berechnung des Ministeriums, welche auf dem Durchschnitt aus den Jahren 1816—1821 fusste, ergab nur einen geringen Unterschied, nämlich 26 117 Thl. Die Zahlung der Entschädigung zog sich indessen in die Länge, sodass die Stadt sich des öfteren gewisse Summen als Vorschüsse auszahlen liess.[178]) Daher hörte die Zahlung, als sie am 14. Juni 1826, mit Rückdatierung des Zahlungsbeginnes auf den 1. März 1822, angeordnet wurde, bereits am Ende des Jahres 1826 auf.[179])

III.

DIE BEDEUTUNG DER ELBSCHIFFAHRTSAKTE VON 1821.

Um ein klares Bild von der Bedeutung der Dresdener Verhandlungen, an deren Resultat die preussische Handels- und Verkehrspolitik ganz wesentlich beteiligt ist, für die Entwicklung der Elbschiffahrt zu erhalten, müssen wir, wenn auch nur oberflächlich, auf die Entwicklung der Akte selbst eingehen; ausführlich ist sie bis zum Jahre 1860 dargestellt durch die in dem Werke: „Die Elbzölle“ mitgeteilten Aktenstücke, und durch die diesem Werke beigegebenen statistischen Nachweise über den Schiffahrtsverkehr wird sie auch wirtschaftlich in ihren Erfolgen gewürdigt.[180])

Zunächst rein äusserlich betrachtet blieb die Akte von 1821 die rechtliche und thatsächliche Grundlage für alle folgenden Verhandlungen, welche daher von sogenannten Revisionskommissionen geleitet wurden. Diese Kommissionen verhandelten: 1824 in Hamburg, 1842—1844 in Dresden, 1850—1854 in Magdeburg, 1858 in Hamburg, 1863 in Hamburg, 1870 in Prag. Ihre Arbeiten beschränkten sich im wesentlichen auf die Herabsetzung und Vereinfachung der Zollsätze. Zunächst mussten diese ja auch nach der Aufhebung aller Privilegien an der Elbe „den verabscheuungswerten Einschränkungen aller Bürger zum Vorteil einzelner Glieder des Staatskörpers“ [181]) beseitigt werden durch gemeinsame Übereinkunft; im übrigen für die Elbschiffahrt, besonders für das Flussbett, zu sorgen, war ja keinem Staate genommen, vielmehr durch den Artikel 28 der Akte zur Pflicht geworden, „eine besondere Sorgfalt darauf zu verwenden“. Die Flusszölle mussten natürlich mit der Ausdehnung des Schiffahrtsverkehres und späterhin auch der Eisenbahnen, sowie des Zollvereines immer lästiger und drückender werden. Die normalen Elbschiffahrtsgebühren von 27 Gr. 6 Pfg. für den Bruttocentner, welche 1821 festgesetzt wurden, lasteten besonders schwer auf dem Transitverkehr von Hamburg nach Böhmen, um so mehr, weil der Elbeverkehr dorthin noch sehr gering und unentwickelt war; auf Wertzölle umgerechnet ergab dieser Normalsatz eine Belastung von 12 bis 50%.[182]) Die 1824 und 1844 festgesetzten Herabsetzungen einzelner Waren änderten darin nicht viel; das Principuum blieb das nämliche. Auch die durch die Additionalakte von 1844 beschlossene Höhe von 1 Thl. 3 Sgr. 11 Pfg. im 14 Thaler-Fuss (den Thaler zu 30 Silbergroschen à 12 Pfennige gerechnet; nicht mehr im Konventionsfuss wie 1821 und 1824) für den sogenannten Elbzoll-Centner (à 100 Pfd. = 50 Kg.) Bruttogewicht änderte nichts in der Belastung des Handels durch den Zoll. An sich war der neue Normalsatz sogar höher als der der Akte von 1821; indessen wurde gleichzeitig die Recognitionsgebühr aufgehoben, sodass nunmehr nur noch eine Art Abgabe zu entrichten war. Die Klagen der Kaufleute verstummten jedoch nicht und gerade in den folgenden Jahren 1844 bis 1847 treten sie so lebhaft hervor, dass selbst Hannover, Mecklenburg und Dänemark selbständig partielle Zollermässigungen vornahmen, also die Staaten, welche sich in den Kommissionen am meisten der Ermässigung der Zölle widersetzten.[183]) Die Bedrückung des Handels muss daher eine sehr grosse gewesen sein. Diese einzelstaatlichen Herabsetzungen und Vereinfachungen der Elbzollsätze treten bereits seit dem Ende der zwanziger Jahre auf, vornehmlich in Preussen, Anhalt und Sachsen.[184]) Die Revisionskommissionen waren daher in vielen Fällen nur bestrebt, die vorgenommenen Änderungen zu verallgemeinern und auf andere Staaten auszudehnen. Ihre Arbeiten sind von den einzelstaatlichen Massregeln, welche ihrerseits meist nur Konsequenzen von Zollvereins-Vereinbarungen waren, wohl zu unterscheiden. Ganz selbständig hob Österreich durch Verfügung des k. k. Finanzministers 1850 seine Elbzölle, zunächst noch mit Ausnahme für Holz, auf.[185]) Ein sehr geringes Resultat, verglichen mit den vielen und langen Verhandlungen, hatte die dritte Revisionskommission (1850—1854); die vorgenommenen Tarifänderungen betrafen meist nur Gegenstände, welche für den Verkehr und für die Kassen der Regierungen eine sehr geringe Bedeutung hatten. Gerade die Hauptartikel des grossen Verkehrs, Kaffee, Wein, Tabak, Zucker, Garn, blieben von den Ermässigungen ausgeschlossen, sodass die Zunahme der Einfuhr dieser Artikel auf der Elbe in den folgenden Jahren sehr gering war und sehr schwankte.[186]) Die vierte Revisionskommission (1858) fand eine sehr veränderte Sachlage, welche für die Richtung der zukünftigen Verkehrspolitik bestimmend wirken musste, vor. Erstens hatte Dänemark durch Vertrag mit Preussen, Österreich, Belgien, Frankreich, Grossbritannien, Hannover, Mecklenburg-Schwerin, Oldenburg, den Niederlanden, Russland, Schweden und Norwegen und den freien Hansestädten am 14. März 1857 die Sund- und Beltzölle aufgehoben und sich in Gemeinschaft mit Schweden zur Sicherung und Belebung der Schiffahrt zwischen Nordsee und Ostsee verpflichtet, Baken, Tonnen und sonstige Seezeichen im Sund, den beiden Belten und dem Kattegat, sowie Feuer- und Leuchttürme in den Häfen und den Mündungen der Flüsse und Kanäle in bestem Zustande zu erhalten, sowie noch andere Vorteile bezüglich des Lootsendienstes der internationalen Schiffahrt eingeräumt.[187]) Zweitens hatten sich zu beiden Seiten des schiffbaren Laufes der Elbe die Eisenbahnen mehr und mehr zu einem gefährlichen Wettbewerber im grossen Verkehr entwickelt.[188]) Diese Vorgänge legten den Elbuferstaaten nicht allein eine bedeutende Herabsetzung der Zölle sehr nahe, sondern es wurde geradezu von dem hamburgischen Senate auf Veranlassung der dortigen Kommerzdeputation, deren wissenschaftlicher Sekretär damals Adolf Soetbeer war, die gänzliche Ablösung der Elbzölle beantragt.[189]) Erreicht wurde dies nicht, ja nicht einmal die von Hamburg, von Preussen und Sachsen getrennt gestellten Anträge auf Zollherabsetzungen hatten irgend einen Erfolg; die Regierungen Dänemarks, Mecklenburgs und Hannovers willigten nicht in die geringste Herabsetzung des Tarifes, indem sie wiederholt behaupteten, dass eine Bedrückung der Elbe nicht vorhanden sei. So schloss diese Kommission ohne jedes Resultat; sie wurde aufgelöst. Das Ende dieser

Kommission ist um so mehr zu bedauern, als ihre Verhandlungen sehr gründlich waren und bis in die feinen Einzelheiten des damaligen Verkehrs gingen. Trotz alledem hatten die Kommissionsmitglieder eine zu verschiedene Auffassung, als dass es möglich gewesen wäre, eine Verkehrspolitik zu inaugurieren, welche den oben angedeuteten Änderungen im Verkehrsleben entsprach. Die fünfte Revisionskommission (1863) setzte fest, dass die noch bestehenden Elbzölle in Zukunft gemeinschaftlich in Wittenberge erhoben werden sollten; und zwar hatten Preussen, Österreich, Sachsen, Anhalt-Dessau-Köthen, Anhalt-Bernburg und Hamburg daselbst ein „Vereinigtes Elbzollamt", Hannover, Dänemark und Mecklenburg ein „Gemeinschaftliches Elbzollamt". Die Anzahl der Zollsätze wurde auf 3 beschränkt: 1. Klasse 16 Silberpfennige, 2. Klasse 8 Silberpfennige, 3. Klasse 2 Silberpfennige per Centner brutto. Die Gesamtsumme der Einkünfte eines jeden der beiden Ämter wurden unter die betreffenden Staaten verteilt[190]); dabei liessen sich Hannover, Dänemark, Mecklenburg, Anhalt-Dessau-Köthen und Anhalt-Bernburg gewisse Minimaleinnahmen von Preussen, Österreich, Sachsen und Hamburg garantieren.[191]) Das Bundesgesetz vom 11. Juni 1870 und der Vertrag mit Österreich vom 22. Juni 1870 hoben vom 1. Juli 1870 an die Erhebung des Elbzolles mit Abfindungssummen an Mecklenburg-Schwerin und Anhalt auf.[192])

Gemäss Festsetzung im Jahre 1863 trat im Jahre 1870 eine neue (6.) Revisionskommission in Prag zusammen. Nachdem der Hauptgegenstand der bisherigen Verhandlungen, die Zölle, nunmehr erledigt war, hatte sie sich mit der Frage der Stromregulierungsbauten und der Fahrwassertiefe der Elbe zu beschäftigen; auch neue Grundsätze über die Erteilung des Erlaubnisscheines hatte sie aufzustellen. Jedoch wurden ihre Arbeiten durch die politischen Ereignisse von 1870 unterbrochen.[193]) Aber sie wurden später vom Deutschen Reiche unter der Leitung des Reichskanzlers Fürsten Bismarck weitergeführt und beendigt. Nachdem der Entwurf der „Revidierten Elbschiffahrtsakte" die Genehmigung des Bundesrats gefunden hatte, wurde er im

Jahre 1875 als „Vorschlag Deutschlands für die neue vertragsmässige Regelung“ der österreich-ungarischen Regierung mitgeteilt. Der Vertrag war am 7. März 1880 bereits als völkerrechtliches Instrument von den beiden Bevollmächtigten, dem deutschen Botschafter, Prinzen Heinrich VII. von Reuss, und dem österreichischen Minister des Äusseren, Freiherrn von Haymerle, unterzeichnet worden und gelangte nunmehr an den Deutschen Reichstag. Hier entspann sich sowohl bei der ersten Lesung (4. Mai 1880) wie bei der zweiten (8. und 10. Mai 1880) eine sehr lebhafte Debatte, welche weniger sich mit der revidierten Akte beschäftigte, als vielmehr nur mit staatsrechtlichen Erörterungen über den Begriff der Auslandsqualität der Elbe, welcher schon 1821 in der Diskussion sich befand. Schliesslich liess man die Akte ganz aus dem Auge, und, da man der Unter-Elbe (von Hamburg resp. Harburg bis Cuxhaven) ihre bisherige Auslandsqualität nehmen wollte, entwickelte sich hieraus der Kampf um den Zollanschluss Hamburgs. Zu einer dritten Lesung gelangte die Revidierte Elbschiffahrtsakte überhaupt nicht; sie wurde daher nicht zum Reichsgesetz erhoben. So warten denn noch heute die Schiffer auf der Elbe auf eine neue Elbschiffahrtsakte, was sie periodisch lebhaft beklagen.[194])

Wohl zu trennen von dieser, noch zu erwartenden Regelung der öffentlich-rechtlichen Verhältnisse der Elbe, der Polizei und Meliorationspolitik, wie wir es auch bezeichnen dürfen, durch eine neue Elbakte ist die für die ganze deutsche Elbe einheitliche Regelung der privatrechtlichen Schiffahrtsverhältnisse, so des Schiffseigners, des Schiffers, der Mannschaft, der Havarie, des Frachtgeschäftes, des Schiffsregisters, der Verpfändung. Einzelne, aber nur oberflächliche Bestimmungen finden sich in der Akte von 1821 und ihren verschiedenen Ergänzungen. Vielfach hilft man sich durch die in den Ladescheinen zwischen Absender und Frachtführer vereinbarten Bedingungen, was um so leichter heute ist, da auf der Elbe meist grosse Gesellschaften oder Rheder den Verkehr besorgen. Auch einzelne Bestimmungen des deutschen Handelsgesetzbuches finden für die Binnenschiffahrt Anwendung; diese Materie selbst ist bekanntlich nicht in ihm geregelt worden. Unter den meisten Schiffern, besonders unter den grossen Gesellschaften, besteht augenblicklich auf der Elbe eine Abmachung, nach welcher die von dem Centralverein für Hebung der deutschen Fluss- und Kanalschiffahrt im Jahre 1891 ausgearbeitete „Binnenschiffahrts-Ordnung für die Elbe, Oder, Weichsel und die Wasserstrassen ihrer Stromgebiete" als bindende Norm gilt. Daher heisst es auch meistens im Eingange des Textes der Ladescheine bei Verschiffung auf der Elbe: „Ich bekenne, auf Grund der vom Centralverein für Hebung der deutschen Fluss- und Kanalschiffahrt aufgestellten Binnenschiffahrts-Ordnung für die Elbe, Oder, Weichsel und die Wasserstrassen ihrer Stromgebiete von 1891, deren Bestimmungen auch für Absender und Empfänger massgebend sind, von Herrn .... zur Beförderung nach .... übernommen zu haben etc." Eine Ergänzung hat dieses Provisorium erhalten durch „Besondere Verfrachtungs-Bedingungen für die Beförderung böhmischer Kohlen", welche vom Elbeverein in Aussig, unter Mitwirkung des Kohlen-Interessentenvereins daselbst und des konzessionierten Sächsischen Schiffervereins in Dresden, im Jahre 1892 aufgestellt worden sind. Man hat sich also mit dieser Materie für die Gegenwart durch Eigenhülfe, so gut es geht, abgefunden.

Auf diesem Gebiete besteht nicht die Aufgabe die Verhältnisse der Elbe gesondert zu regeln, sondern ein Gesetz für die gesamte Binnenschiffahrt des Deutschen Reiches zu schaffen. Diese Lösung wird zunächst eine provisorische sein, und zwar von unbestimmter Dauer, nämlich solange das Bürgerliche Gesetzbuch, welches diese Materie ebenfalls umfassen wird, noch nicht zu Stande gekommen ist. Für jetzt liegt nur der „Entwurf eines Gesetzes betreffend die privatrechtlichen Verhältnisse der Binnenschiffahrt und der Flösserei" vor, welcher im Reichsjustizamt von Regierungsbeamten und kaufmännischen und wissenschaftlichen Sachverständigen im März 1893 beraten wurde.[195]) Von einer Regelung des Versicherungswesens sieht dieser Entwurf noch ab.[196])

Dies ist in oberflächlichen Zügen der Gang der Entwicklung, welchen die Elbschiffahrt in rechtlicher Hinsicht seit den Konferenzen der ersten Dresdener Kommission genommen hat.[197])

Ist auch der Weg von 1821 bis 1870 ein sehr langer, so dürfen wir doch einerseits nicht vergessen, welche beträchtlichen Einnahmen die Elbzölle den Staaten seit Jahrhunderten abwarfen, andererseits müssen wir uns auch die politischen Zustände des deutschen Bundes dabei gegenwärtig halten.

Nunmehr können wir auch die Frage beantworten: Worin besteht die Bedeutung der Dresdener Elbschiffahrts-Kommission und der Akte für das deutsche Wirtschaftsleben?

Zunächst besteht, im Vergleich mit der Vorzeit, ihr Verdienst darin, überhaupt ein Resultat erlangt zu haben. Alle früheren Unternehmen, welche sich mit derselben Materie befassten, hatten kein Ergebnis gefunden oder; wenn ein solches da war, so gelangte es zu keiner praktischen Bedeutung, indem kein Staat sich an dasselbe gebunden fühlte. Das Interesse an der Schiffahrt seitens der meisten Regierungen war gering und die Zolleinnahmen waren ein wesentlicher Faktor im Staatshaushalt. Diese Thatsache lässt sich nur, von der Finanzverfassung zur Zeit des Absolutismus aus betrachtet, verstehen. Nicht weniger verständlich ist die Resultatlosigkeit der früheren „Elbe-Deputationstage" selbst.[198]) Denn erstens trieb jeder deutsche Landessplitter mit eigener Gebietshoheit seine Wirtschaftspolitik, welche man nicht anders als einen Ableger der Finanzpolitik ansehen kann, so gut oder so schlecht er konnte, auf eigene Faust; ganz besonders die Verkehrspolitik wurde den Zollinteressen dienstbar gemacht. In diese liess sich kein Staat von einem anderen hineinreden. Mit diesen Verhältnissen hängt die zweite Ursache jener Erscheinung eng zusammen: es fehlte die heutige feine Ausbildung des Staatsrechts und des Völkerrechts. Des Staatsrechts insofern, als es sich darauf aufbaute, dass die Wohlfahrtsinteressen der Bevölkerung von der Regierung nur von ihrem, d. h. der Regierung, Standpunkt betrachtet wurden; des Völkerrechts insofern, als der Begriff der konventionellen Flüsse fehlte.[199]) Der staatsrechtliche Mangel, welcher die Ursache der oben skizzirten Politik war, wurde beseitigt durch den Physiokratismus, als er in die deutschen Regierungskreise eindrang; der neue völkerrechtliche Begriff wurde geschaffen durch den engeren Anschluss der deutschen Regierungen, überhaupt der europäischen Staaten, an einander. Die letztere Erscheinung war eine Folge der mannigfaltigen Erfahrungen, welche sich aus der napoleonischen Periode ergeben hatte. Der Wiener Kongress wurde zunächst der greifbare Ausdruck dieser Änderung, welche sich in Deutschland, wo alte Privilegien und Decentralisation fester als irgend wo sonst in der Welt damals eingewurzelt waren und wo eine feste, kraftvolle Diplomatenhand fehlte, nur unter mühevollen Kämpfen und heftigem Aufeinanderstossen der Interessensphären Bahn brechen konnte. Die Dresdener Verhandlungen bilden einen dieser Kämpfe. Wenn wir also die Vergangenheit des Flusszollwesens und die Zeitverhältnisse betrachten, so ist es in jedem Fall ein Verdienst der Kommission, zu einem Resultat überhaupt gekommen zu sein. Die Gefahr des Scheiterns lag wahrlich oft nahe genug. Um die verschiedenen wirtschaftlichen Anschauungen gewissermassen vor uns wieder aufleben zu lassen, habe ich auch geglaubt, in den Anmerkungen einzelne Äusserungen mit ihren eigenen Worten aus den Akten wiedergeben zu dürfen; die Protokollauszüge, welche das Aktenwerk „Die Elbzölle“ giebt, dürften dadurch vielleicht ergänzt werden.

Die zweite Thatsache, durch welche die Dresdener Verhandlungen von Bedeutung sind, ist der Inhalt des Resultates. Derselbe hat von zwei Seiten bereits eine Beurteilung erhalten.[200]) — Von Treitschke nennt die Elbschiffahrtsakte „einen dürftigen Vergleich, der in Form und Inhalt die Spuren mühseliger Kämpfe verriet; immerhin wurden die bestehenden Schiffahrtsabgaben doch etwas herabgesetzt, und der Verkehr auf dem Strome begann sich bald zu heben“.[201]) Kirchenpauer sagt: „War durch die Elbakte von 1821 ein gegen früher sehr zweckmässiger Zustand geschaffen, so genügte er doch andrerseits dem

Handel durchaus nicht".[202]) — Wir haben hier zwei Urteile, welche sehr ins Gewicht fallen: das eines Historikers, welcher vielleicht der gründlichste Kenner der neuzeitlichen politischen Geschichte Deutschlands ist, und das eines praktischen Staatsmannes, welcher ein ausgezeichneter Kenner des Handels und der Schiffahrt war und viele Jahre lang die Geschicke der grössten Handelsstadt des europäischen Festlandes leitete.[203]) — Was wir unter den Spuren mühseliger Kämpfe, wie von Treitschke sagt, zu verstehen haben und wie sie von uns aufzufassen sind, ist wohl aus dem bisher Gesagten klar geworden. Indessen glaube ich, dass, wenn wir die Elbschiffahrtsakte von dem Standpunkt der damaligen Sachlage auffassen — und ich glaube nicht, dass wir eine andere Betrachtung anstellen dürfen —, ihr die Bezeichnung „dürftig" nicht zukommt, zumal wir im allgemeinen Sprachgebrauch mit diesem Worte den Begriff der Geringschätzung von der Seite des Urteilenden aus verbinden. Von Treitschke betrachtet die Akte im Laufe seiner Darstellung der unsauberen Politik der Anhaltiner und ist vielleicht im Hinblick darauf, dass die Anhaltiner, beseelt von hartnäckigem Souveränitätsstolz ohne Macht, nur ganz geringe Konzessionen machten, zu dieser Charakterisierung geführt worden. Aber: das Revisionsrecht der Zollstätten wurde geregelt, die Zahl der Ämter wurde um die Hälfte herabgesetzt, der Tarif der Ämter wurde genau festgesetzt, der Zollsatz selbst wurde herabgesetzt, wenn auch zum Teil durch die Rekognitionsgebühr wieder erhöht, die Umladerechte wurden beseitigt, — ich halte das für bedeutende wirtschaftliche Vorteile, welche die Nachteile (die anhaltinische Hartnäckigkeit und den Eigensinn Hannovers in Sachen des Stader Zolles) doch sehr aufwiegen. Der Schiffer konnte jetzt die Elbschiffahrtsakte, welche gedruckt beim Buchhändler zu kaufen war, zur Hand nehmen und erhielt durch sie ein Vademecum für die ganze Elbefahrt von Hamburg bis Melnik. Wie hätte er sich das vordem beschaffen sollen! — Kirchenpauer sagt, dass die Akte, wenn sie auch einen sehr zweckmässigen Zustand gegen früher schuf, doch dem Handel durchaus nicht genügte. Und zwar sagt er dies, wie aus seinen weiteren Auseinandersetzungen hervorgeht, mit Rücksicht auf die Zölle und Zollmassregeln. Dies ist ohne weiteres zuzugeben, und ich möchte seine Charakterisierung als im höchsten Grade zutreffend und scharf bezeichnen. Das Resultat der Dresdener Verhandlungen war eben nichts fertiges, in sich abgeschlossenes, nichts, was einen dauernden Zustand schaffen konnte. Das wollte es auch gar nicht. Es war vielmehr, wie auch der Schluss des Artikels 30 sagte, nur ein grundlegendes Werk, von welchem aus weiter gearbeitet werden musste. Der Inhalt der Akte ist die erste in ein System gebrachte, dem Zeitgeist angepasste Zusammenfassung der Elbzollverfassungen, welche allerdings nicht immer den rechtlichen Bestand der Verhältnisse prüfte. Das letztere ist vielleicht mit Fleiss geschehen.

Der dritte Umstand, welcher uns die Dresdener Akte als von wirtschaftlicher Bedeutung erscheinen lässt, besteht darin, dass sie nicht allein den zukünftigen Elbschiffahrts-Kommissionen vorarbeitete, sondern auch in dankenswerter Weise den Beratungen der Weserschiffahrts-Kommission in Minden, was auch ausdrücklich innerhalb der preussischen Regierung anerkannt wurde.[204])

Auch noch ein vierter Punkt scheint uns die Bedeutung der Akte von 1821 zu zeigen. Vergleichen wir kurz die Dresdener Verhandlungen von 1819—1821 und die Hamburger von 1858. Beide haben die Aufgabe, in einem Zeitpunkte, in welchem durch äussere Verhältnisse das Verkehrswesen und die Handelspolitik sich ändern muss, festgewurzelte Einrichtungen, wenn auch nicht gerade umzuwerfen, so doch gänzlich umzuarbeiten. Ich halte die 1819 gestellte Aufgabe auch für schwieriger als die von 1858, da es sich im ersten Falle um einen Kampf mit neuen Anschauungen handelte, welche noch, wenigstens auf unserem Spezialgebiet, zunächst nur in der Theorie existierten, während 1858 doch bereits die Eisenbahn eine sehr empfindliche Konkurrenz der Elbschiffahrt bereitete, also die praktische Erfahrung zur Seite stand. In Dresden wurde man, soweit es möglich war, der gestellten Aufgabe gerecht, in Hamburg trennte man sich ohne Ergebnis.

Seit den Dresdener Beratungen von 1819—1821 betrachtete der einzelne Uferstaat nicht mehr allein den Teil der Elbe, welcher einen Teil seiner Grenze bildete oder durch sein Gebiet floss. Vielmehr lernte er gerade durch die Schwierigkeiten während der Verhandlungen die Bedeutung mehr und mehr schätzen, welche für den gesamten deutschen Handel die Elbe besitzt. Preussen, welches durch seine geographische Lage naturgemäss das grösste Interesse am Elbhandel haben muss und dessen märkisches Fluss- und Kanalnetz ohne den Elbeverkehr nicht bestehen konnte und kann, und Hamburg, die Vermittlerin auf dem Weltmarkt, begannen gerade damals ihre gegenseitigen wirtschaftlichen Bedürfnisse zu würdigen. Eine Wiederholung jener Zwistigkeiten in den Tagen der kurmärkischen Elbschiffergilde konnte nicht mehr eintreten.

Das grosse nieder- und mitteldeutsche Wirtschaftsgebiet teilt die Elbe in zwei Hälften. Diese beiden Hälften muss sie nebst ihren Nebenflüssen und den anschliessenden Kanälen mit den Waren, welche die Seeschiffahrt nach Hamburg bringt, versorgen und nach Hamburg muss sie die deutschen Erzeugnisse der Bodenkultur und Industrie führen.

In unseren Tagen ist der Wettbewerb zwischen Eisenbahnen und Wasserstrassen nicht mehr von der einschneidenden Bedeutung, wie in den Tagen der ersten Eisenbahnen. Allerdings will die Frage, welchem der beiden Verkehrsmittel der Vorzug der staatlichen Wirksamkeit gebührt, sowohl in der Wissenschaft wie in der Tagespresse und in den Parlamenten anscheinend nicht zur Ruhe kommen. Aber man wendet der Binnenschiffahrt doch jetzt vielmehr Aufmerksamkeit als in der Mitte des laufenden Jahrhunderts zu. Ihre Bedeutung muss sich also sehr gehoben haben.

Die Aufgaben der Binnenschiffahrtspolitik haben sich seit den Tagen der ersten Elbeschiffahrts-Kommission, also seit 75 Jahren, erstaunlich verändert. Wir sind heute daran gewöhnt, dass auf diesem Gebiete Massregeln, vor allem technische, ergriffen werden, welche noch weit tiefer in das wirtschaftliche Leben eingreifen, als die Dresdener Verhandlungen. Das Bild des wirtschaftlichen Deutschlands hat sich eben seit jener Zeit von Grund aus anders gestaltet. Dies zeigt sich besonders in der Änderung, welche in den Interessengegensätzen bei Fluss- und Kanalschiffahrtsfragen eingetreten ist. Noch vor 75 Jahren kämpften in erster Reihe die fiskalischen Bedürfnisse der beteiligten Staaten, heute kommt es vor allem auf den Ausgleich der Interessengegensätze zwischen Landwirtschaft und Industrie an, wie sie seit der Mitte der siebziger Jahre, dem Umschwung in der Wirtschaftspolitik des Fürsten Bismarck, bestehen.

Die in den letzten Jahren aufgetauchten Projekte, einen Fluss schiffbar zu machen oder einen Kanal zu bauen, sind sehr zahlreich, und zwar in allen Teilen des deutschen Reiches. Unter den vielen ernsthaft erwogenen Projekten, welche noch einer Ausführung harren, sind für uns an dieser Stelle von Interesse: der Elbe-Travekanal[205]) und Leipzig als Elbeschiffahrtshafen.[206]) Das erste Projekt soll Mitteldeutschland in directe Wasserverbindung mit den nordischen Ländern setzen und das zweite das Handelszentrum des inneren Deutschlands mit Hamburg. Diese beiden Massregeln werden wohl der Elbeschiffahrt eine arbeitsreiche Zukunft sichern.

ANHANG.

No. 1.

ÜBER DEN BEGRIFF DES STAPELRECHTS.

Es ist bereits oben gesagt worden, dass die verschiedenen Umladerechte, welche an der Elbe bis zum Erlass der Elbeschiffahrtsakte bestanden haben, nur der Rest des alten Stapelrechtes waren.

Der Ausdruck Stapelrecht wird auch in einem weiteren Sinne gebraucht, indem er das eigentliche Stapelrecht, das Umladerecht und andere Zwangsrechte, welche eine Gemeinde an dem Handelsverkehr ausübt, umfasst.[1]) Die Erklärung des eigentlichen Stapelrechtes ist diese: An dem Orte, welcher in dem Besitze dieses Rechtes ist, müssen die Schiffer ihre Waren, entweder alle oder nur bestimmte, ausladen, für die Bewohner dieses Ortes eine bestimmte Zeit lang, gewöhnlich 3 Tage — Sonnenscheine, wie es oft heisst wohl infolge des Verbots, bei Nacht Handel zu treiben — feilhalten und alsdann, im Falle, dass sie nicht verkauft wurden, in Fahrzeuge, welche den Ortsbewohnern gehörten, zur Weiterbeförderung einladen. Welchen Einfluss hierbei der Preis der Waren hatte, ist sehr schwer festzustellen; jedenfalls aber wird der Kaufmann lieber zu einem geringen Preise seine Waren losgeschlagen haben, als dass sie durch den Weitertransport verteuert würden und er sie schliesslich mit Verlust hätte verkaufen müssen. Es giebt Stapelrechte auf dem Lande und an Flüssen, auch beides vereint; so in Magdeburg. Dieses Recht gewährt zwei Vorteile: den einen dem Kaufmannsstande des Ortes oder wenn ein direkter Stapel-Verkauf stattfand, den konsumirenden Bewohnern, den anderen dem Schiffergewerbe der Stadt oder, wenn sie eine Landstadt war, den Fuhrleuten. Dieses Recht bedurfte aber, wenigstens für die Landstädte, eines Zusatzes. Das war der sogenannte Strassenzwang, d. h. von dem Landesherren wurde die Anordnung getroffen, dass zwischen zwei Orten nur eine ganz bestimmte Fahrstrasse benutzt werden musste. Hatte die Stadt keinen Landesherren, so übte sie selbst den Strassenzwang in ihrem Gebiete aus.[2]) Hierzu kamen ferner sowohl an der Strasse wie in der Stadt selbst verschiedene Zollabgaben.

Die Entwicklung zu diesem Institute denke ich mir so. Der Kaufmann des Mittelalters verkaufte seine Waren in den meisten Fällen nicht für feste Rechnung von seinem Handelsplatze aus, sondern betrieb mehr eine Art Hausirhandel; auch der Grosskaufmann. Um die Planlosigkeit dieses Handels zu beseitigen, bestanden die Märkte und Messen, von welchen jedoch hier nicht die Rede ist. Mit der Zeit versuchte aber der Kaufmann diesen Handel aufzugeben, und zwar wohl auf Veranlassung derjenigen seiner Kunden, welche von dem Ausgangsplatze seines Handels am weitesten entfernt wohnten. Denn diese bekamen nur immer das, was ihre Vordermänner ihnen übrig liessen. Solche Versuche konnten nun diejenigen Handelsplätze, welche der Kaufmann bisher auch versorgte, nicht dulden. Was war daher natürlicher, als dass sie den bisher durch Gewohnheit üblichen Stapel in gesetzliche Formen, in die des Zwanges, brachten, dadurch, dass sie entweder ein landesherrliches, womöglich kaiserliches Privilegium zu erlangen suchten oder den Zwang auf eigene Faust ausübten. So konnte z. B. ein Breslauer Kaufmann nie direkt in Hamburg kaufen, sondern erhielt nur das, was in Magdeburg oder Leipzig übrig blieb. Es bildete sich also immer fester, wie ich es nennen möchte, ein Staffelhandel aus.

Nun entstanden aber im Laufe der Zeit in der Nähe eines Stapelplatzes noch andere, anfangs natürlich nur kleine, Handelsstädte, welche sich von diesem Staffelhandel zu befreien suchten; denn das Stapelrecht erstreckte sich auf einen bestimmten Kreis und duldete nicht, dass der Kaufmann in diesen neuen Städten seine Waren ausbot, bevor er es in dem Stapelplatze gethan hatte, oder er durfte sie gar nicht in diesen Städten ausstellen, sodass diese zum Handeln in den Stapelplatz gehen mussten. Das bedeutete natürlich eine Verteuerung der Waren, wobei die Zölle wohl die grösste Rolle spielten.[3]) Vielfach liessen sich diese Emporkömmlinge auch Stapelrechte verleihen und es begann nun ein heftiger Kampf zwischen den neuen und den alten Stapelplätzen, am Ende des Mittelalters.[4])

Je mehr sich nun der Handel entwickelte und in verschiedene, spezielle Warenarten zerfiel, um so drückender wurde der Zwang des Stapelrechtes. Zuerst ging natürlich das grösste Hemmnis, das Kaufrecht der Bürger oder der Kaufleute des Stapelplatzes, verloren und es blieb nur der Zwang, durch die Umladung dem Transportgewerbe, das wohl in vielen Fällen mit dem Handelsgewerbe zusammenhing, einen Verdienst zu verschaffen. Dieses ist das Umladerecht oder Umschlagsrecht. Das Umladerecht ist also nichts anderes als der Rest des unmöglich gewordenen Stapelrechtes und der Unterschied der beiden Rechte ist dieser: Stapelrecht ist ein Recht am Warenhandel, Umladerecht ein Recht am Warenverkehr. Obgleich auch das Stapelrecht ein Recht am Verkehr in sich schloss, so ist dieses doch nicht sein Charakteristikum, sondern nur seine notwendige Bedingung, da der Handel ursprünglich nicht über den Kreis zweier Stapelplätze hinausging und sich hiernach das Verkehrswesen eingerichtet hatte.[5]) Nach meiner Annahme folgen also die beiden Rechte zeitlich auf einander, bestanden in Deutschland nicht neben einander, wenigstens meist nicht.[6])

Diese bisher in der Litteratur nirgends scharf durchgeführte Unterscheidung zwischen diesen beiden Rechten erklärt sich daraus, dass sie geschichtlich nirgends scharf zu Tage tritt und die Entwicklung von dem einen Recht zum anderen ganz allmählig geschieht. Daher blieb der Ausdruck Stapelrecht in der Umgangssprache bestehen, obschon sein Wesen sich bereits geändert hatte; auch in die Sprache der Regierung ging diese Unklarheit über.

Was im achtzehnten und neunzehnten Jahrhundert Stapelrecht heisst, ist lediglich Umladerecht; eine Ausübung des Stapelrechtes wäre gar nicht möglich gewesen. Daher habe ich im Text ausschliesslich die Bezeichnung Umladerecht oder Umschlagsrecht gebraucht, obgleich die Berliner Akten und die Magdeburger Kaufleute in den meisten Fällen Stapelrecht sagen.

An der Elbe wurde das Umladerecht bis zuletzt noch in Hamburg, Magdeburg, Dresden und Pirna ausgeübt. Indessen ist es wohl wahrscheinlich, dass in früherer Zeit eine grössere Anzahl Stapelrechte bestand; von der böhmischen Elbe wissen wir es jedenfalls.[7])

In Hamburg wurde der Zwang, welcher in dem Umladerechte lag, nur so lange empfunden, als die Elbschiffe ihre Waren, vornehmlich Korn, welches viele Jahrhunderte hindurch bei weitem der Hauptexportartikel auf der Elbe war, auch auf dem freien Meere, beispielsweise in die Niederlande, fuhren. Als Hamburg der Scheidepunkt zwischen der See- und Flussschiffahrt wurde, hörte der Zwang als solcher auf; denn es fand alsdann dort eo ipso eine Umladung statt. Doch hatte sich bis in das achtzehnte Jahrhundert noch ein Rest des alten Stapelrechts erhalten, indem selbst damals noch für ein bestimmtes Quantum des in Hamburg ankommenden Korns das Kaufrecht der Hamburger bestand, worüber die altmärkischen Kornschiffer heftig klagten.[8])

In Dresden und Pirna hatte das Umladerecht in der letzten Zeit kaum eine Bedeutung, da der böhmische und sächsische Elbhandel seit dem Ende des Mittelalters bis in das neunzehnte Jahrhundert sehr gering war.[9])

Von grosser Bedeutung hingegen war sowohl das Stapelrecht wie das Umladerecht in Magdeburg. Dort standen diese Rechte auf ganz besonders schwachen Füssen. In dem Folgenden soll versucht werden, die charakteristischen Punkte in der Entwicklung hervorzuheben, wobei wir vielleicht für die obige allgemeine Charakterisierung noch einige Gesichtspunkte gewinnen.[10])

Das Bestehen der ersten rechtlichen Anfänge des magdeburgischen Stapelrechtes lässt sich erst für das Jahr 1309 erweisen. In dem in dieses Jahr fallenden Vergleich zwischen Erzbischof Burchard und der Stadt wegen verschiedener Streitigkeiten ist zunächst nur davon die Rede, dass nur von der Altstadt aus innerhalb des Erzbistums die Verschiffung von Korn, d. h. von Getreide, stattfinden soll. Mit dieser Verschiffung ist zweifelsohne Ausfuhr überhaupt gemeint, da sonst diese Bestimmung sehr leicht umgangen werden konnte, indem man das Getreide durch den Fuhrmann nach einem ausserhalb des Erzbistums an der Elbe gelegenen Orte bringen und von diesem aus verschiffen konnte. Späterhin wurde diese Verordnung auch auf die Ausfuhr anderer Waren ausgedehnt und dann auch auf das, was in das Erzbistum eingeführt wurde. Diesen Thatbestand finden wir jedenfalls im Jahre 1492. In diesem Jahre wird nämlich in einer Anklageschrift gegen den Erzbischof Ernst erwähnt, dass auf der Elbe oberhalb und unterhalb Magdeburgs nichts verschifft werden durfte.[11]) In derselben Anklageschrift wird auch erzählt, dass zu verschiedenen Malen im Jahre 1492 Kornverschiffungen von Orten unterhalb der Stadt Magdeburg (z. B. Niegripp) mit Erlaubnis des erzbischöflichen Amtmannes in Wolmirstedt stattgefunden haben, worüber die Magdeburger in einen Streit mit dem Erzbischof gerieten, welcher das Kornverschiffungsrecht, das nunmehrige Stapelrecht, einfach verneinte, ohne jedoch Gründe anzuführen. Selbst gegen die Bürger der Stadt Burg, welche von dem Kornverschiffungsrecht ausgenommen waren, versuchten die Magdeburger mit Gewalt ihr Recht durchzusetzen. Bei dieser Gelegenheit (1599) erliess die erzstiftische Regierung eine Entscheidung, welche den Magdeburgern ihr Kornverschiffungsrecht rundweg absprach.[12]) Wir besitzen aber ferner auch noch die Urkunde, nach welcher die Stadt 1554 das Stapelrecht gegen eine Zahlung von 45 000 Gulden von dem brandenburgischen Kurhause erhielt, nachdem es ihr 1547 genommen und nach Stendal, resp. Tangermünde verlegt war.[13]) In dem Privilegium heisst es ausdrücklich „Niederlage“, von welchem Begriff im allgemeinen angenommen wird, dass er dieselbe Bedeutung wie Stapel hat, von dem indessen Stieda behauptet, dass er die Verpflichtung, die Waren zum Verkauf ausbieten zu müssen „möglicherweise ursprünglich (?)“ nicht in sich fasste, sondern nur die Zahlung von Abgaben verlangte. Dies zu untersuchen, ist an dieser Stelle nicht meine Aufgabe. Indessen: wie ist der Vertrag von 1554 in Einklang mit der Entscheidung von 1599 zu setzen? Das klarzustellen, möchte ich hier versuchen.

Wir müssen dazu auf den Vertrag von 1309[14]) zurückgehen. In diesem lautet Artikel 5 so:

„Echt ümb dat Korn, dat man die Elve nedderscheppende, dar wy Geld uffnahmen, von Borgern und den Gesten, is gededdinget, dat wy daraf kein Geld nehmen sellen, und dat dat fort also stamsel, dat man dat Korn führen scholl, de wile man es im Lande entbeeren mag. Wenne auer Uns und den Borgern das bedonckt·dat dat noth sey, dat man dat verböde, so scholl dat mit Unser beyde Willen geschehen, und unser neu erloven daferene an den andern“. Dazu kommt Artikel 6:

„Ock schall de Schepnige des Korns nirgende syn, weder baven der Stadt, noch benedden der Stadt, von Unser heit oder Willen, sondern tho der Older Stadt“.

Das heisst also: die Kornausfuhr aus dem Erzbistum ist frei; es darf aber nur Korn insoweit ausgeführt werden, als es im Lande selbst nicht (sei es augenblicklich oder in der nächsten Zukunft) konsumiert werden kann. Die Ausübung einer Kontrolle hierüber ist aber nur möglich, wenn sie an einen Ort konzentriert ist. Dazu wählt man natürlich die Altstadt Magdeburg. Das ist aber kein Handelsrecht für die Stadt Magdeburg; der Sinn dieser Verordnung läuft nicht darauf hinaus, dass die Kaufleute und die Schiffer Magdeburgs einen Vorzug geniessen sollen. Die Absicht dieser Verordnung ist vielmehr eine Massregel der allgemeinen Wohlfahrtspolitik, mehr eine landwirtschaftliche als eine commercielle. Dieses Kornverschiffungsrecht ist also von einem allgemeinen Stapelrechte noch himmelweit entfernt.[15])

Wie die Entwicklung weiter gegangen ist, glaube ich dem Entscheid von 1599 entnehmen zu können. In diesem wird angedeutet, dass das Kornverschiffungsrecht von Magdeburg aus von den dortigen Kaufleuten oder wer sonst sich mit der Verschiffung befasste, missbraucht worden ist. Zunächst ist hierbei auffallend, dass die magdeburgischen Kaufleute als Verschiffer erscheinen. Denn in dem Vergleich von 1309 ist keineswegs der Stadt Magdeburg ein Kornverschiffungsrecht erteilt worden, sondern lediglich bestimmt worden, dass von Magdeburg aus die Verschiffung stattfinden solle. Das konnte aber schliesslich jeder andere Schiffer, welcher vielleicht das Korn eines Bauern mit einem Kahn zur Stadt gebracht hatte, besorgen. Die Magdeburger haben also für sich etwas rechtlich in Anspruch genommen, was ihnen vielleicht zunächst de facto zufiel, indem man annehmen kann, dass damals (fünfzehntes und sechzehntes Jahrhundert) ausserhalb Magdeburgs in dem Erzbistum nur wenige Schiffer vorhanden waren. Hierin liegt also schon ein Missbrauch. Aber die Magdeburger fesselten die Kornausfuhr noch enger an sich. Dem oben genannten Entscheid ist zu entnehmen, dass den Bauern, welche das Getreide nach Magdeburg brachten, wahrscheinlich immer gesagt worden war, dass dieses im Lande zum Konsum bleiben müsse. Man sagte, dass die vorhergegangenen Jahre Jahre der Teuerung gewesen seien, die Kaufkraft in Magdeburg daher gering sei und daher der Preis nicht sehr hoch sein könne. So lag die Bauernschaft vollständig in den Händen der Magdeburger, welche nun das unter einem nicht dem alten Vertrag von 1309 entsprechenden Grunde gekaufte Getreide für ihre eigene Rechnung exportierten. Es ist hieraus mit gutem Grunde zu entnehmen, dass auf diese Weise die Stadt Magdeburg in der That ein Verfügungsrecht zunächst über den landwirtschaftlichen Export des Erzbistums und die magdeburgischen Kaufleute und Schiffer ein Monopol ausübten.[16]) Das ist mittelalterliche Stadtwirtschaftspolitik.

Dieses so entstandene, magdeburgische Kornverschiffungsrecht hat man im sechzehnten Jahrhundert noch von dem Stapelrechte zu scheiden gewusst. Daher konnte man noch 1599 gegen die Verwilderung des ersten Rechtes ankämpfen und das zweite ganz ruhig bestehen lassen.

Trotz dieser meines Erachtens anzunehmenden Trennung hat doch sicherlich das erste Recht der Ausbildung des zweiten als Grundlage gedient. Denn die monopolistische Stellung Magdeburgs innerhalb des Erzbistums, das mit ihr verbundene Ansehen und der Stolz der dortigen Kaufleute, kurz das innere und äussere Wesen der alten Stadtpolitik, legten das Unternehmen sehr nahe, alle durchgehenden Waren, zu Wasser oder zu Lande, zum Stapel zu zwingen, d. h. durch die dreitägige Ausstellung auf ihren Gebrauchswert für Magdeburg hin zu prüfen. Jedoch war das Kornverschiffungsrecht nur die eine Grundlage zu dem Stapelrechte, und zwar die, welche in dem Orte, in Magdeburg, selbst lag, also die spezielle; ausserdem bestand, wie oben gezeigt, noch eine zweite, die allgemeine, welche in der damaligen Verfassung des Handels lag.

Wie lange dieses Stapelrecht ausgeübt worden ist, sei es neben dem Kornverschiffungsrecht, sei es verschmolzen mit diesem, bis nur das Umladerecht übrig blieb, ist sehr schwer festzustellen, da keines dieser drei verschiedenen Rechte je ohne Anfechtung bestanden hat und rechtlich festgelegt wurde.

Alles, was bisher an dieser Stelle über das Stapelrecht gesagt wurde, gilt zunächst nur für Deutschland. Aber es finden sich im Auslande einige handelsrechtliche Institute, welche teils dem Stapelrechte sehr nahe stehen, ohne den Namen selbst zu tragen, teils auch Stapelrecht heissen, ohne mit dem deutschen Begriffe identisch zu sein. Auf diese sei hier nur kurz hingewiesen.

Bereits im zwölften Jahrhundert übte die Stadt Paris insofern ein Stapelrecht aus, als auf der Seine von Paris aus und nach Paris hinein nur die Mitglieder der dortigen

Hansa, die mercatores Parisiensis, Handel treiben durften. Dadurch hatten die pariser Kaufleute wenigstens die ganze Seine unterhalb Paris in ihren Händen. Diese Thatsache war damals von viel grösserer Bedeutung als in unseren Tagen, da Paris damals ein Seehafen war (in dem Wappen von Paris befindet sich noch heute ein Seeschiff). Dieses Stapelrecht war also vornehmlich gegen die Kaufleute der Normandie gerichtet. Es unterschied sich insofern von dem oben erklärten deutschen Stapelrechte, als hier, bei dem der Stadt Paris, fremde Kaufleute überhaupt nicht in Betracht kommen. Und das ist ein das Wesen sehr verändernder Unterschied.[17])

Man spricht ferner von einem Stapelrecht der Hanse in den Niederlanden. Dieses bestand im dreizehnten Jahrhundert in Brügge und wurde später (1280 und 1281) nach Ardenburg verlegt. Das war eine Einrichtung, welche von den fremden Kaufleuten ausging, wenn auch die Privilegien der Grafen von Flandern zur Erlaubnis nötig waren. Brügge, später Ardenburg, war der Ort, an welchen einerseits die Kaufleute der Hanse ihre Waren brachten zum Verkauf in den Niederlanden und wo sich andrerseits die niederländischen Kaufleute einfanden, um diese Waren zu kaufen und den Hanse-Kaufleuten ihre Waren zu verkaufen. Hier lag also das Recht auf Seiten der fremden Kaufleute, nicht auf Seiten der betreffenden Stadt.[18])

Bis zu einem bestimmten Grade verwandt mit dem deutschen Stapelrecht waren die Bestimmungen, welche für die Märkte in einer Anzahl flandrischer Städte galten. So heisst es z. B. in einem Privilegium für Thourrout: Acht Tage vor und acht Tage nach der Messe von Thourrout kann in keiner Stadt von Flandern Tuch in Stücken (drap entier) verkauft werden, es sei denn auf einer Messe selbst in irgend einer Stadt; die Käufer und Verkäufer, und die es von Ort zu Ort transportieren, unterliegen Geldstrafen. Sobald die Messe von Thourrout beginnt, müssen die Hallen in allen Städten Flanderns geschlossen werden, bis acht Tage nach derselben; bloss fremde Kaufleute, die zur See kommen und gehen, sind nicht verhindert, während dieser Zeit anderswo zu kaufen und zu verkaufen, ohne dass ihnen jedoch die Hallen können geöffnet werden. Auch diese Einrichtungen bezeichnet man als Stapel, resp. Stapelrechte.[19])

Auch der oder das englische Stapel und sein Recht sind von dem deutschen ganz verschieden. Dies war eine Organisation des gesamten englischen Handels. Der König bestimmte nämlich einzelne Orte in England zum Handeln einzelner Artikel, auch ausserhalb Englands setzte er solche Plätze, dann aber meist für alle oder die grösste Mehrzahl Waren fest. Ein solcher Ort war lange Zeit Calais. Mit diesem Stapelinstitut verbanden die englischen Könige vor allem finanzielle, auch allgemeine politische Zwecke. Das deutsche Stapelrecht erscheint gegen das englische etwas kleinlich.[20])

Dem Wesen des deutschen Stapelrechtes sehr nahe stand das englische „Kolonialsystem". Alle aus den englischen Kolonien (vor allem Nord-Amerikas) kommenden Waren mussten, bevor sie einen Hafen des europäischen Festlandes besuchten, erst in einen englischen Hafen einlaufen.[21]) Was hier die englischen Kaufleute nicht kaufen konnten, das durfte alsdann auf das Festland, nach Amsterdam und anderen Orten, gebracht werden. Bei einigen Artikeln, z. B. Tabak, hatte diese Politik auch eine finanzwirtschaftliche Bedeutung, indem der Anbau des Tabaks in England selbst verboten war und auf die Einfuhr ein sehr hoher Zoll gelegt wurde.

Diese handelspolitischen Institute mussten an dieser Stelle erwähnt werden, da auch auf sie (mit Ausnahme des „Kolonialsystems") die Bezeichnung Stapel und Stapelrecht angewendet wird, indem man die alte, handelsrechtliche Bezeichnung und die moderne, des rechtlichen Begriffes entbehrende durcheinander wirft.[22])

ANHANG.

No. 2.

DER ELBZOLL DER HERREN VON ALVENSLEBEN IN ROGÄTZ.

Es scheint eine Eigentümlichkeit der Elbe gewesen zu sein, dass noch bis zum Erlass der Elbschiffahrtsakte von 1821 einzelne Privatleute im Besitze einer Zollerhebung waren. Vielleicht waren diese Zölle in älterer Zeit in noch grösserer Anzahl vorhanden; wie wir bereits gesehen haben, war der königliche Zoll in Wittenberge früher ein Privatzoll gewesen. Von den im Jahre 1819 noch bestehenden soll hier wenigstens einer etwas genauer betrachtet werden. Über die übrigen etwas näheres zu erfahren, ist mir nicht gelungen. Vielleicht aber lässt die folgende Darstellung auch einige Gesichtspunkte für die allgemeine Natur der privaten Elbzölle erkennen.

Der Zoll im Besitze der Herren von Alvensleben wurde zuletzt in Magdeburg erhoben und früher, wie bereits erwähnt, in Rogätz. Das Dorf Rogätz liegt an der Mündung der Ohre in die Elbe, also nur wenige Meilen unterhalb Magdeburgs. Auf dem linken Ufer ihrer Mündung bildet die Ohre einen kleinen Hafen, an welchen sich das Dorf selbst anschliesst. Dieser Hafen ist auch für die heutige Elbschiffahrt von Wichtigkeit, wobei auch nicht zu übersehen ist, dass Rogätz heute Station der von Magdeburg nach Stendal und Wittenberge führenden Eisenbahn ist. Wenn wir auch annehmen können, dass in der hier in Betracht kommenden Gegend der Elbe diese im Laufe der Zeit öfters ihr Bett gewechselt hat, was vielleicht auch der Name des Ortes Elbey, welcher nicht weit von Rogätz in der Nähe von Wolmirstedt gelegen ist, erkennen lässt, so ist doch wohl auch anzunehmen, dass der heutige Lauf der Ohre, die Lage des Hafens der Ohremündung und die Lage von Rogätz schon seit sehr langer Zeit dieselbe ist. Ein Blick auf die alte Elbe, welche den später zu erwähnenden Treuel einschliesst, lässt das wohl vermuten. Schon diese geographischen Verhältnisse legen die Erhebung eines Flusszolles in Rogätz im Mittelalter sehr nahe, zumal der Hafen sicherlich viel von den Schiffern damals benutzt wurde.

Es soll nun versucht werden, die Entstehung dieses Zolles geschichtlich zu erklären. Jedoch sind die Quellen nicht allzu reichhaltig, wenigstens was Urkunden anlangt.

Am 7. Mai 1369 gelangte die Familie von Alvensleben, ein sehr altes Adelsgeschlecht aus der Gegend zwischen Magdeburg und dem südlichen Harze, in den Besitz des „halben Hus zu Rogetz mit allen synen Zubehorungen", und zwar durch Belehnung seitens des Erzbischofs von Magdeburg.[1]) Ob zu diesem Zubehör bereits der Elbzoll zu rechnen ist, ist allerdings in dem Text nicht zu lesen. Überhaupt ist die Kürze des summarischen Ausdruckes zunächst auffallend, da wir in anderen Magdeburgischen Urkunden, wenn auch für eine frühere Zeit (10. und 11. Jahrhundert), wenigstens eine etwas nähere Bezeichnung von Zubehör finden, indem es da meistens heisst: Zubehör an Land und Leuten.[2]) Ebenso steht in allen veröffentlichten, bis 1477 folgenden Lehnsbriefen nur kurz „zcubehoringe", obwohl der Besitzstand sich unterdessen aller Wahrscheinlichkeit nach verändert hatte, indem man annimmt, dass im Jahre 1396 das ganze Schloss und Dorf im Besitze der Herren von Alvensleben war.[3]) Indessen kann wohl angenommen werden, dass bereits in den „Zubehorungen" des Jahres 1369 der Elbzoll enthalten ist. Vielleicht benutzte man gerade den kurzen Ausdruck „Zubehorungen", weil man nicht alle die verschiedenen Teile, als in der damaligen Zeit bekannt, aufführen wollte, was aus irgend einem Grunde im Jahre 1477 doch notwendig wurde; auch konnte man den vielleicht auch damals noch üblichen summarischen Ausdruck: Zubehör an Land und Leuten, hier nicht anwenden, weil eben das Zubehör mehr umfasste. Das Zubehör wird nun erst in dem Lehnsbrief des Erzbischofs Ernst an die Gevettern Friedrich und Friedrich von Alvensleben vom 3. Oktober 1477 seinem Inhalt nach aufgezählt. In diesem Briefe erhalten nämlich diese beiden Alvensleben zu Lehen: „nemblichen das Schloss und Dorf Rogetz mit dem Kirchlehne, Acker, weyde, wasser, holtzmarcken, geholtzen, Fischereyen, Zollen uff der Elbe und allen gerichten, hogest und sydest.“ [4]) Auch die folgenden, in der Sammlung Mülverstedts befindlichen Lehnsbriefe erwähnen ausdrücklich den Elbzoll: 1516, 1610, 1613, 1653. Für das Jahr 1477 steht also jedenfalls der Elbzoll fest. Doch ist gar kein Grund zu finden, warum er nicht vorher schon bestanden haben soll, zumal er in dem Lehnsbrief von 1477 nicht als etwas neu hinzugekommenes erscheint. Auch dürfte die Gründung der meisten Zollstätten auf der Elbe in eine viel frühere Zeit als 1477 zu legen sein.

Jedenfalls befand sich der Alvenslebensche Zoll noch in der Mitte des achtzehnten Jahrhunderts in Rogätz.[5]) In späterer Zeit wurde er, wahrscheinlich aus Bequemlichkeitsrücksichten, nach Magdeburg verlegt. Noch Mauve spricht in seinen „Bemerkungen zu dem im ersten Comité ermittelten Tarifsatz vom 6. Januar 1821“ von einer „Abfindung des Zolles in Rogätz“. Es ist daraus vielleicht zu entnehmen, dass die Verlegung nach Magdeburg erst seit kurzer Zeit erfolgt und der Zoll damals noch unter der Bezeichnung „Zoll in Rogätz“ bekannt war.[6])

Wir dürfen aus dem obigen Lehnsbrief entnehmen, dass jedenfalls damals die Zollerhebung ein dingliches Recht des Schlosses und Dorfes Rogätz war. Auch aus der Verlegung der Erhebung nach Magdeburg ist nicht ohne weiteres zu schliessen, dass sie zu einem persönlichen Rechte der Familie von Alvensleben geworden war. An diese Unterscheidung hat damals sicherlich Niemand gedacht, zumal die Herren von Alvensleben stets im Besitze von Rogätz blieben. Allerdings ist ein persönliches Recht derer von Alvensleben nicht direkt ausgeschlossen, da in den Akten der Elbschiffahrtskommission stets von einer Entschädigung der Familie Alvensleben gesprochen wird. Dingliches Recht ist die Erhebung zweifelsohne ursprünglich gewesen; darauf deutet die in dem Folgenden versuchte Konstruktion der wirtschaftlichen Natur dieses Zolles hin. Es wird dabei angenommen, dass die Zollerhebung sich nicht lediglich auf ein Privilegium stützte, dessen Gegenleistungen in Diensten etc. für den Lehnsherrn, in diesem Falle für den Erzbischof von Magdeburg, bestanden hätten.

Diese Konstruktion basirt auf einigen Angaben in dem Buche: „Rust, das Deichwesen an der unteren Elbe. Im Auftrage des Ministeriums für landwirtschaftliche Angelegenheiten dargestellt. Berlin 1870, pag. 25". Das Buch ist also als sehr zuverlässig anzusehen.

In ganz kurzer Entfernung unterhalb Rogätz' befindet sich ein toter Wasserarm, die sogenannte alte Elbe. Dieser steht in einem in der Richtung auf Rogätz offenen Halbkreis auf dem heutigen Bette der Elbe und ist vor etwa 200 Jahren noch selbst das Bett der Elbe gewesen. Der heutige an dieser Stelle in einem ganz schwach gewölbten Bogen fliessende Lauf der Elbe wurde damals durch einen Durchstich hergestellt. Die Elbe muss also vor der Ausführung dieser Korrektion in einem Bogen, fast zwei Drittel eines Kreises, geflossen sein und daher das strömende Wasser, wie immer bei Krümmungen, in seinem Fluss unregelmässig, bald reissend, bald sehr langsam gewesen sein. Das von der sogenannten alten Elbe eingeschlossene, etwa 1217 preussische Morgen grosse Grundstück, also eine Halbinsel bildend, führt noch heute den Namen: „Der Treuel". „Der Name ist", sagt Rust, „schwer zu erklären; einige glauben, es sei ein corrumpirter Name für „Trennstück" (getrennt durch den Durchstich vom rechten Elbufer), andere leiten — und das ist das Wahrscheinlichere — den Namen von „trödeln, tröeln" — Ausdruck für das Ziehen der Schiffe (in Ostdeutschland heisst der Leinpfad „Treideldamm" oder

„Treidlersteg". M. K.) — her; es ist erklärlich, dass vor dem Elbedurchstich gerade hier in der Biegung ein sehr schlechtes Fahrwasser gewesen ist, dass die Schiffe hier durch den jetzigen alten Elbarm haben hindurch geträdelt werden müssen und dass man daher diesem Grundstück, welches in alten Zeiten als Leinpfad gedient hat, den Namen „Tröel, Treuel" gegeben hat".

Diese zweite Erklärung des Namens Treuel ist m. E. sehr einleuchtend. Nach ihr dürfen wir annehmen, dass die Schiffe von Leuten der Besitzer von Rogätz, welches ja ganz in der Nähe liegt, also der Herren von Alvensleben, durch diesen Teil der Elbe gezogen wurden und dafür einen Zoll zu entrichten hatten. Hierzu passt nun zunächst wenig die Thatsache, dass der Alvenslebensche Zoll im siebzehnten Jahrhundert eine Warenbesteuerung, keine Fahrzeugbesteuerung war. Indessen bezog sich diese Warenbesteuerung wohl nur auf Getreide, welches damals am meisten von allen Waren verschifft wurde.[7]) So kommt diese eine Warenbesteuerung einer Fahrzeugbesteuerung sehr nahe, welche immerhin besser mit der gegebenen Erklärung des Zolles zu vereinigen ist. Später finden wir ja auch, wie wir bereits gesehen haben, eine Zollerhebung nach Fahrzeugen.

Eine Abgabe dieser Art Leistung ist dem deutschen System der Zollerhebung wohl bekannt. So erklärt Waitz, Deutsche Verfassungsgeschichte, 2. Band, Kiel 1870, pg. 606, den unter den Merovingern bereits vorkommenden teloneus cespetaticus für ein „Rasengeld, wie es scheint für die Benutzung der Strassen und der Pfade zum Ziehen an den Flüssen gezahlt". In Rogätz wäre es also so gewesen, dass der Schiffer nicht dafür, dass er durch eigenes Ziehen der Schiffe einzelne Rasenstücke vernichtete, den Zoll entrichtete, sondern dass er gewissermassen zweierlei bezahlte: einmal den von dem Knecht des Herrn von Alvensleben zertretenen Rasen und zweitens die Müheleistung des Knechtes durch das Ziehen, indem wir annehmen, dass der Schiffer es nicht allein that, weil er gerade für diese schwer zu passirende Stelle nicht geübt war. Ob der Rasen dem Herrn von Alvensleben gehörte oder nicht, ist hierbei einerlei; das war seine, des Herrn von Alvensleben, Sache; seine Leute waren jedenfalls immer in der Nähe zu haben und an Rogätz musste der Schiffer in jedem Fall vorbeifahren. In demselben Autor (4. Band, Kiel 1861 pg. 51) finden wir auch die Angabe, dass in der Karolingischen Zeit Zahlungen (trasturae), unter anderem für die Benutzung von Ziehpferden zu machen waren.

Der Zoll in Rogätz hatte vielleicht auch eine andere Bestimmung, sei es an Stelle der bereits erörterten oder neben ihr, nämlich zur Ausbesserung der an den Treuel grenzenden Sanddeiche verwendet zu werden, wenn einmal reissendes Wasser dieselben beschädigt hatte. Über diese Deiche sagt Rust: „An diesen Treuel, binnenwärts, grenzen Sanddeiche, welche seit Jahrhunderten bestehen und die dahinter liegenden Grundstücke und das Tangerthal gegen die Überschwemmungen der Elbe schützen. — Verpflichtete zur Unterhaltung sind nicht zu ermitteln gewesen; doch stand fest, dass ab und zu bei Wassergefahr das Rittergut Angern und die Gemeinden Angern, Mahlwinkel, Zibberick, Bertingen, Wenddorf und Rogätz diesen Deich verteidigt und streckenweise hergestellt haben“. Auch diese Deichzölle sind im Mittelalter nichts seltenes gewesen. Daher erklärt du Cange „ripaticum“ so: pro ripis seu aggeribus continendis vel tuendis.

Wenn wir nun annehmen, dass die Benutzung eines Leinpfades und der zum Ziehen nötigen Arbeitskräfte hauptsächlich die Quelle des Zolles in Rogätz war, so wäre also nach der Vollendung des Durchstiches der Zoll ohne Gegenleistung geblieben, obwohl vielleicht auch dann noch fremde Hilfskräfte zum Ziehen benutzt wurden. Das war ja aber nichts seltenes, dass die Gegenleistung eines Zolles mit der Zeit verloren ging. Der Durchstich selbst ist wohl von der Stadt Burg ausgeführt worden, da diese im Besitze des Treuels ist.[8]).

Vielleicht sind das Ziehen der Schiffe auf den Leinpfaden und die Erhaltung der Deiche eine Erklärung dafür, dass gerade zwischen Magdeburg und Lauenburg eine im

Verhältnis zu den übrigen Strecken der Elbe sehr grosse Anzahl Zollstätten sich herausbildete und erhielt.

Es mag hier erwähnt sein, dass sich für den Zoll der Herren von Möllendorff in Kumlosen auch eine Erklärung aus der Natur der dortigen Verhältnisse vielleicht finden liesse. Nach Rust, pg. 72, ist die Gegend zwischen Wittenberge und Kumlosen ganz besonders den Überschwemmungen der Elbe ausgesetzt. Zur Entwässerung dieser Niederungsfluren besteht ein für Wittenberge, Wentdorf, Muggendorf und Kumlosen gemeinsames Graben- und Schleusensystem. Die Thätigkeit aller Schleusen hängt aber, wie Rust auseinandersetzt, vollständig von der Kumlosener Hauptschleuse, also von deren gutem Zustande, ab. Das ist natürlich auch für die Schiffahrt auf der Elbe von grossem Interesse und daher sind vielleicht die Einnahmen aus dem Kumlosener Zolle zur Unterhaltung dieser Hauptschleuse (unter anderem) verwendet worden.

ANMERKUNGEN.

Ausser der in den Anmerkungen selbst verzeichneten Litteratur hat noch die folgende als Grundlage gedient:

Benzenberg, Über Handel und Gewerbe, Steuern und Zölle, Elberfeld 1819.

Biedermann, Das deutsche Zollwesen im Mittelalter, in Vierteljahrsschrift für Volkswirtschaft, Politik und Kulturgeschichte, 20. Jahrg. 2. Bd.

Cotta, Deutschlands Boden, sein geologischer Bau und dessen Einwirkung auf das Leben der Menschen, Leipzig 1858.

Dieterici, Der Volkswohlstand im Preussischen Staate, Berlin 1846.

Dieterici, Zur Geschichte der Steuer-Reform in Preussen von 1810 bis 1820, Berlin 1875.

van Dyk, Précis des negociations du congrès de Rastadt (1798), Utrecht 1856.

Falke, Geschichte des deutschen Zollwesens, Leipzig 1869.

Fischer, Über das Wesen und die Bedingungen eines Zollvereins, I., in den Jahrbüchern für Nationalökonomie und Statistik, 2. Bd.

J. G. Hoffmann, Die Lehre von den Steuern, als Anleitung zu gründlichen Urteilen über das Steuerwesen mit besonderer Beziehung auf den preussischen Staat, Berlin 1840.

Krökel, Das preussisch-deutsche Zolltarifsystem in seiner historischen Entwicklung seit 1818, 7. Supplement der Jahrbücher für Nationalökonomie und Statistik.

Meidinger, Die deutschen Ströme in ihren Verkehrs- und Handelsverhältnissen mit statistischen Übersichten. Dritte Abteilung: die Elbe, Frankfurt am Main 1861.

Nicolay, de Argentinensium in Rheno navigatione, Strassburger Jurist. Dissert. 1760.

Rathmann, Geschichte der Stadt Magdeburg, Magdeburg 1816.

Schmoller, Zur Geschichte des deutschen Kleingewerbes im 19. Jahrhundert, Halle 1870.

Sering, Geschichte der preussisch-deutschen Eisenzölle von 1818 bis zur Gegenwart, Leipzig 1882.

v. Viebahn, Statistik des zollvereinten und nördlichen Deutschlands, Berlin 1858.

Weber, Der deutsche Zollverein, Leipzig 1869.

Wheaton, histoire des progrès du droit des gens en Europe et en Amérique, Leipzig 1846.

Zimmermann, Geschichte der preussisch-deutschen Handelspolitik, Oldenburg und Leipzig 1892.

Die teils im Text, teils in den Anmerkungen citierten Gesetze sind den betreffenden Landesgesetzsammlungen entnommen.

Aus dem königlichen Geheimen Staatsarchiv in Berlin sind die folgenden Akten benutzt worden:

1) Acta betreffend die Unterhandlungen wegen Regulirung der Elbschiffahrt, 1817 u. flgd. Auswärtiges Amt II, Rep. VI, Elbschiffahrt, Volumen 1—5.

2) Protocolle der Elbschiffahrts-Regulirungs-Kommission nebst Inhaltsverzeichnisse. Auswärtiges Amt II, Rep. VI, Elbschiffahrt, No. 1, 2 und ad 2.

3) Acta betreffend die Regulirung der Elbschiffahrts-Angelegenheiten und die deshalb in Dresden niedergesetzte Kommission, 1820 und folgende. Staatskanzler-Amt, Rep. 74, XV, Handels-, Polizei-, Schifffahrts-, Strom- und Kanal-Sachen No. 56.

Auf diese Akten beziehen sich die citierten Protokolle und Korrespondenzen.

An dieser Stelle möchte ich aus dem öfters angeführten Werke: „Die Elbzölle. Aktenstücke und Nachweise 1814—1859, Leipzig 1860" einige Fehler beseitigen, welche ich bei dem Lesen der Akten gefunden habe: pg. 40, Zeile 1: lies 15 Prozent anstatt 16 Prozent.
pg. 41, Zeile 21: lies 16. März anstatt 16. Mai.
pg. 47, Zeile 26: lies 1821 anstatt 1823.

---

1) Meitzen, Der Boden des preussischen Staates, Berlin 1867, I, pg. 116 ff.

2) Meyer, Denkschrift über die Kosten der Binnenschiffahrt, Hannover 1881, pg. 47; v. Nördling, Die Selbstkosten des Eisenbahntransportes und die Wasserstrassenfrage in Frankreich, Preussen und Österreich, Wien 1885, pg. 132.

3) Inama-Sternegg, Deutsche Wirtschaftsgeschichte, Band I, Leipzig 1879, pg. 178 führt unter den wenigen Wegen, auf welchen die „wenigen Lebensäusserungen eines Grosshandels" in der vorkarolingischen Zeit gingen, auch die Elbe an, während er in der Karolingerzeit, pg. 448/450, „eine grössere Lebhaftigkeit und Intensität des Verkehrs nur an der Rhein- und Donaustrasse entdeckt" und den übrigen Handelswegen durch Deutschland hindurch keine „Einwirkung auf die volkswirtschaftlichen Zustände" der Karolingerzeit zuschreibt.

4) Hübsch, Versuch einer Geschichte des böhmischen Handels Prag 1849, pg. 58, berichtet, dass Melnik und Leitmeritz bereits unter Nezamysl (um 750) Wasserzölle erhalten haben.

5) Naudé, Deutsche städtische Getreidehandelspolitik vom 15. bis 17. Jahrhundert, mit besonderer Berücksichtigung Stettins und Hamburgs. (Staats- und Sozialwissenschaftliche Forschungen, hrsgeg. von Schmoller, Bd. 8 Heft 5), Leipzig 1889, pg. 45. Die Waren benutzten die Ilmenau und gingen von Lüneburg aus auf den Landwegen. — Siehe auch Anmerk. 12.

6) Dies wird an verschiedenen Stellen in den Akten erwähnt.

7) Biedermann, Deutschlands politische, materielle und soziale Zustände im achtzehnten Jahrhundert, Leipzig 1854, pg. 325, sagt: „Fast schlimmer noch, als mit den Wasserwegen, war es mit den Landstrassen bestellt". Ich glaube, dass dies den Thatsachen nicht entspricht. Denn erstens hören wir in zeitgenössischen Schriftstellern und Bearbeitungen jener Zeit sehr oft, dass der Verkehr von den Flüssen sich auf die Landstrassen zog, während die umgekehrte Thatsache sicherlich in geringerem Umfang gefunden werden wird, und zweitens fällt eine Vernachlässigung der Wasserstrassen viel mehr in's Gewicht, weil sie die von der Natur gegebenen Verkehrsstrassen sind und die Landstrassen erst mit mehr oder weniger erheblichen Kosten und technischen Kenntnissen angelegt werden müssen. Siehe auch Anm. 5.

Über die Zustände der Verkehrswege in der ersten Hälfte des Mittelalters vgl. Inama-Sternegg, l. c., Band I, pg. 178/179 und Band II, Leipzig 1891, pg. 365/366; über die Vernachlässigung der uralten Leinpfade an dem Rhein und an der Mosel vgl. Lamprecht, Deutsches Wirtschaftsleben im Mittelalter, II, Leipzig 1885, pg. 342 ff.; hiermit vgl. Sommerlad, die Rheinzölle im Mittelalter, Halle 1893, pg. 12, Anm. 2.

Lappenberg, Urkundliche Geschichte des hansischen Stahlhofes zu London, Hamburg 1851, pg. 29, meint, dass es vor allem der Versandung des Rheines zuzuschreiben ist, dass Köln, die bedeutendste Handelsstadt des frühen Mittelalters, seine hervorragende Stellung am Ende des Mittelalters verlor.

Einzelne Besserungsversuche kamen natürlich vor; siehe: Edikt vom 29. April 1709, auff denen Werdern in der Elbe das Holtz abzuhauen und fleissig zu räumen; bei Myl. Corp. Const. Magd. Nov. 3. Teil No. 206.

8) Über die Natur der Elbe zwischen Magdeburg und Wittenberge vgl. Rust, das Deichwesen an der unteren Elbe, Berlin 1870, pg. 76 ff.; über diejenige unterhalb Dömitz bis Geesthacht vgl. v. Binzer, die Überschwemmungen an der Unterelbe im Frühjahr 1888 (Mitteilungen der Geographischen Gesellschaft in Hamburg, 1887—1888, Heft II) Hamburg 1889, Einleitung. — Vgl. auch Anmerkung 34.

In dem Bericht des Magdeburger Schiffer-Vereins zu Magdeburg für das Jahr 1891 findet sich auf pg. 68 ff. ein „Nachweis der bedeutenderen Schiffahrtshindernisse der Elbe im Jahre 1864", welche mit den von der Stromschau-Kommission i. J. 1858 gefundenen verglichen werden. Dieser Nachweis befindet sich in der dort neugedruckten „Denkschrift, betreffend die Mängel des Fahrwassers und sonstige Schiffahrtshindernisse der Elbe von Melnik bis Hamburg. Ausgearbeitet nach den Berathungen und im Auftrage der beteiligten Handelsvorstände und Schiffahrtsgesellschaften. Hamburg, Dezember 1864". Ein sehr interessantes Aktenstück.

9) Siehe: Schoost, Vierlanden. Beschreibung des Landes und seiner Sitten. Hamburg 1894, pg. 9, 33.

10) Die Schiffer waren meistens der Willkür der Beamten bei der Zollerhebung vollkommen ausgeliefert. Ganz besonders machtlos war auf dem Rhein der Schiffer gegenüber den Zollbeamten. In einer kleinen Schrift: Du Thalweg du Rhin, considéré comme limite entre la France et l'Allemagne (französisch und deutsch), Mainz 1801, pg. 21 heisst es: „In den übrigen Zollstätten (ausgenommen die 4 preussischen) wird die Zahl, das Gewicht, die Gattung, die Qualität, und öfters diese vier Stücke zusammen zum Massstabe genommen. Die Willkür bei der Erhebung ist in denselben fast so unvermeidlich, dass die Schiffleute und die Einnehmer schier immer durch einen Vergleich enden, um nicht ihre Zeit mit Untersuchen und Ausladen zu verlieren, eine Operation, deren grösste Schwierigkeit die ist, dass sie dem Schiffer einen sehr kostspieligen Aufenthalt verursacht und ihn nötigt, die Ladung der Gefahr des Verderbnisses auszusetzen. Es giebt sogar einige Zollämter, wie das zu Leudesdorf, wo der bekannte oder mutmassliche politische Glaube des Schiffers einen starken Einfluss auf die Bestimmung der Zollgebühr hat, und es ist notorisch, dass gewisse französische und deutsche Schiffer hart von ihnen mitgenommen werden".

Über das unangemessene Benehmen der Zollbeamten in Frankfurt an der Oder siehe: Philippi, die Messen der Stadt Frankfurt an der Oder, Frankfurt a. d. Oder 1877, pg. 11, sowie das dort erwähnte „Patent, zu Abstellung der Zoll-Plackereyen in der Neumarck" vom 30. Januar 1737 (Myl. Corp. Const. March. Cont. I. pg. 9—12); ferner Schmoller, Studien über die wirtschaftliche Politik Friedrichs d. Gr., X, in Jahrbuch f. Gesetzgebung, Verwaltung und Volkswirtschaft, im 11. Jahrg. pg. 81.

Rathgen, Die Entstehung der Märkte im nördlichen Deutschland, Strassburger Staatsw. Diss. 1881, pg. 13, berichtet, dass an der Donau bereits im 10. Jahrhundert Klagen über Zollbedrückungen auftauchen.

Über das Benehmen der Zollbeamten finden wir sehr interessante Angaben in dem Vorwort zu: Dennstädt, Complette und Authentische Zoll-Rollen auf der Elbe, Havel und Spree. Berlin 1872. Das in der Kommerzbibliothek zu Hamburg befindliche Exemplar (1. Band) des wohl sehr seltenen Werkes (oder einziges Exemplar) ist zum grössten Teil handschriftlich (wohl vom Verfasser selbst) hergestellt; der in Rede stehende Passus lautet wörtlich so: „Ich habe bey meiner jetzigen Funktion, dass da in Abwesenheit derer Herren Churmärk. Elb-Schiffer Ihre Schifs-Angelegenheit zu besorgen mich anvertrauet worden sind, nunmehro

56 Schifsgefässe, zum Theil grosse Gefässe, wenn kein Schiff-Schreiber dabey vorhanden gewesen, als auch zum Theil Jagden, mit der aus Schlesien kommenden Stück-Güther beladen, die Stück-Güther allemahl sehr accurat und richtig gemessen, die Zoll-Angaben oder Zoll-Zettels allemahl mit eigener Hand geschrieben, wie solches die Zoll-Zettel in den Zoll-Ämtern alhier (scil. Berlin) und zu Lentzen richtig ausweisen müssen, mithin also der Schiffer denen Zoll-Ämtern und in specie den alhiesigen diese so mühsame und sehr weitläuftige Arbeit vorarbeiten und thun muss; habe aber fast allemahl und möchte fast sagen, dass bey einem jeden Articul von Waare die Zoll-Gefälle gantz wunderlich und über die Maasse zum Nachtheil der Schiffer gerechnet hat, sodass wenn ich den Fracht nach den Zoll-Zettel mit denen Kauf-Leuten habe reguliren wollen, fast niemalen ohne Streit und Verdruss habe können fertig werden, und wobey doch auch öfters Schaden erfolget ist; ich habe solches allemal auch gehörig angezeichnet und angezeiget, nur war es übel, dass von der guten Intention, die ich bezeigte und mich mit den hiesigen Wasser-Zoll-Amte wegen des mit unrecht genommen und zu viel gerechneten oft herum stritte, und welches hernach (N. B. wenn es vorbey war) allemal recht hat geben müssen, dennoch von etlichen Herren Schiffern so zu sagen heimliche Nacken-Schläge erdulden müssen, da Sie mir doch solche Wissenschaft, wie zum Zoll-Wesen gehöret, nicht missgönnen sollten, sondern Ihnen lieb könte seyn, dass ich der Sache gewachsen bin, denn darzu gehöret wahrlich sehr vieles. Indessen so ist es eines ehrlichen Mannes seine Schuldigkeit, will er vor redlich und auch nicht vor dumm und unerfahren passiren, dass er Schaden und Nachtheil abzuwenden suchet und seiner Prinzipalen bestes befördern trachtet; ich habe mich deswegen alles dasjenige angeschaft und mit vieler Mühe, Fleiss und schwere Kosten, was zu einen geschulten und in Zollsachen erfahrenen Zöllner, Zollanten und Schiffer erforderlich ist." — Ferner heisst es in dem Vorwort:

„Erinnerung an die Herren Zoll-Verwalter und sämtliche Zöllner.

Es giebt unter diesen Leuten recht brave und gute Männer, die nach der Zoll-Rolle und derer Vorschrift der Zollanten und Trafiquirenden nach Billigkeit, mit Glimpff und Bescheidenheit allemahl behandeln, und denen Zollanten nach den Edict vom 19. September 1742 laut auch gedruckte Zoll-Instruction vom 23. May 1746, welche Ihren Eyd beygefügt ist, eher vor Schaden und Ungelegenheit warnen als darinn zu stürtzen suchen, und diese haben sich den 3., 9. und 18. Artikul Ihrer Instruction wohl imprimiret und vergeben weder das Königliche Zoll-Interesse noch den Zollanten was; und solchen Leuten, die also noch darzu denen Trafiquirenden und Zollenden geschwind und prompte expediren, ist wohl billig, dass man Ihnen noch ein klein Douceur neben den Zoll-Gefällen zufliessen lässt, ersteres aber kein muss ist. Hingegen giebt es welche, die schnurstracks gerade dagegen handeln und denen Zollanten chicaniren, aufhalten und tourbiren, zwicken, zwacken, zupffen und rupffen und mit einer Klappe nicht 2, sondern gleich 3 Fliegen schlagen wollen. Diese muss man gerades weges auf Ihre gedruckte Instruktion nebst den 3., 9. und 18. Articul und den Zoll-Edict vom 19. September 1742 hinweisen und, wenn solches nichts helffen will, an Ihren hohen Vorgesetzten Vorstellung thun; denn die letzt gedachte Zoll-Bediente sind eben diejenigen, die den Königlichen Zoll-Revenues, der Schiffahrt und Handlung am meisten Schaden zufügen, indem Sie durch Ihr Eyd, Pflicht und Ehrvergessenes Betragen denen Zollanten auf Um- und Irrwege verleiten, welches sonsten nicht würde erfolgen."

11) Büsch, Theoretisch-practische Darstellung der Handlung, Zusätze, Band 2, Hamburg 1798, pg. 170, sagt: „Auf meiner Rheinreise von Mainz nach Cölln, fing ich an, die Zölle zu zählen, ward aber bald irre darin, weil ihrer gar zu viel waren. Wann unser Schiffer an dem linken Ufer bezahlt hatte, so war schon eine Zollstätte auf dem rechten im Gesichte, zu welcher wir quer hinüberfahren mussten". — v. Wissel, Versuch einer Abhandlung de iure vectigali oder von den Zöllen, in Sonderheit auf den schiffbaren Strömen in Deutschland, Zelle 1771, pg. 103, sagt: „Allein die Vielheit der Zölle auf der Elbe, die sich aus der Menge von Staaten und Landen beurteilen lassen, durch welche dieser Strom fliesset, oder an deren Ufern derselbe hinströmet, gereichet den Commercirenden auf diesem Strome zu nicht geringer Beschwerde. Allein zwischen Magdeburg und Hamburg will man deren 19 zählen. Indessen kann man doch nicht sagen, dass die Zölle auf der Elbe so stark und unerträglich sind als auf dem Rhein und die Schiffahrt auf derselben befindet sich in einem blühenden Zustande". – Siehe auch, Sommerlad, l. c., pg. 165.

12) Über den Ursprung des deutschen Handels in Altengland vgl. Lappenberg, l. c. § 1. Die vielen und umfangreichen Privilegien, welche die Kölnischen Kaufleute seit König Aethelred 2. (978 - 1016) in London genossen, beweisen nicht nur das grosse Ansehen des deutschen Rheinhandels, sondern lassen auch vermuten, dass die Rheinschiffahrt in directem Verkehr zwischen Köln und England im Mittelalter sehr bedeutend war. Zu den Kölnern, deren Londoner Haus der Ursprung der Gildhalle der Deutschen und des Hansischen Stahlhofes ist, gesellten sich auch bald die Kaufleute von den Ufern anderer Flüsse, aus Bremen und Hamburg, schliesslich der deutschen Hanse überhaupt. Die Handelsbeziehungen den Rhein, die Weser und die Elbe hinauf oder auf den wenigen Landstrassen nach dem Inneren Deutschlands sind daher notwendigerweise im Mittelalter sehr entwickelt gewesen. Wir können daraus entnehmen, dass diese Kaufleute mit eisernem Fleisse ihren Geschäften nachgingen trotz der mannigfaltigen Bedrückung des Verkehrs, sei es durch ungenügende Beschaffenheit der Communicationen und hohe Verkehrsabgaben, sei es infolge der noblen Passionen der Raubritter. Diese ungünstigen Verhältnisse haben vielleicht zweifelhafte Elemente ferngehalten und energielose Naturen bald ermatten lassen, andererseits den thatkräftigen Rest zu einem engen Anschluss an einander im Verkehr geführt, woraus sich die allmächtigen Handels-

städte des Mittelalters entwickelten. Das Ansehen des deutschen Kaufmannsstandes reichte in England so weit, dass die sog. Londoner Hanse, welche von Brügge und anderen Städten in Flandern, Brabant und Nordfrankreich im Anfang des 13. Jahrhunderts gebildet wurde und mit der deutschen in Wettbewerb treten wollte, durch die Könige von England nicht anerkannt wurde; das geschah in einer Zeit, in welcher die flandrischen Städte, vor allen Gent und Brügge, in Handel und Gewerbe ihre grosse Blüte zeigten! Wir lesen sogar bei Lappenberg, pg. 7, den für das Mittelalter sehr seltsam klingenden Satz: „Der König (Henry 2.) will sie (die deutschen Hansen) wie seine Leute und Freunde betrachtet wissen". — Bezüglich der ältesten Nachrichten über den Handel norddeutscher und rheinisch-westphälischer Städte (Bremen, Stade, Hamburg, Magdeburg, Braunschweig, Dortmund, Soest, Köln) in den Niederlanden, wo die Entwicklung nicht so friedlich wie in England vor sich ging, vgl. Sartorius Frh. von Waltershausen, Urkundliche Geschichte des Ursprunges der deutschen Hanse, 1. Band, Hamburg 1830, pg. 7 ff.

13) Erst kürzlich hat Sommerlad (pg. 8) wieder darauf hingewiesen, dass „die der römischen Rechtsanschauung ganz fremde Bestimmung, dass das Recht der Zollerhebung eine Gegenleistung in Gestalt einer Beseitigung der Verkehrshemmnisse erfordere, dem mittelalterlichen Rechtsleben eigentümlich ist.

14) (Kirchenpauer), Die Freiheit der Elbeschiffahrt, Geschichtliche Erläuterungen der staatsrechtlichen Sachlage Hamburg 1880, pg. 4, nimmt an, dass die ältesten Flusszölle der Elbe hierauf zurückzuführen sind; vgl. Waitz, Deutsche Verfassungsgeschichte, 8. Band, Kiel 1878, pg. 315.

15) Vgl. Waitz, l. c., 8. Band, pg. 298.

16) Es sind hier nicht die von den Transitzöllen zu trennenden Marktzölle gemeint; die hier betrachteten Flusszölle hängen allerdings vielfach mit den Marktzöllen zusammen, so in Magdeburg, sodass später der Unterschied sich verwischt. — Eine genaue Trennung der Zölle nach der von mir gegebenen Schablone wird oft im einzelnen Fall nicht durchzuführen sein, indem der Ursprung sich auf verschiedene Ursachen stützen kann; vgl. Anhang No. 2.

17) So wird z. B. in den Akten stets von dem Privatzoll des Rittergutes Strehla und des Rittergutes Clöden gesprochen, während bei den Privatzöllen in Wittenberge (Kumlosen), Rogätz und Barby immer der Name des Besitzers dabei steht.

18) Vocke, Die Abgaben, Auflagen und die Steuern vom Standpunkte der Geschichte und der Sittlichkeit, Stuttgart 1887, pg. 156 ff.

Aus welchen Gründen der Landesherr das Recht herleitete, den Handel durch Zollabgaben zu einer Steuer zu zwingen, ist sehr schwer klar zu legen. Ich verweise dabei auch auf das, was Faber, Die Entstehung des Agrarschutzes in England (Abhandlungen aus dem Staatswissenschaftlichen Seminar zu Strassburg i. E. Heft 5), Strassburg 1888, pg. 56 ff., über den alten englischen Handel sagt. Nach ihm durfte Niemand, sei er fremder oder einheimischer Händler, ohne besondere Licenz des Königs Handel treiben. Wie kommt der König zu diesem Rechte?

In unseren Tagen tritt infolge des Wettbewerbes der Binnenschiffahrt und der Eisenbahnen wieder die Frage auf, ob es in der That richtig und praktisch ist, dass die Schiffe keine Gebühren bei der Benutzung einer Flussstrecke, besonders einer kanalisirten, zahlen. Eingehend beschäftigt sich hiermit: Ulrich, Staffeltarife und Wasserstrassen, Berlin 1894, pg. 77 ff., 106 ff. Schwabe, Über die Beseitigung des Deficits im Preussischen Staatshaushalt und die Bekämpfung der Wasserstrassen durch die Eisenbahnen, Berlin 1894, meint pg. 7, dass die Ulrichschen Anschauungen als die Anschauungen des Preussischen Ministeriums der öffentlichen Arbeiten angesehen werden dürfen; aus welchem Grunde, wird indessen nicht gesagt.

19) Heinrich der Seefahrer war kein Kaufmann; bei seinen Unternehmen leiten ihn in erster Linie wissenschaftliche (auch religiöse) Momente.

20) Vgl. Schmoller, Studien über die wirtschaftliche Politik Friedrichs des Grossen, VII, in Jahrbuch für Gesetzgebung, Verwaltung und Volkswirtschaft im Deutschen Reich, N. Flg., 8. Jahrgang, 1884, pg. 1055 ff. (57 ff.)

21) Bezüglich des Rheines sagt J. J. Eichhoff, Pragmatisch-geschichtliche Darstellung der Verhandlungen und Beschlüsse des Congress-Committés für die Freiheit der Flüsse, sowie der Beratungen der in Gefolge jener Beschlüsse in Mainz niedergesetzten Central-Commission, Mainz 1819, pg. 5: „Zwar hatten auch frühere Friedensschlüsse, der Westphälische, der Riswyker, der Badische, der Wiener, etc. in Beziehung auf die Freiheit der Rheinschiffahrt sehr liberale Grundsätze aufgestellt; doch blieben leider alle bis zu unseren Tagen ohne merklichen Erfolg. Es waren diplomatische Huldigungen, der öffentlichen Meinung dargebracht, die zwar die Wichtigkeit des Gegenstandes und die darüber stets rege gebliebenen Wünsche der Völker beweisen, über deren Anwendung zu heilsamen Änderungen oder zur Erschaffung einer neuen Ordnung sich aber kein Kundiger täuschte. Mit dem Rücktritt der paciscirenden Teile in den ruhigen Besitz ihres status quo ante bellum erlosch auch die Erinnerung an die hierin übernommene Verpflichtung des Vollzugs; alles blieb beim Alten und die Schiffahrt schleppte in ihren alten Ketten sich seufzend fort bis auf diese Zeiten".

22) Vgl. Biedermann, das Stapelrecht, in Wiss' Vierteljahrschrift, 18. Jahrgang, 4. Bd. pg. 11. — Auch (Dielhelm), Denkwürdiger und nützlicher Antiquarius des Elbstromes, Frankfurt a. M. 1741, pg. 72, führt diese Anzahl Elbzölle an: „Die Zölle auf dem Elbstrom betreffend, so sind dieselben zum Theil sehr ungleich eingeteilt, zum Theil auch an etlichen Orten so eingerichtet, und werden allda so scharf verwaltet,

dass dadurch die jetzige Elbhandlung gegen der vorigen um ein merkliches gefallen ist. Überhaupt aber sind als Zölle auf der Elbe in allem 48, welche von Böhmen bis Hamburg hinunter längst dem Elbstrom müssen entrichtet werden. Davon sind erstlich 9 königliche böhmische, nämlich: Rosstock, Wennewau, Leutmeriz, Benner, Solessel, und zweene zu Aussig, ferner zu Tätschen und Herrnsgrätschen; Hierauf kommen 9 Chursächsische, als: Schandau, Pirna, Dressden, Meisen, Mühlberg, Torgau, Pretsch, Wittenberg und Grünewalde; 1 Adelicher zu Strehlen. 5 Fürstlich-Anhaltische, als: Cosswik, Roslau, Tochen, Dessau und Barby; 6 Churbrandenburgische, als: Aaken, Schönebeck, Magdeburg (allwo gar vier Zölle zu entrichten sind); Sodann zu Jerichau, Tangermünde, Sandau, und zweene zu Lenzen; Ferner 3 Freyherrliche, als zu Rogez, Wittenbergen und Kumlosen; 4 Churfürstlich-Lüneburgische, als zu Schnackenburg, Hizacker, Bleckede und Lauenburg; 2 fürstlich-mecklenburgische, als: Dömiz und Boitzenburg; 2 Hamburgische, nämlich zum Zollenspicker und einer in Hamburg selber; Wie auch 2 schaumburgische daselbst, und endlich 2 unterhalb Hamburg, als einer zu Stade und einer zu Glücksstadt". (Die Addition der einzelnen Zölle ergiebt indessen 50).

23) Auch die brandenburgische Regierung trug die Schuld an dem Scheitern dieser Conferenzen; so 1711 in Lenzen. Siehe Töche-Mittler, der Friedrich-Wilhelms-Kanal und die Berlin-Hamburger Flussschiffahrt (Staats- und Socialwissenschaftliche Forschungen, hgg. von Schmoller, Bd. 11 Heft 3), Leipzig 1891, pg. 81.

24) Eigentlich war das Recht bereits seit 1632 aufgehoben: siehe Schmoller, Studien VII, pg. 1049 und 1087.

25) Ehrenberg erwähnt in seiner Recension des Buches von Töche-Mittler (Jahrbücher für Nationalöconomie und Statistik. Dritte Folge. 4. Band, pg. 281), dass Bestrebungen nach einer gildenmässigen Organisation der oberelbischen Schiffer neuerdings wieder, angesichts der äusserst geringen Qualification vieler dieser Schiffer, hervorgetreten sind. Zu dem angeführten Grunde dürfte als ein weiterer, wie den Berichten des Hamburger Vereins Oberländischer Schiffer von 1889—1893 zu entnehmen ist, der ungünstige Wasserstand der Elbe in den letzten Jahren kommen. — Mit diesen Erscheinungen vergleiche man die Resolutionen des dritten internationalen Binnenschiffahrts-Congresses zu Wien 1886, welche ebenfalls auf eine Wiedereinführung der Reihefahrten abzielen (Eras, die Organisation des Binnenschiffahrtsbetriebes, Berlin 1887, pg. 12.)

An dieser Stelle mag auch das Folgende erwähnt sein, welches uns zeigt, welche Bestrebungen in unseren Tagen hervortreten, um die Lage der Elbschiffahrt zu heben. Wir werden im weiteren Verlaufe der Darstellung, so in Anmerkung 67 und in der Darstellung der Aufhebung des Umladezwanges in Magdeburg, Einrichtungen kennen lernen, welche mit den folgenden Vorschlägen grosse Ähnlichkeit besitzen.

In der Sitzung des Magdeburger Schiffer-Vereins am 23. April 1894, in welcher die derzeitige wirtschaftliche Lage der Elbschiffahrt erörtert wurde, wurde eine Kommission gewählt, welche Vorschläge zur Änderung in den unwirtschaftlichen Verhältnissen der Schiffahrt zu machen hatte. Diese sind im Juni 1894 der Öffentlichkeit übergeben worden; in ihnen heisst es u. a.: „Unseren älteren Berufsgenossen, die schon 25 Jahre oder länger Schiffahrt betrieben haben, wird die Erinnerung noch wach im Gedächtnis sein, welchen verhältnismässig geringen Umfang zu jener Zeit die Schiffahrt im Allgemeinen und besonders die Dampfschiffahrt im Vergleich zur heutigen Zeit hatte. Der damalige Schiffer verkehrte ausschliesslich direkt mit dem Kaufmann bezw. dem Verfrachter und schloss mit diesem selbständig seine Geschäfte ab. Die neueren Zeiten, in welchen sich eine erhebliche Dampfkraft entfaltete, haben in diese althergebrachten Handelsverhältnisse eine Änderung insofern hineingetragen, indem sie den Schiffer vom Kaufmann abgedrängt haben und denselben nach und nach von den selbständig Frachten abschliessenden Dampfschiffahrtsgesellschaften, von Spediteuren und sonstigen Frachtvermittlern abhängig machten. Solange die freie Konkurrenz der Dampfschiffahrten und der Schiffer unter einander keine zu grosse war, hat der Schiffer hierbei sein Auskommen gefunden, wofür die Vermehrung und Vergrösserung des Schiffsparkes der beste Beweis ist. Mit der Zeit ist es anders geworden. Grosse, kräftige Dampfer und mit einem bedeutenden Fassungsvermögen ausgestattete Frachtschiffe sind in so grosser Menge entstanden, dass namentlich bei einem längere Zeit anhaltenden hohen Wasserstande der bestehende Schiffspark sich nicht mehr im richtigen Verhältnis zu dem zur Verfrachtung gelangenden Güterquantum befindet. Durch das zeitweilige Missverhältnis zwischen Raum und Ladung ist zum Nachteil der Schiffahrt eine scharfe Konkurrenz zu Tage getreten, welche in einer so fühlbaren Härte, wie sie jetzt schon längere Zeit besteht, noch niemals dagewesen ist, eine Konkurrenz, die es zum Teil zu Wege bringt, dass der Schiffer in vielen Fällen kaum seine Betriebskosten deckt, ganz abgesehen von den Kosten der notwendigen Reparaturen, der Amortisation und dem sonstigen Aufwande, der in den dem Schiffahrtsgeschäft eigenen Gefahren seine Begründung findet, und die Beispiele stehen nicht vereinzelt da, dass, wenn das Schiff abgewirtschaftet, oft auch sein Besitzer trotz seiner geringen Ansprüche an das Leben an den Bettelstab gebracht worden ist. Im Berggeschäft sind es vorzugsweise die Dampfschiffahrten, welche in erster Linie den Sturz der Frachten herbeigeführt haben. Es ergiebt sich dies aus der Zwangslage, in welcher sie sich befinden, Beschäftigung für ihre Dampfer zu bekommen, und zu fabelhaft billigen Preisen wird jedes Quantum, das an der Hamburger Börse zum Ausgebot gelangt, von diesen geschlossen. Wenn sich diese Abschlüsse allein auf Loco-Partieen bezögen, möchte es ja noch angehen, so aber werden auf Basis dieser unrentabelen Frühjahrsraten auf weite Sichten hinaus Verpflichtungen eingegangen und wie ein roter Faden zieht sich dies für unsere Schiffahrt so unheilvolle Geschäftsprinzip durch den Frachtenmarkt eines ganzen Jahres, wodurch eine gesunde Konjunktur gar nicht oder nur in den aller seltensten Fällen aufkommen kann. Während nun auf der einen Seite vielfach die Dampfschiffahrtsgesellschaften durch ihr Vorgehen lähmend auf ein erspriessliches Gedeihen des Geschäfts einwirken, sind es auf der anderen Seite wieder eine Anzahl Spediteure, welche, ohne Rückdeckung zu haben, die Frachten fixen und damit auf ein Niveau hinunterzudrücken bemüht sind, das jeder Beschreibung spottet. Es ist beinahe nicht zu glauben, wie jene Herren, welche ein Haftpflichtgesetz in der Schwere, wie wir es haben, kaum dem Namen nach kennen, die zu den Lasten der sozialpolitischen Gesetzgebung, soweit ihre Thätigkeit im Frachtgeschäft hierbei in Betracht kommt, absolut nichts beizusteuern haben, überhaupt in die Lage kommen Frachten vorzuschreiben, die gerade herausgesagt zum Verhungern zu viel und zum Leben zu wenig überlassen, dem Handel damit also gar nicht dienen; und doch ist es der Fall, dank der Konkurrenz und der Leichtgläubigkeit vieler unserer Schiffer, welche allezeit geneigt sind, Einflüsterungen unberufener Leute willig ihr Ohr zu leihen, Leute, die unter Anführung gern gehörter Schlagworte auf die Unerfahrenheit der Schiffer spekulierend an deren Mark zehren. Wo soll das hinführen! Die Anforderungen, welche an jeden Schiffahrttreibenden gestellt werden, wachsen von Jahr zu Jahr. Die sozialpolitische Gesetzgebung verpflichtet in unserer Zeit insonderheit die Arbeitgeber zu grossen Opfern, die von Jahr zu Jahr erhebliche Steigerungen nachweisen, die vorangeführte Konkurrenz, alle diese Verhältnisse erlegen der Schiffahrt, sofern sie leistungsfähig sein und bleiben will, die zwingende Notwendigkeit auf, durch einmütiges Zusammengehen aller Berufsgenossen zu erstreben, dass der Wettbewerb, wie ihn die heutigen Verhältnisse bedingen, in geordnete Bahnen gelenkt werde. Überall, wohin wir uns wenden, sehen wir das Bestreben, durch engen Zusammenschluss der Berufsgenossen die Interessen des Einzelnen zu fördern. — Wir schlagen demnach zur Erreichung unserer Zwecke, gestützt auf den einstimmigen Beschluss der Vereinsversammlung vom 23. April a. c. das Folgende vor:

1) Bildung eines allgemeinen Vereins der an der Elbe und Saale ansässigen Schiffseigner und Dampfschiffahrts-Gesellschaften.

2) Errichtung von Schiffahrtsbezirken und Ladebüreaus unter der Oberleitung von Schiffseignern längs der ganzen Elbe und Saale, zum Zweck der Erhaltung der Frachten auf einem gesunden Niveau.

3) Errichtung einer gemeinsamen Kasse, welche in erster Linie den Zweck haben soll, einer zeitweiligen Überproduktion durch Zahlung von Entschädigungen an zur Auflegung ihrer Fahrzeuge gezwungene Kollegen entgegen zu arbeiten, ferner um Darlehen an würdige Schiffseigner abgeben zu können, damit diese nicht, wie es leider so häufig vorkommt, in die Verlegenheit geraten, um vom Absender einen Vorschuss zu erhalten, die erste beste ihnen zu erbärmlichen Preisen an-

gebotene Ladung anzunehmen. Die Bildung einer derartigen Kasse ist notwendig, um der in Aussicht genommenen Vereinigung eine feste Grundlage dauernden Zusammenhaltens zu geben. Eine einfache Absprache über die Frachtenhöhe hat ohne die dem Schiffseigner für sein Abwarten zu gebenden materiellen Garantieen im praktischen Leben niemals einen bindenden Kitt gehabt.

Dass derartige Bestrebungen nur von Erfolg gekrönt sein können, wenn die Schiffahrt einen starken und mächtigen Verband bildet, dem möglichst jeder Schiffer angehören muss, und wenn die bestehenden Dampfschiffahrts-Gesellschaften dem Verbande als Mitglieder angehören, liegt auf der Hand. Die angestrebten, lediglich auf das Wohl der Schiffahrt abzielenden Bestrebungen werden daher nur durchschlagend wirken können, wenn alle Schiffer sich erheben und zur Abgabe der Erklärung bereit finden, fortan nur unter einer Flagge, der des neu zu errichtenden Verbandes, zu segeln.

Die Errichtung von Schiffahrtsbezirken und Ladebureaus haben wir uns wie folgt vorgezeichnet: die ganze Elbe wird in 17 Schiffahrtsbezirke geteilt und zwar:

I. Böhmen. Von Aussig elbaufwärts und niederwärts bis Schönpriesen. Sitz des Bezirks: Aussig.

II. Von Schönpriesen bis zur sächsischen Grenze, umfassend die Häfen Rosawitz, Bodenbach, Tetschen-Laube. Sitz des Bezirks: Tetschen.

III. Von der sächsisch-böhmischen Grenze bis oberhalb Meissen. Sitz des Bezirks: Dresden.

IV. Von Meissen bis zur sächsisch-preussischen Landesgrenze. Sitz des Bezirks: Riesa.

V. Von der sächsisch-preussischen Landesgrenze bis einschliesslich Kleinwittenberg. Sitz des Bezirks: Kleinwittenberg.

VI. Von unterhalb Kleinwittenberg bis einschliesslich Kornhaus. Sitz des Bezirks: Rosslau.

VII. Von Kornhaus bis einschliesslich Aken. Sitz des Bezirks: Aken.

VIII. Von unterhalb Aken bis einschliesslich Westerhüsen. Sitz des Bezirks: Schönebeck.

IX. Von Westerhüsen bis oberhalb Bittkau. Sitz des Bezirks: Magdeburg.

X. Von Bittkau bis einschliesslich Arneburg. Sitz des Bezirks: Tangermünde.

XI. Von Arneburg bis zur mecklenburgischen Grenze. Sitz des Bezirks: Wittenberge.

XII. Von der mecklenburgischen Grenze bis einschliesslich Bleckede. Sitz des Bezirks: Dömitz.

XIII. Von Bleckede bis Geesthacht. Sitz des Bezirks: Lauenburg.

XIV. Von Geesthacht bis Hamburg und Altona. Sitz des Bezirks: Hamburg.

XV. Von Buntehaus bis Harburg. Sitz des Bezirks: Harburg.

XVI. Die Saale von Weissenfels bis oberhalb Bernburg. Sitz des Bezirks: Alsleben.

XVII. Die Saale von einschliesslich Bernburg bis zur Mündung in die Elbe. Sitz des Bezirks: Nienburg.

Alle diese Bezirke würden einer Centralstelle zur regelrechten Überwachung der Geschäftsthätigkeit und des Kassenwesens unterstellt werden müssen, deren Sitz wir der Wahl der verschiedenen Schiffahrtsbezirke anheimgeben. Jeder Schiffahrtsbezirk soll aus einem Vorstande von drei im Bezirk ansässigen Schiffeignern bestehen, welche durch die Mitglieder des Bezirks alljährlich im Januar zu wählen sind. Dem Vorstande obliegt die Aufstellung des Mitgliederverzeichnisses seines Bezirks und die fortgesetzte Werbung neuer Mitglieder, welche in seinem Bezirke Wohnsitz haben. Er führt ein öffentliches Meldebuch über alle im Bezirke ladenden Fahrzeuge, sowie über Fahrzeuge, welche zur Einnahme von Ladung sich gemeldet haben. Die Beladung erfolgt nach der Reihenfolge. Der Vorstand hat in fortgesetzter Fühlung mit den Verladern zu stehen und obliegt ihm die Festsetzung der Frachten im Bereich seines Bezirkes. Er kann sich hierzu der Vermittlung anerkannt tüchtiger Frachtenbestätiger bedienen, denen in Hinsicht auf die Frachtfestsetzung beratende Stimme im Vorstande innewohnt. Die Frachtbestätiger sind mit festen Bezügen anzustellen und verpflichtet, über alle Frachtabmachungen öffentlich Buch zu führen. Alle Bezirke unter einander haben täglich über Raum und Frachtverhältnisse sich gegenseitige Mitteilungen zu erstatten, um eine gute Verteilung überzähliger Schiffsräume herbeizuführen und dadurch auf die Frachthöhe einen günstigen Einfluss ausüben zu können. Alle Schiffahrtsbezirke sind verpflichtet, der Centralstelle tägliche Rapporte über die Güterbewegung, die Zahl der ladenden, zur Beladung bereit liegenden und löschenden Fahrzeuge, sowie Abrechnungen über Einnahmen und Ausgaben und Frachtverhältnisse einzusenden. Alle Abänderungen der vorgeschlagenen Organisation, welche sich aus der Praxis als notwendig ergeben, sind der Centralstelle zu melden und werden von dieser nach Anhörung aller Vorstände der Schiffahrtsbezirke geprüft und eventuell erlassen."

Über diese Vorschläge beriet am 12. Juli 1894 eine Versammlung des Magdeburger Schiffer-Vereins, zu welcher sich auch Schiffer aus anderen Elbstädten eingefunden hatten. Nach Ausweis des Protokolles, welchem als Anhang die Vorschläge beigegeben sind und welches mir der Vorsitzende des Vereins, Herr Rheder Gustav Tonne in Magdeburg, gütigst übersandte, sprachen sich die meisten Teilnehmer, auch die Vertreter der Dampfschiffahrtsgesellschaften, für die Reihenschiffahrt etc. aus. Sowohl aus den Vorschlägen wie aus den Verhandlungen geht auch deutlich hervor, dass auch im Schiffergewerbe ein ernster Lebenskampf zwischen Grossbetrieb und Kleinbetrieb nahe bevorsteht.

26) Siehe (Gründler), Versuch, über die Schädlichkeit der geschlossenen Curmärkischen Elbschiffer-Gilde, und über die Notwendig-

keit, die Schiffahrt auf der Elbe frei zu geben, nebst einer Darstellung der Missbräuche, welche bei dem Schiffer-Monopol obwalten (nebst einem Nachtrag), Berlin 1792, pg. 41/42. Ferner an verschiedenen Stellen: Baasch, Zur Geschichte der Berlin-Hamburger Reihefahrt, Hamburg 1891; ferner die in: Dennstädt, l. c., befindlichen Beilagen: der Churmärkischen und Hamburger Schiffergilde Reglement und Privilegium; Reglement wegen eines zu Einführung guter Ordnung unter dem Schifs-Volcke auf der Elb-Schiffahrt bei der Chur-Märkischen Schiffer-Gülde zu Hamburg zu bestellenden Wasser-Schoûts; Patent, dass die Schiffs-Knechte, welche auf den Schiffen Dieberey oder Betrug begehen, mit der Karre bestrafet werden sollen, Berlin, 3. September 1739; Patent, wie sowohl die Schiffer und deren Knechte, so Victualien und hoch impostirte oder wohl gar verbothene Waaren, auf denen Schiffsgefässen versteckten oder unter anderen Waaren verpackten und solchergestalt ohne die Accise und den Zoll zu erlegen, heimlich einzubringen intendiren, als auch die Kauffleute, welche alle Waaren und Sachen in denen Zöllen nicht accurat und nahmentlich angeben, bestrafet werden sollen, Berlin, 29. Juny 1754; Erneuertes und geschärftes Edict, dass die Fuhrleute, Zollanten und Reisenden von allen Plackereyen und Belästigungen zu Wasser und zu Lande gäntzlich befreiet bleiben sollen; Berlin, 19. September 1742; Avertissement wider die Excesse der Schiffs-Knechte, so sie bisher bey Abforderung des Fracht-Lohnes gegen die Kaufleute verübet, Berlin 31. August 1746. Siehe ferner: Toeche-Mittler, l. c. pg. 121.

Es war eine Eigentümlichkeit des Merkantilismus, dass er vor allem auf den auswärtigen Handel sein Augenmerk richtete und es oft übersah, auch für eine Besserung der inneren Verkehrswege Sorge zu tragen. Daher musste natürlich die Rechtsunsicherheit auf den Strassen im Inneren zunehmen. Man plante grosse Handels- und Gewerbeunternehmen, führte sie auch aus; aber diese konnten von keinem dauernden Bestande sein, weil eben die Transportwege sich nicht besserten. Eigentümlicher Weise finden wir weder in den Statuten solcher Unternehmen noch in Beratungen während ihrer Existenz irgend etwas über die Verkehrsmittel erwähnt; man sehe z. B.: Ring, Asiatische Handlungscompagnieen Friedrichs des Grossen, Berlin 1890, passim, und Hatschek, Das Manufacturhaus auf dem Tabor in Wien, (Staats- und Socialwissenschaftliche Forschungen, hgg. von Schmoller, Bd. 6, Heft 1), Leipzig 1886, u. a. p. 14/15, 39. Anders war es in Frankreich. Hier übersah Colbert in keinem Augenblick den Zusammenhang zwischen innerem Verkehr und Aussenhandel; siehe hierüber: Eisenhart, Geschichte der Nationalöconomik, Jena 1891, pg. 20 ff., Farnam, Die innere französische Gewerbepolitik von Colbert bis Turgot, Leipzig 1878, pg. 7, und Cohn, Colbert (vornehmlich in staatswirtschaftlicher Hinsicht), in der Zeitschrift für die gesamte Staatswissenschaft, 1869, pg. 432 ff. — Über die Geringschätzung des Binnenhandels seitens der englischen Theoriker siehe: Roscher, Zur Geschichte der englischen Volkswirtschaftslehre, Leipzig 1851, pg. 140. — Wenn Ingram, Geschichte des Volkswirtschaftslehre, deutsch von E. Roschlau, Tübingen 1890, pg. 52, bei der Darstellung des Merkantilsystems sagt: „Die Verbindungswege und die Beförderungsmittel zu Land und zu Wasser wurden im Hinblick auf einen erleichterten Handelsverkehr rascher vervollkommnet", so generalisiert er zu sehr, indem er die deutschen Verhältnisse nicht ausscheidet und vor allem West-Europa im Auge hat.

27) Siehe: Töche-Mittler, l. c., pg. 142. — Siehe auch: Verordnung über den Auf- und Vorkauf für die Provinzen Ostpreussen, Litthauen und Westpreussen, vom 18. 11. 1808; in dieser handelt § 5 über die „Freiheit des Wassertransports". Wer, ohne zünftig zu sein, für Fremde Schiffahrt treibt, hat eine Gewerbsteuer dafür zu zahlen.

28) Nachdem die französiche Republik in den Besitz des ganzen linken Rheinufers von Basel bis zur holländischen Grenze gelangt war, setzte sie die Zölle auf ihrem Rheinufer durch Gesetz bedeutend herab; ob dies in der That durchgeführt wurde, ist jedoch eine andere Frage. Vgl. De la navigation du Rhin, Mémoire imprimé par ordre du Comité consultatif du commerce de Strasbourg, Strasbourg 1802; dort heisst es auf pg. 14: „L'art. 2 d'un arrêté des Consuls du 14 Thermidor an 8, établit en principe, que ces droits (les péages) seront perçus pour le tiers seulement des sommes portées aux tarifs qui étaient en vigueur dans les treize bureaux de la rive gauche, à l'époque de la conquête. Le produit, d'après l'art. 3, en est spécialement et limitativement affecté aux réparations des digues, chemins de hallage, et autres travaux de navigation sur la rive gauche. L'art. 4 attribue cette perception aux preposés des douanes dans les lieux où les bureaux étaient anciennement constitués. — L'on voit que cet ordre de choses laisse beaucoup à désirer. La disparité des tarifs et du mode de percevoir présente de grands inconvénients; aucun réglement ne garantit contre l'arbitraire et les abus. Il est urgent d'adopter des mesures nouvelles que puisse avouer l'homme d'état, et fondées sur les principes justes et libéraux que professe le gouvernement français."

Auch: Oppenheim, der freie deutsche Rhein, Stuttgart 1842, pg. 108, Anmerkung 3, macht darauf ausdrücklich aufmerksam, dass das Verdienst, den Gedanken der Freiheit der Flussschiffahrt in die Praxis eingeführt zu haben, den Franzosen gebührt, indem er eine Stelle in dem Artikel „Elbe" in Rotteck und Welkers Staatslexikon bekämpft.

29) Vgl. Zahn, Nahrungsstand und Erwerbsquellen der Stadt Acken, in Geschichtsblättern für Stadt und Land Magdeburg, 21. Jahrgang, 1886, pg. 180: „Die Schiffahrt schwankte in ihrem Umfang; durch die Kriege häufig suspendirt und durch viele Zölle erschwert, war sie nur dann von einiger Bedeutung, wenn der Holz- und Getreidehandel blühte. In den Befreiungskriegen vollständig vernichtet, erholte sie sich soweit, dass 1818 24 Elbschiffe vorhanden waren, die durch Holzfuhren,

meist nach Schönebeck, und durch Ableichtern der sächsischen Güterkähne einigen Verdienst fanden." — Man vergleiche auch den Bericht der Commerciendeputation in Leipzig über die dortige Ostermesse 1814: bei: Hasse, Geschichte der Leipziger Messen, Leipzig 1885, pg. 425/426.

30) Vgl. Carathéodory, du droit international concernant les grands cours d'eau, Leipzig 1861, pg. 109. — Hierbei handelte es sich also um die sogenannten conventionellen Ströme. Wie schon aus dem Namen zu entnehmen ist, wurde er erst damals in die Rechtswissenschaft praktisch eingeführt. Es waren diejenigen Flüsse, deren schiffbarer Lauf mehreren souveränen Staaten angehörte. Damit hat die besonders hydrotechnisch wichtige Unterscheiduug in „öffentliche" und „private" Flüsse nichts zu thun; hierüber siehe und mit einander vgl.: Damert, das Deich- und Strombaurecht nach allgemeinen positiven und Hannöverischen Landesrechten, Hannover 1816, I, pg. 4 ff., und: Nieberding, Wasserrecht und Wasserpolizei im preussischen Staate, Breslau 1889, pg. 56 ff.

31) Der Grosse Friedrichsgraben verbindet die mit dem Pregel vereinigte Deime bei Labiau mit dem Nemonien; der kleine verbindet den Nemonien mit dem Gilge, einem Nebenarm des Njemen. Der kleine wird seit 1834 nicht mehr benutzt.

32) Siehe die Korrespondenz zwischen der Breslauer Kriegs- und Domänenkammer und der Breslauer Accise- und Zolldirektion bei Mamroth, Geschichte der Preussischen Staatsbesteuerung 1806—1816, Leipzig 1890 pg. 311 f.

33) Die hier folgenden Angaben über die Vorgeschichte einzelner Zölle sind fast ausschliesslich entnommen: Schmoller, Studien III. pag. 56 ff.

34) „Des Rades brunes Hus, wo de Töllner inwanet." — Über die geographischen und hydrographischen Verhältnisse der Elbe unterhalb Hamburg, besonders über die Fahrwasserrichtung und deren Sicherung und Unterhaltung vgl.: Festschrift zur 50jährigen Jubelfeier des Provinzial-Landwirtschafts-Vereines zu Bremervörde (Regierungsbezirk Stade), Stade 1885, pg. 124—129.

35) Der Esslinger Zoll wurde ursprünglich (bis 1806) etwas oberhalb Hamburg in dem Zollenspieker (früher Haus zu Esslingen genannt) erhoben. Dieser gehört zu dem Dorfe Kirchwärder, welches in den bis 1867 Hamburg und Lübeck gemeinschaftlich gehörenden, sogenannten „Vierlanden" (Landherrenschaft Bergedorf) liegt. Das Wort Zollenspieker bedeutet wohl nichts anderes als Zollenspeicher, also ein Gebäude, in welchem die Waren zum Verzollen aufgespeichert werden. Da er an der Stelle liegt, an welcher die Waren, welche aus Mittel- und Süd-Deutschland über Lüneburg und Bergedorf nach Hamburg transportiert wurden und umgekehrt, über die Elbe setzten, so ist wohl denkbar, dass hier die Waren nicht stets sofort weiter geschafft werden konnten und daher auf Lager gebracht wurden.

Schon die Grösse des Gebäudes, welches die übrigen Häuser rings herum weit überragt, deutet darauf hin. Sonst bezeichnet Spieker in Niedersachsen auch ein kleines Häuschen, eine Hütte, auch einen Altenteilskathen, in welchem die sogenannten Büdner oder Einlieger wohnen. Diese waren solche Leute, welche nur zum geringen Teil sich von der eigenen Landwirtschaft ernährten und meist ihren Unterhalt als Tagelöhner oder Handwerker verdienten. Sollte der Ausdruck Zollenspieker hiermit zusammen hängen, so wäre dies eben ein solcher Spieker, im welchem ein mit der Zolleinnahme beauftragter Nicht-Landwirt wohnte und sich mit diesem Amte sein Brod verdiente; doch ist wohl die erstere Erklärung mehr zutreffend. Über diese Leute und diese Gebäude siehe: Wittich, Ländliche Verfassung Niedersachens und Organisation des Amts im 18. Jahrhundert, Strassburger Staatswiss. Dissertation 1891, pg. 71 ff.

Wegen dieses Hamburg und Lübeck gemeinschaftlich gehörenden Zolles vertrat der Hamburgische Unterhändler in Dresden auch die lübischen Interessen. Hierzu siehe auch Anm. 205 bezüglich der Delvenau und des Stecknitzkanales.

Siehe auch Anm. 112.

36) Im 18. Jahrhundert noch ist diese utrasse im Verkehr mit Mittel- und West-Deutschland viel benutzt worden. In einer Aufzählung der wichtigsten Reise- und Postwege finden wir sie verzeichnet, bei: Pack, die Posten von Strassburg nach Deutschland, Strassburg 1800.

37) Schmoller. Studien VII, pg. 58. Der Ausdruck ist sehr bezeichnend.

38) In der 16. Dresdener Conferenz, 12. 10. 1819 übergab Hannover ein „Promemoria über die nähern Verhältnisse der zu Hitzacker erhoben werdenden besonderen Abgabe von Korn und Holz." In diesem Schriftstück heisst es: „Als Preussen im Anfange des vorigen Jahrhunderts den adlich-Wittenbergischen Zoll, der vorher nicht bedeutend war, an sich gekauft und seinen Tarif späterhin erhöhet hatte, auch gegen den Inhalt des Westphälischen Friedens der sogenannte Lenzener Licent fortbestehen blieb, so erfolgten gegen beide Maasregeln von Seiten des königlich-Hannöverischen Regierung mehrfache, jedoch fruchtlose Gegenvorstellungen, welche als Resultat im Jahre 1726 die Anordnung von Repressalien herbeiführten. Man fing damit an, die Zölle auf Korn und Holz in Hitzacker zu erhöhen und befahl den dortigen Zollbedienten diese erhöhte Abgabe von den Preussischen Unterthanen, welche Handel un Schiffahrt auf der Elbe trieben, zu erheben. — Nach der ursprünglichen Anordnung und der Absicht trifft diese erhöhte Zollabgabe zwar nur königlich-Preussische Unterthauen: nach der Wirklichkeit aber, weil bisher nur Preussische Unterthanen, soweit die Elbe das Gebiet dieser Macht berührt, befahren durften, fast ausschliessend den gesammten Elbhandel und die gesammte Schifffahrt." Siehe: Die Elb-Zölle. Aktenstücke und Nachweise 1814—1859. Leipzig 1860, pg. 26 u. 39.

39) Es ist mir nur gelungen, über den Alvenslebenschen Privatzoll (Anhang Nr. 2) etwas näheres beizubringen, nicht über die anderen Privatzölle an der Elbe.

40) Einige weitere, indessen nicht bedeutende, Änderungen in dieser Zwischenzeit werden im Laufe der Darstellung erwähnt.

41) Bericht des preussischen Gesandten an das Ministerium der auswärtigen Angelegenheiten, 1. 11. 1817. — Bereits der Handelsvertrag zwischen Preussen und Dänemark vom 17. 6. 1818 setzte in Art. 9 die Gleichstellung der dänischen und preussischen Elbschiffe fest.

42) Bericht des hannöverischen Ministeriums an den preussischen Gesandten in Hamburg, 19. 11. 1817.

43) Nasse, Das preussische Zollgesetz vom 26. Mai 1818. Rede, gehalten am 3. August 1879 in der Aula der Rheinischen Friedrich-Wilhelms-Universität. (Kölnische Zeitung, 11. und 12. August 1879). Er sagt über dieses Gesetz unter anderem: „Es war der erste Schritt zur Begründung des Zollvereins und somit zur Herstellung einer neuen wirksamen, staatlichen Gemeinschaft des deutschen Volkes". — Die freikonservative „Schlesische Zeitung" brachte in No. 361 (26. Mai), 1893 einen sich an Treitschke anlehnenden Artikel „Zum 26. Mai 1893", welcher vor allem auf die persönlichen Verdienste des Generalsteuerdirektors Maassen um dieses Gesetz hinwies.

44) Senator Pehmöller, der Vertreter in der Dresdener Kommission, schrieb am 16. 7. 1818 an den König Friedrich Wilhelm III. von Preussen:

„Schon seit Jahr und Tag schreiben die Rheinbewohner, aber ganz besonders die der Seeschiffahrt näher grenzenden Niederländer, namentlich die Kaufmannschaft von Antwerpen dem Auslande von den bevorstehenden Vorteilen der freien Schiffahrt des Rheines, und es ist erwiesen, dass im vorigen Jahre schon der Handel dieses Seehafens in so bedeutendes Aufblühen gekommen, wie seit langer Zeit keine Erfahrung gegeben. Zahlreiche Ladungen von Ost- und Westindien und Nordamerika sind dem norddeutschen Handel entzogen und beleben jenen Handelsstrich auf eine merkwürdige Weise. Jener Verkehr wird noch mehr gewinnen und sich befestigen, wenn nicht unverzüglich Anstalten getroffen werden, die so nützliche als wichtige Freiheit der Elbeschiffahrt zu regulieren. Kömmt man hier so viel später, so ist das einmal Verlorene nicht wieder herbeizuholen. Aber es ist der ernstlichsten Betrachtung wert, wie sehr, mit allen anderen Uferstaaten der Elbe gemeinschaftlich, Preussen vorzüglich bei dieser Verringerung des Handelsumsatzes leiden werde. Schon hat der Absatz von Leinen in Irland nach Spanien, Süd- und Nordamerika zum Nachteil des Leinenhandels von Schlesien bedeutend überhand genommen; nur durch schnelle und wohlfeile Flussschiffahrt kann dieser Handel wieder gehoben werden. Dieser Handelszweig und so viele andere preussische, sächsische und böhmische Fabrikate ziehen den Handel von Süd- und Nordamerika, Ost- und Westindien nach der Elbe, und Hamburg als Seeplatz tritt dabei als Geschäftsvermittlerin auf. Aber der Unternehmer hier oder im Auslande wird die Aufmunterung zu Geschäften verlieren, wenn er befürchten muss, dass die Freiheit, welche der Rheinschiffahrt vorbereitet wird, der Elbe vorenthalten bleibt. — Es darf nicht gleichgültig sein, ob unsere deutschen Fabrikate schnell oder langsam abgehen; der Wohlstand der Bewohner hängt damit auf das Genaueste zusammen."

45) Am 11. 12. 1818 erinnerte die bernburgische Regierung das preussische Ministerium an die Antwort auf ihre Anfrage vom 28. 11. 1817, wann und wo die Elbeschiffahrts-Kommission tagen würde.

46) Siehe Artikel 17 und 19 des Vertrages zwischen Preussen und Sachsen vom 18. 5. 1815.

47) Geheimrat v. Jordan an das Ministerium der auswärtigen Angelegenheiten 4. 6. 1819. Ebenso schrieb Geheimrat Hoffmann an den Wirkl. Geh. Legationsrat Ancillon 14. 2. 1820: „Die meisten Staaten haben gar keine Neigung, etwas in ihrem Besitzstande zu ändern; sie hüten sich wohl, dies auszusprechen, sondern wünschen immer, dass die Verhandlungen sich anscheinend ohne ihre Schuld zerschlagen".

48) Bericht der Minister des Handels, der Finanzen und der auswärtigen Angelegenheiten an den Fürsten Hardenberg, vom 15. 4. 1820.

49) Hoffmann (Ministerium d. ausw. Angelg.) an Jordan, 24. 4. 1820.

50) Hoffmann an den Finanzminister Baron Klewitz, 3. 10. 1820.

51) Mauve zeigt Hardenberg unter dem 20. 4. 1821 an, dass er seine Stellung wegen Beleidigung durch den Baron Münch und Herrn von Jordan verlassen habe. Es war sogar zu einer sehr heftigen Auseinandersetzung zwischen Mauve und Jordan auf der Strasse in Dresden gekommen, welche in den Akten im einzelnen genau beschrieben ist.

52) Fürst Hardenberg an Mauve, d. d. Laibach, 16. 2. 1821.

53) Baron Münch war k. k. Gubernialrat und Stadthauptmann von Prag; er wurde in seiner Dresdener Funktion für einige Zeit ersetzt durch einen Herrn Schaschek v. Mehihurz.

54) Siehe Anmerkung 66. Pehmöller schrieb auch: Geschichtliche Darstellung der Ereignisse, welche während der Blockade infolge der Verfügungen des französischen Gouvernements die Hamburgische Bank betroffen haben (Hamburg 1814). — Siehe auch: Levy von Halle, Die Hamburger Giro-Bank und ihr Ausgang, Berlin 1891, pg. 9.

55) In der Kritik des Dresdener Konventionsentwurfes durch die Ministerien des Handels, der Finanzen und der auswärtigen Angelegenheiten vom 2. Mai 1821 heisst es bezüglich Artikel 32: „(Mit Bezug auf Art. 110 der Congressakte), es ist aber damit nicht gesagt, dass die Ausdehnung auf die Nebenflüsse von derselben Kommission reguliert werden soll, welche die Konvention über den Hauptstrom zu unterhandeln und abzuschliessen hat. Diese Kommission besteht nur aus den Bevollmächtigten derjenigen Staaten, deren Ländergebiet der Hauptstrom trennt oder durchfliesset. Nur der letztere Umstand begründet überhaupt die Notwendigkeit einer gemeinsamen Übereinkunft und ist auch bei der Ausdehnung auf die Nebenströme als Bedingung angegeben. Wo diese daher fehlt, fällt auch der Grund zu einer gemein-

samen Übereinkunft weg; wo sie existiert, besteht der Grund nur für die Staaten, deren Gebiete die Nebenflüsse teilen oder durchlaufen. Ganz in diesem Sinne ist auch in den der Wiener Congressakte angehängten Artikeln über die Schiffahrt des Neckar, Main und der Mosel die Anwendung des Grundsatzes gemacht, auf welche Art die Ausdehnung des für den Rhein zu treffenden Abkommens bei jenen Nebenströmen eingeleitet werden soll. — Auch verfuhr die Elbschiffahrts-Kommission in Dresden danach, indem sie es den Bevollmächtigten derjenigen Elbstaaten, welche zugleich ein Gebiet haben, welches Nebenströme teilen oder passieren, überliess, einen besonderen Abtausch darüber zu treffen. Wegen der Jetze(l) ist man diesseits mit Hannover so gut wie im Reinen, bei der Saale fordert die Sache aber noch weitere Verhandlungen. Es würde daher selbst den Abschluss der Konvention über die Elbschiffahrt noch länger aufhalten, wenn man erst eine Vereinigung der betreffenden Staaten bei der Saale abwarten wollte". — In der 44. Konferenz, 23. 6. 1821 erklärte bei Artikel 32 der preussische Bevollmächtigte: „dass den Elbschiffern preussischerseits das Recht eingeräumt wird, auf den Nebenströmen, von welchen in dem Artikel 110 der Wiener Congressakte die Rede ist, ebenso die Schiffahrt zu betreiben wie Binnenschiffer auf jenen Nebenströmen. Dass die Schiffer der Nebenströme, welche in den Hauptstrom einmünden, sofern sie ein Patent von einer bei der Elbe beteiligten Regierung erhalten, auch auf diesem Strome wie Elbschiffer fahren können, wird ebenfalls zugestanden".

56) Protocoll der Berliner Conferenzen v. 13.—17. 4. 1820 und Hoffmann an Jordan, 20. 9. 1819. — Über die Saaleschiffahrt im sechzehnten, siebzehnten und achtzehnten Jahrhundert siehe: Dreyhaupt, Ausführliche diplomatische — historische Beschreibung des Saalkreises, Halle 1755, 1. Teil, pg. 627—632. — Man scheint übrigens doch die Nebenflüsse in die Beratungen, wenn auch nicht in die offiziellen, gezogen zu haben. So erklärte in der 42. Sitzung, 1. 5. 1821, der anhaltinische Bevollmächtigte, dass Anhalt auf eine Verminderung des Wasserzolles zu Bernburg nicht eingehen könne, sodass sich Preussen entschloss „diese Angelegenheit einstweilen auf dem Status des Jahres 1815 zu lassen, obwohl es selbst die Saale ganz befreien wollte".

57) Protocoll der Berliner Conferenzen v. 13.—17. 4. 1820; Hoffmann an Jordan, 20. 9. 1819.

58) Sie findet sich wenigstens nicht in dem Verzeichnis der schiffbaren Flüsse in: Die Wasserstrassen in Preussen und einigen angrenzenden Staaten. Bearbeitet im Ministerium für Handel, Gewerbe und öffentliche Arbeiten, Berlin 1877.

59) 42. Sitzung, 1. 5. 1821. — Siehe über die Delvenauschiffahrt: Walcke, Elbschiffahrtsrecht, insbesondere in Rücksicht der Stadt Lauenburg, Hamburg 1844, § 13. — Siehe Anmerkung 205.

60) Denkschrift des Handelsministers Grafen v. Bülow an den Fürsten von Hardenberg, 4. 11. 1820.

61) Hoffmann berichtete 15. 4. 1820 an Hardenberg über seine Unterredungen mit dem Baron Münch: „Ich bemerkte ihm: die preussische Zollverfassung habe keineswegs blos den Zweck, Einkommen von durchgehenden Waren zu erheben, sondern auch den Zweck, eine sichere Überzeugung davon zu erlangen, wieviel und was für Waren ein- und ausgeführt würden. Von dieser Überzeugung hänge allein die Möglichkeit ab, Verbrauchssteuern von den in das Land eingeführten fremden Waren und selbst von den gleichnamigen, inländischen Erzeugnissen, Brandwein, Wein, Taback einzuziehen. Diese Möglichkeit aber sei äusserst wichtig, nicht allein, weil ein sehr viel grösserer Teil des Staatseinkommens, als aller Durchfuhrzoll jemals gewähren könne, darauf beruhe, sondern auch, weil davon allein aller Schutz abhänge, welcher dem inländischen Kunstfleisse wider das Eindringen fremder Fabrikwaren gegeben werden könne".

62) Protocoll über die am 1. 4. 1820 stattgehabte Ministerconferenz in Berlin.

63) Desgl.

64) Art. 38 des Eichhoffschen Octroi-Entwurfes.

Das Manifest ist oben bereits als Gesamtladeschein in gewissem Sinne bezeichnet worden. Im juristischen Sinne ist dies nicht richtig, da der Ladeschein ein Traditionspapier im Verkehr zwischen Frachtführer und Absender bezw. Empfänger ist. Inwieweit damals im Elbschiffahrtsverkehr Ladescheine benutzt wurden, ist mir nicht bekannt; jedenfalls ist auch heute der Ladeschein bei der Flussschiffahrt noch wenig üblich, höchstens auf der Elbe und im polnischen Getreideverkehr; siehe: Schmidt-Scharff, das Warenpapier beim See- und Binnentransport. Göttingen Jurist. Dissertation 1887, pg. 3 f. — Die „üblichen" Bestandteile des Ladescheines, deren Aufnahme in die Urkunde der Absender verlangen kann, enthält Artikel 414 des Allgemeinen Deutschen Handelsgesetzbuchs; diese sind für das Frachtgeschäft überhaupt, also für Land- und Flusstransport, angegeben.

65) Natürlich, sofern in Hamburg die Einladung stattfindet. Im allgemeinen hiess es in Art. 38: „Dieses Manifest soll am Orte der Einladung, oder bei dem ersten Erhebungsamte, wo das Fahrzeug vorbeikommt, in der Form und auf die Weise, wie hiernach verordnet ist, und nach dem beigefügten Modell verfertigt werden. Dieses Manifest muss von dem Schiffer oder Flössenführer bei der Vorbeifahrt an jedem Erhebungsamte vorgezeigt und von dem Einnehmer und Kontroleur visirt werden.

66) Wie der Mecklenburgische Bevollmächtigte in der 27. Konferenz sagte, waren die Ansichten Pehmöllers in der Kommission sehr geschätzt.

67) Ministerium d. ausw. Angeleg. an den Fürsten Hardenberg, 15. 4. 1820. — Die Verification wäre in Hamburg vielleicht durchzuführen gewesen, wenn in der Kommission der von Preussen und Österreich in den Berliner Konferenzen festgelegte Gedanke verhandelt und

angenommen worden wäre, für die Elbe eine sogenannte gemeinsame Inspektion einzurichten. Über diese heisst es in dem Protokolle der Berliner Konferenzen: „Soweit die gemeinsame Insektion der Elbe in 3 Abteilungen, von Melnik bis an die preussisch-sächsische Grenze, von dort bis gegen die hannoversche Grenze oberhalb Schnakenburg und von da bis Hamburg, von 3 in Dresden, Magdeburg und Hamburg wohnenden Inspektoren zu verwalten sein dürfte, sind beide Unterzeichnete wesentlich einverstanden. Die Bestimmung des Bezirks des zweiten, in der gedachten Art und nicht blos bis zum Einfluss der Havel, kann um so weniger Schwierigkeit finden, als es in aller Rücksicht notwendig bleibt, die korrespondirenden Ämter Mühlberg und Wittenberge einer und derselben Inspektion unterzuordnen. Auch darin sind die Unterzeichneten einverstanden, dass die gedachten drei Inspektionen in steter Verbindung stehen müssen. Ob aber vorgeschlagener Massen diese Verbindung in der Form stattfinden solle, dass der zu Magdeburg wohnende Inspektor den beiden andern unter der Benennung eines Oberinspectors vorgesetzt werden solle, hat dem preusischen Bevollmächtigten um so mehr zweifelhaft erschienen, als bei der vorgeschlagenen Wahl Preussen auf die Bestellung keiner Inspektorstelle denjenigen Einfluss haben würde, welcher ihm bei dem bedeutenden Anteil zukommt, den es an dem Uferbesitze und an der Schiffahrt auf der Elbe hat. Vielmehr hat es demselben angemessen geschienen, dass alle 3 Inspektoren nur ihrem besonderen Bezirke vorgesetzt bleiben, über Angelegenheiten, welche sich auf das Ganze des Stromes beziehen, bloss auf dem Fusse der vollkommenen Gleichheit correspondiren und, wo Eingang (Einigung?) nicht stattfindet, an die von Zeit zu Zeit sich versammelnden Revisionskommissionen berichten". Auf diese Einrichtung einer Inspektion, welche mit dem von Österreich vorgeschlagenen Octroi-System eng verbunden war, ging die Kommission nicht ein; es ist immerhin seltsam, dass Preussen, welche gegen die Einführung des Octroi-Systems von Anfang an war (vgl. Die Elbzölle etc. pg. 19), die gemeinschaftliche Inspektion befürwortete. Siehe auch Anm. 25.

68) Min. d. ausw. Angel. an Jordan, 19. 6. 1820.

69) Desgl., 30. 8. 1819.

70) Fürst Metternich an den Fürsten Hardenberg, 5. 6. 1820.

71) Über die damalige Handelspolitik Österreichs siehe: Beer, die österreichische Handelspolitik im neunzehnten Jahrhundert, Wien, 1891, Erstes Kapitel. Auch wird dort auf Seite 4 über ein Votum der Hofrechenkammer von 1791 berichtet, welches eine Zollgesetzgebung — allerdings resultatlos — bezweckte, wie sie in Preussen 1818 eingeführt wurde. Die Idee, die vielen kleinen in Zoll- und Steuersachen selbständigen Provinzen zu einem einzigen Zollgebiet mit Schutzzöllen zu vereinigen, ist daher in Österreich vielleicht in der Regierung früher aufgetaucht als in Preussen. Das würde an die Bauernbefreiung erinnern.

72) Ministerium d. ausw. Angel. (Hoffmann) an den Fürsten Hardenberg, 15. 4. 1820.

73) Auf dem rechten Elbufer besitzt Hannover nur das Amt Neuhaus mit der Forstung Carrenzien.

74) Auf dem linken Elbufer besitzt Mecklenburg gegenüber Dömitz nur ein Vorwerk.

75) Darstellung in der Denkschrift des dem preussischen Unterhändler beigegebenen Geh. Rats Mauve v. 22. 7. 1820.

76) Auch heute sind die Klagen der Schiffer über den ungenügenden Zustand der Elbehäfen (auch des in Wittenberge) noch nicht verstummt. So heisst es in einer Eingabe des Hamburger Vereins Oberländischer Schiffer an die Regierung in Berlin, vom 11. 4. 1893 (Bericht des Hamburger Vereins Oberländischer Schiffer zu Hamburg über das fünfte Vereinsjahr 1893, pg. 11 f.): „Der letzte Winter hat erkennen lassen, dass die unterhalb Magdeburg befindlichen Elbhäfen den gestellten Anforderungen leider nicht entsprechen, denn sie sind zum Teil nicht in dem Zustande gewesen, dass sie den Schiffern bei Eisgefahr genügenden Schutz gewähren. Teils war die Einfahrt der Häfen bei Eintritt des Winters versandet, teils erwiesen sich dieselben nicht tief genug, sodass sich an einigen Orten Ausladungen auf Land notwendig machten, um Schiff und Ladung vor Schaden zu bewahren, teils war Niemand am Platze, der darauf achtete, oder zu achten hatte, dass die Schiffer nicht willkürlich Liegeplätze einnahmen, wodurch es oft kommen konnte, dass wohl einzelne Fahrzeuge eine gute Lage erhielten, dagegen aber die vielen später Schutz suchenden Fahrzeuge keinen sicheren Platz mehr fanden, weil der Raum durch Erstere verlegt worden war. — Es hat sich ausserdem gerade im letzten Winter sehr störend fühlbar gemacht, dass die vorhandenen Häfen bei weitem nicht ausreichten, den auf der Elbe verkehrenden Fahrzeugen Unterkunft und Schutz zu gewähren, welchem grossen Übelstande bei Ausbau und Erweiterung der vorhandenen Naturhäfen aber leicht abgeholfen und somit die Wintergefahren für die Schiffahrt um ein Bedeutendes herabgemindert werden können. Für diesen neuen, vermehrten Schutz würde die Schiffahrt ein mässiges Hafengeld zu zahlen wohl bereit sein, wodurch für die erforderlichen Gelder eine, wenn auch nur mässige Verzinsung gewährleistet sein würde." (Die gewünschten Veränderungen beziehen sich auf Rogätz, Derben, Tangermünde, Mühlenholz, Wittenberge, Schnackenburg, Lenzen, Hitzacker, Lauenburg.) Die von der Elbstrom-Bauverwaltung erteilte Antwort stellt Änderungen zum Teil in Aussicht, zum Teil hält sie dieselben für unmöglich oder unzweckmässig.

77) Über die Bauart der Schiffe siehe den Aufsatz: „Die Elbschiffahrt in diesem Jahrhundert". Wissenschaftliche Beilage der Leipziger Zeitung vom 1. und 5. Novbr. 1892.

Noch im Jahre 1859 wird sehr heftig über den grossen Zeitverlust, welcher mit der Zollerhebung und Revision verbunden war, geklagt. In einer von Lüder und Fischer, Speditions-, Kommissions-, Wechsel- und Assekuranz-Geschäft in Dresden, herausgegebenen Schrift:

Die Freiheit der Elbschiffahrt. Eine Frage des europäischen Rechts. (Separatabdruck aus dem Dresdner Journal), Dresden 1859, pg. 17 ff., heisst es: „Sowohl die Elbschiffahrtsakte vom Jahre 1821, als die Additionalakte vom Jahre 1844 enthalten so viele über das Begriffs- und Gedächtnisvermögen einfach gebildeter Schiff- und Steuerleute gehende Bestimmungen, so viele die Zollordnung und die Strompolizei betreffende Vorschriften, dass diese in der Regel die Stelle der Schiffseigner vertretenden schlichten Leute alle Mühe haben, sich vor Ordnungsstrafen und dem Verdacht von Zollhinterziehungen zu hüten. Selbstverständlich fallen die fast auf jeder längeren Reise vorkommenden Nachtheile nicht den Steuerleuten oder Schiffsführern, sondern den durch sie vertretenen Eignern zur Last, sei es nun, dass ihr Beutel direkt durch auferlegte Strafen, oder indirekt durch unerwartete und kostspielige Verzögerungen der Fahrt in Anspruch genommen wird, ungerechnet die durch inzwischen eintretende Veränderung der Witterung und des Windes zu erwartenden Nachteile. Die Unzuträglichkeiten, welchen die Schiffer resp. Kaufleute durch die mannigfachsten Verzögerungen unterworfen werden, die sie an den verschiedenen Zollerhebungsämtern zu erleiden haben, sind ausserordentlich und die ihnen hierdurch indirekt zugefügten Nachteile repräsentiren Jahr aus Jahr ein bei jedem Einzelnen nicht unbeträchtliche Summen. Denn rechnet ein Schiffseigner oder Steuermann alle die einzelnen Tage, in denen sein Kahn während des Jahres durch die Zollrevisionen aufgehalten worden ist, am Ende desselben zu Wochen zusammen, so ergeben sich sehr bedeutende Beträge, die er nutzlos für Schiffsmannschaft und Instandhaltung des Geschirrs verausgabt hat, ungerechnet, dass er die verlorene Zeit zu anderweitem Verdienst hätte benutzen können. So müssen z. B. Schiffer, die nach Sachsen und Böhmen bestimmt sind, bei dem k. preussischen Zollamt Wittenberge oft tage-, ja wochenlang auf Revision warten und kostbare Zeit vergeuden, welcher Übelstand ihnen dann um so fühlbarer wird, wenn sie indess mit günstigem Segelwind eine gute Strecke hätten weiter kommen können. Wurden sie endlich nach langem Harren zollklar, so war an so und so viel Mannschaften der Lohn umsonst verausgabt, auch der Wind umgeschlagen, und es mussten auf zuweilen sehr weite Strecken dann für den erforderlichen Vorspann unverhältnismässige Summen aufgewendet werden. Man könnte vielleicht hier einwerfen, dass ein solcher unfreiwilliger Aufenthalt auch sehr häufig zu Gunsten der Schiffer das umgekehrte Verhältnis herausstelle. Dies ist aber durchaus nicht massgebend. Naturgemässes nimmt man eben hin, wie es ist, und man findet darin nur eine in der Beschaffenheit des Gewerbes liegende Kalamität, glaubt aber, ein Recht zur Beschwerde zu haben, wenn der freie Betrieb durch menschliche Anordnungen ohne Not erschwert wird."

78) 23. Konferenz, 18. 5. 1820.

79) Vgl. die Ratifikations-Urkunde der zu Dresden am 23. Juni 1821 abgeschlossenen, das Revisionsverfahren auf der Elbe betreffenden

Konvention, vom 20. 11. 1821. Diese wurde verlängert durch Ministerialverfügungen vom 2. 2. 1828 und 16. 5. 1834. Geändert wurde das Abkommen durch den Staatsvertrag vom 30. 8. 1843 zwischen Preussen, Sachsen, Hannover, Dänemark und Mecklenburg-Schwerin.

80) 25. Konferenz, 30. 5. 1820.

81) Ministerium d. ausw. Angel. (Hoffmann) an Jordan, Entwurf ohne Datum.

82) Min. d. ausw. Angel. an Jordan, 22. 8. 1819.

83) Freiherr v. Klewitz und Graf Bernstorff an den König, 8. 9. 1821: „Da man, wie die wöchentlich in den Hamburger Adress-Comtoir-Nachrichten abgedruckten Frachtpreise ergeben, das Schiffspfund von 3 Centnern von Magdeburg zu Lande für $1^3/_4$ Thl. nach Leipzig, $2^1/_2$—$2^5/_8$ nach Altenburg, $4^3/_4$—5 nach Hof, $6^3/_4$—7 Thl. nach Nürnberg und 8 Thl. nach Regensburg schaffen kann, so hat Magdeburg eine ungeheure Spedition von Kolonialwaren nach Thüringen, Franken und Baiern erworben; es concurrirt mit Glück in den beiden letzten Ländern mit Frankfurt am Main, da die Waren in Hamburg ebenso wohlfeil sind als in den holländischen Häfen und die Schiffahrt den Rhein und Main hinauf in vieler Hinsicht kostspieliger ist als der Handelsweg von Hamburg über Magdeburg". Vgl. Anm. 124.

84) Votum des Finanzministers Frhrn. v. Klewitz an das Min. der ausw. Angel. vom 12. 4. 1820.

85) Vgl. die Darstellung Treitschkes in seinem 3. Band pg. 32/33. Hier sind verschiedene Aktenstücke benutzt worden.

86) Erklärung Preussens in der 25. Konferenz vom 30. 5. 1820.

87) Hoffmann (Ministerium der ausw. Angel.) an den Fürsten Staatskanzler, 19. 12. 1820: „Das Anerbieten des Herzogs von Dessau, gemeinschaftliche Massregeln wider den Schleichhandel zu ergreifen, ist durchaus unannehmlich. Bei dem aufrichtigen Willen würde er vergebens gegen das Interesse des Schleichhandels kämpfen. Keine anhaltinische Landesbehörde kann mit gutem Willen dem inländischen Unterthan einen Vorteil zu Gunsten des Nachbars (richtig, wenn es sich auf den preussischen Kaufmann; jedoch wohl anstatt Ungunsten verschrieben, wenn es sich auf den preussischen Staat beziehen soll) entziehen wollen und die Aufsicht würde daher so lau sein, dass die Schleichhändler völlig freie Hand hätten. Was aber könnte wohl die preussische Regierung entschuldigen, wenn sie ihr gutes Recht aus Gefälligkeit gegen eine irrige Ansicht des Nachbars aus der Hand geben und von seiner Gunst erwarten wollte, was sie aus eigener rechtlicher Machtvollkommenheit anordnen kann".

88) Ebendaselbst.

89) Ebendaselbst: „Durch alle Umstellung der Grenzen ist ein ganz ungeheuerer und gewinnreicher Schleichhandel mit Fabrikwaren, die bei geringem Gewicht hoch im Werte sind, gar nicht zu verhüten. Der Fall einer Enclave ist durchaus ein andrer als das Verhältnis blosser Grenzörter. Es wird allerdings auf allen Grenzen defraudiert, aber

dieser Defraude lassen sich durch Aufsicht Schranken setzen. Man kann nicht mit ganzen Reihen von Fuhren und mit bewaffneter Hand einbrechen, ohne solange verfolgt zu werden, bis man endlich erreicht wird, sobald man von der Grenze landeinwärts in ein unzerstückeltes Gebiet hineingeht. Aber alle Aufsicht und Verfolgung ist vergebens, wenn der Defraudant auf solche Weiten, die er ohne Pferde zu wechseln oder anzuhalten erreichen kann, wieder auf fremdes Gebiet trifft, wohin ihm die Zollbediensteten nicht folgen dürfen und wo er ganz sicher grosse Lager halten und den Zeitpunkt abwarten kann, wo er seine Ladung wieder weiter zu führen vermag".

Die preussische Regierung hatte sicherlich viel über ein Mittel nachgedacht, um eine Kontrolle über den anhaltinischen Handel zu erlangen. So schrirb Jordan an den Staatskanzler, 7. 2. 1821: „Vielleicht würde sich ein Auskunftsmittel darbieten, wenn man den minder aufgereizten Herzögen von Bernburg und Dessau den Vorschlag machte, nach leicht anzulegenden statistischen Berechnungen das Maximum der aus der Fremde zu beziehenden hochbesteuerten Waren anzugeben und sich dahin mit uns zu vereinigen, dass ihnen dieses Maximum, aber nicht mehr, gegen blosse Erlegung der Transito-Abgabe verabfolgt werde. Für grössere Quantitäten, mit welchen offenbare Contrebande nach Preussen getrieben wird, würden sie sich dagegen die Erlegung einer unserer Konsumtionssteuer gleich kommenden Transito-Abgabe gefallen lassen müssen. Doch wird man nie etwas durch ministerielle Korrespondenz zu stande bringen".

Von solchen Enclaven, welche wie Anhalt ganze souveräne Staaten bildeten, sind einzelne enclavirte Gemeinden wohl zu trennen, welche natürlich viel leichter steuertechnisch zu behandeln sind. So schreibt Hoffmann an den Fürsten Hardenberg, den 19. 12. 1820: „In Ganz-Enclaven, wie vormals z. B. das hannöverische Amt Klötze, das sächsische Dorf Ihleberg und jetzt noch das braunschweigische Calvörde hat man aus Gefälligkeit bestimmte Quantitäten von bestimmten Waren gegen niedrigere Gefälle, als die eignen Unterthanen zahlten, eingelassen, aber oft genug mit der Aufhebung wegen Missbrauchs dieser Freiheit gedroht, auch bestimmt, welche Kontrollen bei deren Gebrauch stattfinden sollten". — Für die Verzollung anhaltinischer Waren bei der Durchfuhr durch preussisches Gebiet wird in demselben Schreiben ein Analogon angeführt: „Die preussische Post von Neustadt nach Leobschütz durch die mährische Herrschaft Hotzenplotz muss sich den österreichischen Zollgesetzen unterwerfen und hat das 80 Jahre lang ruhig gethan".

90) Ministerium d. ausw. Angel. (Hoffmann) an den Finanzminister Baron Klewitz, 30. 8. 1820.

91) Die magdeburgische Kaufmannschaft an den König, 21. 4. 1820.

92) Hoffmann an den Staatskanzler, 19. 12. 1820: „(Das Interesse Anhalts) ist nun der Wahn, welcher in deutsche Fürsten zu ihrem Verderben gekommen ist, seit sie das traurige Geschenk einer Souveränität

erhalten haben, welche zu behaupten ihnen nichts weniger als alles fehlt. — Auch die anhaltinischen Herzöge wollen eigentlich nichts anderes als dass der preussische Staat sein ganzes Gewerbs-, Handels- und Steuersystem nach ihrer Konvenienz modeln soll; denn einen anderen Sinn haben diese Bitten, Anträge und Repressalien und Drohungen nicht. Man hat auf dem Wiener Kongress unmöglich glauben können, dass die kleinen deutschen Souveräne in einem Grade rücksichtslos gegen die grösseren Staaten verfahren würden, in welchem grosse Staaten niemals gegen einander verfahren". Weiter sagt Hoffmann sehr richtig, dass die Gleichheit nur in der Idee bestehe.

Es würde jedoch unrecht gehandelt sein, wenn man nur Worte des Zornes gegen den Souveränitätsstolz der deutschen Kleinstaaten hätte. Ich verweise hierbei auf das im 1. Abschnitt über diesen Punkt Gesagte.

93) Über die Entwicklung dieser Verhältnisse in Bernburg siehe die 2 Verträge vom 10. 10. (resp. 2. 11.) 1823, vom 17. 6. 1826, vom 17. 7. 1828 (resp. 17. 5. 1831); in Dessau und Köthen die 2 Verträge vom 17. 7. 1828.

94) Vgl. die angeführte Zusammenstellung von Dennstädt.

95) Mylius, Corp. Const. March. VI, I, pg. 339—360.

96) Mylius, Corp. Nov. Const. March. X, pg. 2419—2434.

97) Sie wurden erst in der 13. Konferenz, 17. 9. 1819, der Kommission übergeben.

98) Zum Vergleich seien hier die Einnahmen der preussischen Regierung aus den Elbzöllen im Jahre 1798/99 angeführt, wie sie sich bei: Krug, Betrachtungen über den National-Reichtum des preussischen Staats und über den Wohlstand seiner Bewohner, Berlin 1805, 2. Teil, pg. 634 ff., finden:

Lenzen:	107 875	Thl.	23	Gr.	6	Pfg.
Wittenberge:	14 115	"	9	"	9	"
Sandau:	10 612	"	20	"	5	"
Tangermünde:	22 376	"	8	"	6	"
Jerichow:	9 197	"	21	"	1	"
Magdeburg:	89 061	"	19	"	2	"
Schönebeck:	4 812	"	8	"	11	"
Aken:	3 728	"	22	"	4	"

In der Summe für Magdeburg ist ohne Zweifel der Zoll einbegriffen, welcher dort von den Gütern des Landtransportes erhoben wurde. — Grünewald ist hier übersehen worden und Barby gehörte damals nicht zu Preussen.

99) Die hier folgenden Angaben der Magdeburgischen Packhofgebühren sind entnommen einer „Abschrift aus dem Niederlage-, Wage- und Windetarif für Magdeburg vom 1. Januar 1818", welche sich in den Akten des Ministeriums der auswärtigen Angelegenheiten befand.

100) Welcher Unterschied zwischen „wiegen“ und „pfünden“ bestehen soll, ist mir nicht bekannt. Herr Dr. Ehrenberg in Altona teilte mir mit, dass „Pfünden“ dasselbe wie „wiegen“ sei, aber auch in der Bedeutung von „nach dem Gewicht verkaufen“ vorkomme. Das Letztere könnte hier zutreffen. Es würden darnach also Waren auf dem Packhof gleich bei der Zollzahlung etc. verkauft worden sein, indem der Käufer aus Bequemlichkeit die Packhofwage gleich mitbenutzte; das wäre vielleicht eine Art von Verkauf „schwimmender Ladungen“ oder, wie man auch sagt, Verkauf „to arrive“ gewesen. Warum aber da weniger Wagegebühr zu zahlen war, ist nicht verständlich.

101) Denkschrift der Grafen Bernstorff über den Magdeburgischen Stapel, 13. 9. 1820.

102) Über denselben siehe Hoffmann, Geschichte der Stadt Magdeburg. Magdeburg 1850. III. Band, pg. 512 ff.

103) Vgl. Schmoller, Studien VII, pg. 57: „Im alvenslebenschen Zoll zu Rogätz gab man jetzt (Mitte des 17. Jahrhunderts) pro Wispel Weizen statt 4 Pf. 1 Gr.“ — Die immerhin auffallende Umwandlung des Zolles von der Warenbestimmung zur Fahrzeugbesteuerung ist wohl darauf zurückzuführen, dass in älterer Zeit Getreide weitaus der Hauptversandtgegenstand auf der Elbe war und dass man später, als die Mannigfaltigkeit der Transportgüter auf der Elbe grösser wurde, die nunmehr bequemer zu handhabende Besteuerung des Kahnes annahm.

104) Hoffmann (Min. d. ausw. Angelg.) an Jordan, 5. 9. 1819.

105) Siehe: Soden, Die Elbe und die Elbzölle, Hamburg 1853, Heft 1: der Esslinger Zoll, pg. 7: „Zu welcher Blüte würde der Verkehr auf der Elbe gelangen, wenn bei Festsetzung des Tarifs der Rheinoctroi als annähernde Form gedient hätte? Wie gross muss die Kraft der Elbe sein, wenn der Verkehr trotzdem zunimmt?“

106) Mauves Denkschrift v. 12. 11. 1820.

107) Die Elbe unterhalb Hamburg ist hier nicht berücksichtigt.

108) Mecklenburg hatte so mangelhafte Zollregister, dass es unter d. 17. 1. 1821 (also nicht zu der Comité-Arbeit) sich Auszüge von der preussischen Zollverwaltung ausbat; das Zollamt in Wittenberge besorgte dies.

109) Protocoll der Conferenz in Berlin v. 1. 4. 1820.

110) Desgl.

111) 16. Conf. 12. 10. 1819.

112) In der Elbschiffahrtsakte vom 23. Juni 1821 findet sich der Esslinger Zoll (4 Schilling Cour. per 4000 ℔ brutto von stromaufwärtsgehenden Schiffen) vollständig getrennt von dem „Tarif des Elbzolles“ in einer Anmerkung angegeben, während die Schreibgebühr nicht einmal mit ihrem Betrage angegeben ist. Die Taxe dieser Schreibgebühr wurde erst in der ersten Revisionskommission in Hamburg (18. 9. 1824) angegeben (vgl. Die Elbzölle etc. pg. 70); sie betrug:

ein	Fahrzeug	von	2— 6	Last	=	2	Schilling	Cour.
"	"	"	7— 12	"	=	3	"	"
"	"	"	13— 20	"	=	6	"	"
"	"	"	21— 30	"	=	8	"	"
"	"	"	31— 50	"	=	12	"	"
"	"	"	51—100	"	=	24	"	"

Die Dresdener Kommission hatte sich merkwürdiger Weise mit der doch garnichtssagenden Bezeichnung „gering" begnügt, ohne auch nur im geringsten die Angabe bestimmter Sätze seitens Hamburgs zu verlangen. — Vgl. ferner: Die Elbzölle etc. pg. 256.

Speciell über diesen Zoll sehe man: das Anm. 105 angeführte Buch von Soden; Reymers, Rechtliches Bedenken über die Freiheit der annonae lunaeburgensis und den Zollen zu Esslingen oder Tollenspieker, Lüneburg 1708; Rechtliches Bedenken und vollgegründete Fürstellung, dass die löbliche Stadt Lüneburg die intendirende Zollfreiheit der annonae zu Esslingen zu prätendiren nicht befugt sey (o. O. u. D.).

113) Siehe: Die Elbzölle etc. pg. 42—47, 72 u. 79—95. — Nicht ganz im Einklang mit dieser Bestimmung des Zolles steht eine hannöverische Verordnung: „Zoll-Amtes zu Brunshausen Bekanntmachung, die Schiffart auf der Unter-Elbe betreffend. Brunshausen und Hamburg, den 21. October 1822". In dieser wurde „zur Begünstigung der Schiffahrt auf der Unter-Elbe, welche die Bewohner beider Elbufer, insbesondere die Fährschiffer und Passagier-Ewerführer treiben" festgesetzt (§ 1), dass „den Schiffern der mit Passagier-Gütern, lebendigem Vieh und einer geringen Quantität zollpflichtiger Waren beladenen Fahrzeugen, welche unter der Benennung „Binnenlandsfahrer" begriffen werden, die bestehende Obliegenheit, auf den königlichen Zoll-Comptoiren zu Brunshausen ihre Deklaration und Verzollung zu verrichten" unter gewissen Bedingungen nachgelassen wurde. Ferner heisst es in § 7: „Es wird auch noch bevorwortet, dass die an beiden Seiten der Elbe wohnenden Fischer, welche in See fahren, wenn solche etwas anderes als selbstgefangene frische Fische geladen haben, zur Verzollung in Brunshausen verpflichtet sind und bleiben". Darnach war also der Stader Zoll nicht allein ein Seezoll, sondern auch ein Flusszoll! Daran wird auch gar nichts geändert durch die Thatsache, dass der Lokalverkehr der Unter-Elbe jederzeit im Verhältnis zu dem Seeverkehr verschwindend klein war, was vielleicht als Entschuldigung für das Benehmen der hannöverischen Regierung angeführt werden könnte.

Auch Kirchenpauer, l. c., pg. 9, sagt, dass die Zollfreiheit des hamburgischen Bürgergutes in Hamburgischen Schiffen noch bis zu den Dresdener Verhandlungen von 1843, an denen er selbst als Bevollmächtigter Teil nahm, nur mit willkürlichen Beschränkungen galt.

Bereits in der Einleitung zu: Ihrer Königl. Maj. zu Schweden rectificirte Stader Elb-Zoll Taxa, Stade 1692, werden die Hamburger Bürger ausdrücklich gewarnt, die in ihren Schiffen geführten fremden Güter bei der Zollzahlung zu unterschlagen.

In den letzten Jahren seines Bestehens (seit dem 12. August 1850) waren von der Zahlung des Stader Zolles alle Schiffe, welche nach Harburg liefen, befreit. Die Absicht dabei war die, dass die Waren von Hamburg aus die hannöverische Bahn (anstatt die Berliner von Hamburg aus) benutzen sollten!

114) Vgl. Soetbeer, Des Stader Elbzolles Ursprung, Fortgang und Bestand, Hamburg 1839, pg. 50: „So sind im Laufe des vorigen Jahrhunderts 4 gedruckte Stader Zolltarife erschienen, jeder anders, jeder erhöht, aber keiner beglaubigt, keiner anerkannt". — In der Vorrede des der Dresdner Kommission in der Schlusskonferenz vorgelegten Tarifes (Tariff of Stade duties, laid before the Elbe Navigation Commission by the Government of Hanover in 1821) heisst es selbst: „The only tariff of Stade Elbe duties which is published as an established law in the code of the country, and acknowledged by Hamburgh as lawful, is the Elbe rate of duties of the year 1692, connected with the Stade Treaty or agreement of 1691. Several Stade Tariffs of duties have, indeed, successively appeared in print, but not one of them refers to an official source, or contains any guarantee or warrant of its validity."

115) Vgl. (Soetbeer), Hints from Hamburg respecting the stade duty, (Hamburg), 1839, pg. 6: „It is Hamburg, and Hamburg alone, which since time immorial has maintained lightships and beacons, sea and landmarks, buoys etc. from the open sea up to its very harbour. Hanover maintains nothing, save and accept its guard ship off Stade for the exacting of its toll."

Was die Verwendung der Elbzolleinnahmen zur Unterhaltung des Flussbettes im allgemeinen angeht, so heisst es noch in der citirten Schrift von Lüder und Tischer pg. 13 ff.: „Was für eine Herrlichkeit müsste aber für Schiffer und Kaufleute die Befahrung der Elbe sein, wenn in den beinahe 40 Jahren, seit welchen die Elbzölle bestehen, die praeter propter 60 bis 70 Millionen Thaler, welche direkt den Schiffern und Kaufleuten, indirekt den Landesunterthanen durch sie entzogen worden sind, wirklich und in der That oder mindestens zum grössten Teile von allen Elbuferstaaten für Regulierung des Strombettes und seiner Ufer verwendet worden wären! Entschieden hat man in dieser Beziehung im Königreich Sachsen das Meiste und vielleicht soviel gethan, dass ein verhältnismässig nur geringes Residuum alljährlich in der Staatskasse zurückgeblieben sein mag, und ihm steht Österreich in anerkennenswerter Sorge für Korrektion des Flussbettes etc. kaum nach. Aber schon Preussen trifft der Vorwurf, dass es auf der Strecke unterhalb Magdeburg nur wenig für hinreichende Wassertiefe thut, ja es wird sogar geklagt, dass man dort das Fahrwasser nicht einmal durch angebrachte Maale bezeichne, und gerade in denjenigen Uferstaaten, welche, wie oben gezeigt wurde, von der Schifffahrt auf der Elbe die höchsten Revenüen haben, Hannover, Mecklenburg und Lauenburg, geschieht fast nichts für das Flussbett dieses Stromes, was die am Ausgange desselben befindlichen unzähligen Stellen, welche unter dem ominösen Namen „Leichtfelder" bekannt sind, zur Genüge beweisen. Denn obschon unter den Elbuferstaaten die Vereinigung getroffen worden ist, dass jede einzelne Regierung gehalten sei, auf dem ihr angehörigen Terrain für ein Fahrwasser von mindestens 36 Zoll Tiefe Sorge zu tragen, so giebt es auf der Elbe doch noch sehr viele Stellen, an welchen bei niedrigem Wasserstande höchstens zwei Drittteile dieser normalen Stromtiefe vorhanden sind. Selbstverständlich erwächst infolge des jeweiligen Auffahrens, Leichtens etc. den Schiffern hieraus nicht selten beträchtlicher Schaden. Selbst Sachsen und Österreich haben in dieser Beziehung noch nicht genug gethan, Preussen noch weniger, und in wie weit Mecklenburg und Hannover ihren desfallsigen Verpflichtungen nachgekommen sein mögen, geht einfach aus der Thatsache hervor, dass auf der Niederelbe wegen mangelnder Tiefe oft über 100 Fahrzeuge hintereinander im Strome liegen und wochenlang nicht eher von der Stelle können, als bis ihnen die Natur zu Hülfe kommt."

Eine sehr interessante Zusammenstellung aus Zeitungen, Büchern, Verordnungen etc. über den Druck des Stader Zolles findet sich in: Belästigung der Seeschiffahrt des Welthandels nach Hamburg-Altona und einem Teil des rechten Ufers der Nieder-Elbe durch den Hannoverschen Elb-Passage-Zoll bei Stade-Brunshausen seit 1715, Hannover 1856.

116) Siehe Anmerkung 61.

117) 40. Konferenz, 20. 3. 1821.

118) In der 14. Konferenz, 21. 9. 1819, sagte der hamburgische Bevollmächtigte Senator Pehmöller: „Dem reinen Sinn der Kommissionsaufgabe zufolge versteht es sich schon von selbst, dass die Ausmittelung des status quo aller Elbzölle diejenigen allein betreffe, welche infolge der Urkunden, in Bezug auf den Westphälischen Frieden, von den respektiven Staaten erhoben wurden. Die Eingabe der gedachten königlich preussischen Note legt der Sache einen ausgedehnteren Sinn bei. Der Gegenstand erfordert deswegen eine nähere Untersuchung, sowohl in Bezug auf jene Note, als in Betrachtung der Forderungen der Wiener Schlussakte. Die gedachte Note enthält im Eingange eine sehr geeignete und umständliche Definition der königlich preussischen Zölle. Es heisst daselbst: die Zölle bestehen teils in einer allgemeinen Zollabgabe, teils in besonderen örtlichen Zöllen, welche überdies erhoben werden, der Elbe eigentümlich sind und den Landtransport nicht treffen. Folglich sind die Waren zu Wasser teuerer als die, welche zu Lande verfahren werden. Durch die Zölle, welche der Elbe eigentümlich sind, wird die eigentliche Schiffsabgabe

bezeichnet; alles, was sonst an Zoll auf die Ware gelegt worden, ist, wie die Note sehr richtig anführt, eine reine Handelsabgabe. Aber bei Verhandlungen über freie Flussschiffahrt handelt es sich nicht um Handelsabgaben. Es ist ganz richtig: bei dem bisher gezwungenen Stapel und Umschlag traf jede Ware, welche auf der Elbe verfahren wurde und die preussischen Staaten passiren musste, die allgemeine Zollabgabe neben der besonderen Schiffahrtsabgabe, aber das konnte man nicht Flussschiffahrtsfreiheit nennen, welche mit der Douane nichts zu schaffen haben soll. — In so ferne als der bisherige Gang der Dinge gewesen, ist nicht allein der Elbhandel, das heisst: der Teil, der in die preussischen Staaten ging, sondern auch die ganze Elbschiffahrt in das Zollsystem hineingezogen, und folglich die allgemeine Abgabe von Waren, welche mittelst der Elbschiffahrt passiren, erhoben worden. Aber nach der Natur einer freien Flussschiffahrt sind Waren, welche mittelst der Elbschiffahrt passiren, weder eingehende, noch durchgehende, sondern vorbeigehende Waren. — Der Unterschied zwischen Accise und Zoll scheint mir sehr wesentlich zu sein. Accise ist Consumtionsabgabe und hat mit dem Handel nichts gemein. Zollabgabe aber trifft den Warenhandel ein- und ausgehend, unter welcher Benennung man will und diese bedeutet das, was der 115. Artikel der Wiener Schluss-Akte mit „douanes" bezeichnet, welche mit der Schiffahrtsabgabe nichts zu thun haben sollen. Wenn diese nun auf der Schiffahrt bisher ruhende Lasten gewesen sind, so liegt in der königlich preussischen Note schon in dem Worte „bisher" die Hoffnung, dass sie es ferner nicht mehr sein werden. Jeder Zoll, jede Abgabe, welche, unter welcher Benennung es sei, auf die Ware als Gegenstand der Handelsbesteuerung ruhet, ist keine Schiffahrtsabgabe. Schiffahrtsabgabe ist die, welche in den königlich preussischen Zollgesetzen vom 13. März 1814, vom 8. September 1814 und 26. Mai 1818 ganz präcise angegeben und sonderlich bezeichnet worden. In dem Edict vom 13. März 1814 wegen Aufhebung des Kriegsimports heisst es in § 3 ausdrücklich: sie (nämlich diese ausserordentliche Ein- und Durchfuhrabgabe) wird neben dem gewöhnlichen Eingangszoll und den Stromzöllen und der Consumtionsaccise erhoben. Die Anordnungen wegen des Ersatzzolles vom 8. September 1814 waren provisorisch, aber auch dort wird in § 3 der Wasserzollgefälle namentlich gedacht und dass diese mit dem Ersatzzoll verbunden und erhoben werden sollten. Alles beweiset den selbst in diesen Gesetzen angegebenen, richtig und rein getrennten Begriff der Schiffahrtsabgabe von jedem andern sonst benannten Zoll, um bei der zusammengefügten Erhebung den Unterschied in der Natur und dem Ursprung der Abgaben bemerklich zu machen. Schiffahrtsabgabe ist ferner diejenige, welche im königlich preussischen Zollgesetz vom 26. Mai 1818 im § 20 mit Elbzöllen, welche zur Unterhaltung der Stromschifffahrt bestimmt sind (die eigenen Worte des Textes), angedeutet und vorbehalten worden. Es ist also auch hier die Schiffahrtsabgabe von der Handelsabgabe bezeichnet und getrennt. Sobald man dieses Princip nicht ganz festhält, so bleibt die Freiheit der Flussschiffahrt illusorisch. Bei der Vorschrift in Wien, einen Tarif für die Schiffahrtsabgabe anzufertigen, hat auch nicht die entfernteste Idee dafür sein können, eine Transit- oder Durchfuhr-, eine Ein- und Ausgangsabgabe darin zu begreifen, weil dieses Lokalabgaben sind, die nur dann die Waren treffen können, wenn sie wirklich in den Verkehr und auf das Territorium irgend eines Staats oder einer Regierung gelangen. Geht aber diese Ware mittelst freier Flussschiffahrt bei dem Dominio solcher Regierung vorüber, so kann sie nur der Strompassagezoll oder die Schiffahrtsabgabe, und nur diese allein treffen. — Angenommen, aber nicht zugegeben, dass der Grundsatz richtig wäre: alle Waren, welche auf der Elbe verschifft werden, gehen durch die Uferstaaten und jede Regierung derselben hätte das Recht und die Befugnis, in der Beziehung von diesen Waren irgend einen andern Zoll als den Strompassagezoll oder Wasserzollgefälle oder Schiffahrtsabgabe — bisher unter der allgemeinen Benennung Elbzölle bekannt — zu erheben, und wollte dieses geltend machen, so ist nicht einzusehen, wie dabei Flussschiffahrtsfreiheit stattfinden könne, und wie wäre denn der Ausspruch in Wien, die Ströme als ein Ganzes zu betrachten, in Wirklichkeit zu setzen? Entweder der Elbestrom, in Bezug auf die Schiffahrt, ist ein Ganzes, das heisst: für die Entrichtung der Schiffahrtsabgabe, welche nur für den bewussten Zweck nach dem Tarif erhoben werden kann, fährt ein Fahrzeug, zum binnenländischen Verkehr geeignet, in allen Richtungen hin und her, von da, wo der Strom schiffbar wird, bis zur Mündung desselben, oder er ist es nicht. Im ersten Falle besteht Schifffahrtsfreiheit, im letzteren Schiffahrtszwang. — Es war ja die erste Grundlage zum Vertrage zwischen dem deutschen Reich und Frankreich 1804, dass alle Abgaben, z. B. Licent, Transito, Ein- und Ausfuhr etc. aufgehoben und die Rheinschiffahrts-Octroi-Convention abgeschlossen und eingeführt wurde. Bekanntlich konnte dieser heilsame Vertrag, wegen der widerstrebenden Verfügungen des damaligen französischen Gouvernements nicht ins Leben gebracht werden; aber der 5. Artikel des Pariser Friedens hat nicht nur für den Rhein, sondern auch für alle, dem ähnliche Ströme den Grund der Freiheit gelegt, worauf die Staatsmänner in Wien das Gesetz gebaut, welches hier für die Elbe in Anwendung ausgesprochen werden soll. Die liberalen Grundsätze der königlich preussischen Regierung bürgen für dieselbe. Am Rhein sind diese Grundsätze sonderlich in der Note des Herrn Jacobi vom 30. Oktober 1818 ausgesprochen worden. Den grossen Vorteil, welcher von einer wirklich freien Elbschiffahrt auch für den königlich preussischen Staat erwachsen würde, darf ich den kundigen Staatsmännern der Regierung nicht entwickeln“.

Diese Erklärungen erscheinen auf den ersten Anblick etwas unklar. Jedoch hat die Theorie von der sogenannten Auslandsqualität der conventionellen Ströme (nämlich nur mit Bezug auf Steuerverfassungen) eine keineswegs geringe Bedeutung. Vor allem erhob sich 1880 bei Beratung der Revidirten Elbschiffahrtsakte über diesen Begriff eine sehr lebhafte Debatte im Deutschen Reichstag, in welcher besonders der Reichskanzler Fürst Bismarck, Dr. Wolffson, Staatsminister Hofmann und Dr. Lasker ihre Ansichten darlegten. — Siehe auch Seite 91.

119) Graf Bernstorff schreibt an die Minister des Handels und der Finanzen, 20. 6. 1820: „Stettin führt bekanntlich nur Erzeugnisse des preussischen Staates selbst, des Königreichs Polen und einige ungarische Bergwerks-Produkte aus, die zur Axe nach Breslau oder oberhalb dieser Stadt an die Oder gebracht werden. Auf alle diese Gegenstände haben entweder die Verhältnisse des Elbhandels überhaupt gar keinen Einfluss oder es steht wenigstens, da sie nur durch die preussischen Staaten an die Elbe gelangen können, ganz bei der inneren Verwaltung, unter welchen Bedingungen sie dieselben in den Elbhandel kommen lassen will. Der sämtliche Ausfuhrhandel, welchen Stettin treibt, kann daher durch die Dresdener Unterhandlungen nicht gefährdet werden. Der Einfuhrhandel von Stettin betrifft Gegenstände, welche a) teils in Preussen selbst verbraucht, b) teils auf dem rechten Oderufer nach Polen, Galizien und Ungarn ausgeführt werden, c) teils auf der Grenze von der Oder bis zur Lausitz vom linken Oder-Ufer aus nach Österreichisch-Schlesien, Mähren und Böhmen gebracht werden."

120) Vgl. Schmoller, Studien, III, pg. 58/59.

Über die Grösse des Hamburger Getreidehandels vgl. Baasch, Hamburgs Seeschiffahrt und Warenhandel vom Ende des 16. bis zur Mitte des 17. Jahrhunderts, in Zeitschrift des Vereins für Hamburgische Geschichte, 1893, Bd. IX, pg. 317 f. und 334 ff. Leider konnte Baasch keine statistischen Angaben geben über das Korn, welches die Elbe abwärts aus dem Magdeburgischen, der Mark Brandenburg, und der näheren Umgebung der Stadt nach Hamburg kam und welches einen beträchtlichen Prozentsatz des Hamburgischen Getreidestapel bildete.

121) Schmoller, Studien, III, pg. 47: „Der Handel Stettins wie der preussische in Königsberg unterlag bis in unsere Tage diesem grössten Hemmnis seiner Entwicklung". — Heller, die Handelswege Inner-Deutschlands im 16., 17. und 18. Jahrhundert und ihre Beziehung zu Leipzig, Dresden 1884, p. 36, sagt, dass die Görlitzer sich 1669 über die Herstellung einer direkten Wasserstrasse nach der Westsee (Nordsee) freuten, „ohne den dänischen Sund, dessen Benutzung oft Schwierigkeiten mit sich bringe, berühren zu müssen".

122) Graf Bülow schreibt an den Grafen Bernstorff, 29. 11. 1820, dass nach dem Bericht des preussischen Konsuls in Brody die hamburgischen und englischen Zuckerraffinerien ihre Waren über Breslau und Brody nach Russland verkauften, während die um vieles näher liegenden schlesischen und stettiner Raffinerien nur mit der höchsten Anstrengung mit ihnen konkurriren könnten.

123) Graf Bernstorff an die Minister des Handels und der Finanzen, 20. 6. 1820.

124) Ungefähr seit der Mitte des 18. Jahrhunderts hatte sich ein grosser Teil des Rhein-Main-Handels nach der Weser und Elbe verzogen; auch der letztere Handel (Hamburg — Süddeutschland) benutzte nicht jeder Zeit im 18. Jahrhundert die Elbe bis Magdeburg; es wurde meist diese Route benutzt: Hamburg, Verden a. d. Weser, Minden, Kassel, Meiningen. Die Wirkung der Flusszölle ist auch hierbei deutlich erkennbar. — Die preussische Handelspolitik, welche Hardenberg am Ende des 18. Jahrhunderts in den Fürstentümern Ansbach und Bayreuth führte, war besonders (in Bayreuth) auf den Handel mit Sachsen und Böhmen gerichtet; „im Jahre 1796 scheinen Kommerzientraktate mit Böhmen und Sachsen abgeschlossen zu sein, um den Grosshandel zu beleben." Vgl. hierüber: Zoepfl, Fränkische Handelspolitik im Zeitalter der Aufklärung, Erlangen 1894, pg. 270—290.

125) Über die ältere Oderschiffahrt sehe man: Klöden, Beiträge zur Geschichte des Oderhandels, 1.—6. Stück; Berlin 1850.

126) Die nämliche Besorgnis ist in unseren Tagen sehr deutlich in Lübeck erkennbar. Man fürchtet dort die allmählige Translocirung des Handels nach Kiel, besonders als Folge des Baues des Nord-Ostsee-Kanals.

127) Bericht des pommerischen Oberpräsidenten Sack an den Handelsminister, 23. 5. 1820.

128) Deutlich trat dies u. a. 1846 zu Tage, gegentlich des Baues der Berlin-Hamburger Eisenbahn; vgl. hierüber: v. Melle, Gustav Heinrich Kirchenpauer. Ein Lebens- und Zeitbild. Hamburg 1888, pg. 144—145. — Über die Konkurrenz Hamburgs und Stettins seit der Mitte dieses Jahrhunderts vgl. Dullo, Gebiet, Geschichte und Charakter des Seehandels der grössten deutschen Ostseeplätze seit der Mitte dieses Jahrhunderts, Jena 1888, pg. 1—21. — Etwas sentimental rief eine Flugschrift: „Die freie Elbschiffahrt und Preussen, Leipzig 1850", pg. 4: „Heisst es einem National- oder Partikularinteresse huldigen, wenn man Stettin auf Kosten der Elbschiffahrt begünstigt". — Über die erwarteten Wirkungen bezüglich der Aufhebung des Sundzolles für den hamburgischen Handel siehe auch „Die Elbzölle etc." pg. 233/234, sowie Schmoller, Studien X, pg. 83.

129) Wenn Dr. Dullo, l. c. sagt (pg. 1): „Die Handelsscheide gegen die (Stettin) benachbarten beiden grossen Stromgebiete, gegen Danzigs Weichsel- und Hamburgs Elbhandel, wird etwa in die Mitte zwischen die ziemlich parallel verlaufenden Flussläufe fallen. Bei der östlichen Grenze wenigstens ist das thatsächlich der Fall. So gravitiren Schlesien, Brandenburg, Posen, Pommern in handelspolitischer Beziehung zunächst nach Stettin. Auch im Zeitalter der die natürlichen Handelswege ersetzenden Eisenbahnen ist das nicht anders geworden, vielmehr hat Stettin das Glück gehabt, durch die Eisenbahnen die naturgemäss

ihm zugehörigen Gegenden nur fester an sich geknüpft, neue fast konkurrenzlos sich erschlossen zu sehen", so bedarf dies doch sehr der Einschränkung. Die Verbindung zwischen dem Hafenplatz und seinem sogenannten Hinterland, zu Wasser oder zu Lande, ist in dem grossen Welthandel kein Faktor von der Grösse wie die Seeverbindung zwischen dem Hafenplatz und den überseeischen Absatzgebieten. Nach Plätzen, an welchen diese schnell und in geringen Zwischenräumen stattfindet, wendet sich der Verkehr. Die grossen Warenmengen der Textilindustrie in Brandenburg und Schlesien, welche nach Amerika, Australien und Asien, selbst nach Skandinavien versendet werden, gehen über Hamburg, weil Stettin nicht die Vorteile der Seeverbindung hat; die Litzen- und Spitzenindustrie in Elberfeld und Barmen sendet ihre Waren nach Indien und China über Bremen oder Hamburg, weil die Verbindungen von Antwerpen aus nicht so häufig sind und die Waren daher bei verfehltem Anschluss oft lange dort liegen müssten und weil die dortigen Hafen- und Quaieinrichtungen sehr viel zu wünschen übrig lassen. Etwas anderes ist es, wenn es sich um den Versand grosser Massen-Güter, wie Getreide und Kohlen handelt, bei welchen einerseits die Schnelligkeit der Beförderung nicht in dem Masse in Frage kommt wie bei den oben angeführten Produkten der Industrie und welche andererseits nicht mit einer über viele Länder verteilten Konkurrenz zu rechnen haben. Diese Beurteilungspunkte sind meines Erachtens auch in dem Buch von van der Borght, die wirtschaftliche Bedeutung der Rhein-Seeschiffahrt, Köln 1892, nicht genügend berücksichtigt worden. — Vergl. hiermit: Ehrenberg, Hamburg und Antwerpen seit 300 Jahren, Hamburg 1889, pg. 17—31.

130) Protokoll der Conferenz in Berlin, 1. 4. 1820.

131) Nach Graf Bülows Mitteilung an das Min. d. ausw. Angel. 29. 10. 1820 wurde früher — seit 1624 — in Königstein ein Kahngeld, nur von den „grösseren" Kähnen, erhoben.

132) Denkschrift des Handelsminister. v. 4. 11. 1820.

133) Fürst Hardenberg erbat sich von dem Geh. Ob.-Reg.-Rat Schöll ein Urteil über die Bülowsche Denkschrift. Im Eingang derselben (d. d. Troppau, 18. 12. 1820) heisst es: „Um den Sinn eines Gesetzes oder einer Convention richtig festzusetzen, muss zuvörderst auf den Geist desselben Rücksicht genommen werden und alsdann der Buchstabe des Gesetzes erläutert werden. Was jenen anlangt, so geht der Herr Minister von der Voraussetzung aus, dass die in Rede stehenden Artikel keineswegs die Absicht hatten, dem preussischen Staate in Rücksicht der Elbschiffahrt irgend ein Opfer aufzulegen. Es bedarf nur einer leisen Erinnerung an die Begebenheiten des Jahres 1815 und an die Geschichte der Unterhandlungen in Wien, um sich lebhaft von der Falschheit dieser Ansicht zu überzeugen. Bei den Verhandlungen in Wien herrschte, was man ehedem einen kosmopolitischen Geist nannte und was in der jetzigen Modesprache Liberalismus heisst, in vollkommenstem Grade. Man kann sich nicht nur auf das Zeugnis

des Herrn Staatskanzlers berufen; die Einsicht in die Protokolle wird jedem Unbefangenen die Überzeugung geben, dass man bei Errichtung eines aus vier angesehenen Staatsmännern bestehenden Ausschusses zur Festsetzung der in Ansehung der Flussschiffahrt zu beobachtenden Grundsätze die Absicht hatte, den Völkern den unbeschränktest möglichen Handel auf den Strömen zuzusichern. In den Verhandlungen ging man von der Idee aus, dass die Schiffahrt bloss durch die für die allgemeine Sicherheit notwendige, höchstpolizeiliche Aufsicht und ferner aber so wenig als möglich durch die in einzelnen Staaten allenfalls bestehenden Mautsysteme beschränkt werden kann. Man fühlte die Notwendigkeit, in den Akt eine Reihe von Artikeln aufzunehmen, welche durch ihre Popularität denselben den Beifall der Menge zusichern konnten, und es wurden die in Rede stehenden 9 Artikel beigefügt. Wenn man von dieser Ansicht ausgeht, so wird man bei Erklärung dieser Artikel die Maxime befolgen müssen, dass die paciscirenden Mächte, deren Staaten an gemeinschaftlichen Strömen liegen, in Ansehung der Schiffahrt auf diesen Strömen keine besonderen Rechte verlangen können, die ihnen nicht ausdrücklich durch die Schlussakte reservirt sind. Der Herr Minister geht meiner Ansicht nach von einem ganz falschen Gesichtspunkte aus. Die 9 in Rede stehenden Artikel sind von einem Ausschusse entworfen worden, welcher aus einem französischen, grossbritannischen, preussischen und österreichischen Kommissar bestand. Diese Staatsmänner hatten bei ihrem Geschäft den allgemeinen Vorteil des europäischen Publikums im Augenmerk, wobei natürlich jedem von ihnen unbenommen blieb, in Fällen, wo ihr Vaterstaat beeinträchtigt werden konnte, den Nutzen desselben zu gewahren. Der Herr Minister hingegen sieht in diesen Artikeln nichts weiter als eine Transaktion zwischen Preussen und dem übrigen Europa in Ansehung der Elbschiffahrt, das Resultat eines bald siegreichen, bald unglücklichen Kampfes Preussens gegen das Interesse Österreichs, Sachsens und Hamburgs. Diese kleinliche und offenbar geschichtlich unrichtige Vorstellung muss notwendig seine Beurteilung irre leiten."

Als es sich im Jahre 1848 in Frankfurt um die Abschaffung der deutschen Flusszölle handelte, reichten die hannöverischen Abgeordneten eine Petiton dagegen ein. Dieselbe erschien auch im Handel unter dem Titel: Die hannöverschen Zölle der Elbe, Weser und Ems. Als Manuskript gedruckt. Frankfurt a. M., 1848. Auf pg. 12 heisst es dort: „Denn dass die Flusszölle niemals und unter keinen Verhältnissen nur die Kosten der Unterhaltung der Flusskorrektion haben decken sollen, sondern dass sie seit Jahrhunderten eine Finanzquelle der Berechtigten gewesen und gerade zu diesem Zwecke von der früheren Reichsgewalt Deutschlands verliehen sind, ist ausser allem Zweifel. Überdies gestattet die Wiener Kongressakte in dem Artikel 111 geradezu, bei Feststellung der Abgaben das Jahr 1815 als Norm anzunehmen, über welche nur nicht hinausgeschritten werden dürfe." Also noch 1848 diese Anerkennung.

134) Sowohl in dem preussischen Ministerium als auch über ihm fehlte damals die Hand, welche es verstand die hervortretenden Interessengebiete der einzelnen Minister zu vereinigen. Diese Verfassung zeigte sich auch deutlich auf anderen Gebieten des wirtschaftlichen Lebens. Bei der Aufhebung der Erbunterthänigkeit in Preussen charakterisirt sie G. F. Knapp (die Bauernbefreiung und der Ursprung der Landarbeiter in den älteren Theilen Preussens, 1887, Teil I, pg. 315) so: „Obgleich es derselbe König ist, der vor wie nach 1807 herrscht, ist doch die Verwaltungsweise, besonders von 1808 an, eine ganz andere geworden: der König tritt persönlich mehr zurück, die von ihm ernannten Minister haben während der Dauer ihrer Amtsführung den vorwaltenden Einfluss. — Die Minister ihrerseits stehen nicht so unabhängig von den gesellschaftlichen Mächten da, wie etwa der König Friedrich II., als er nach dem Schlusse des siebenjährigen Kriegs mit einer erstaunlichen Strenge die zu Fall gekommenen Bauern ohne jede Rücksicht auf die Lage der Gutsherren wieder aufrichtete". — Auch der 1810 berufene Staatskanzler Fürst Hardenberg selbst griff nur ganz gelegentlich in die Dresdener Verhandlungen ein. Als er die Denkschrift des Handelsministers Grafen von Bülow vom 4. 11. 1820 erhielt, welche den allerengsten Interessenstandpunkt der magdeburgischen Kaufmannschaft vertrat, also, um mit Knapp zu reden, den Minister von den gesellschaftlichen Mächten nicht unabhänig erscheinen lässt, erbat er sich ein schriftliches Urteil von dem Geheimrat Schoell, welcher in allem und jedem das Gegenteil von den Äusserungen des Ministers behauptete; darüber indessen, ob Hardenberg weiter auf diese verschiedenen Auffassungen im Staatsministerium eingegangen ist, ist aus den bezüglichen Akten nichts zu erfahren. Dass Hardenberg den Elbschiffahrtsverhandlungen fern stand, ersieht man auch daraus: als er von der Verschiedenheit der Meinung zwischen den Ministern und den höheren Ressortbeamten hört, schreibt er am 20. 10. 1820 dem Minister v. Bülow: „Daher wünsche ich einen ganz ausführlichen, den Gegenstand erschöpfenden schriftlichen Vortrag von Ihnen zu erhalten". Also noch Ende Oktober 1820 verlangte Hardenberg einen Vortrag, welcher ihn von Grund aus unterrichten soll. Die oben erwähnte Denkschrift war der Vortrag. Es war derselbe Hardenberg, von welchem auf dem Gebiete der Agrarpolitik Knapp (I, pg. 184) sagt: „Nun liegt die Regierung in den Händen des aufgeklärten, modern empfindenden Staatskanzlers; dem aber fehlt das derbe, einfache Wollen und so kommen unter ihm die Interessen der Gutsherren fast einseitig zur Geltung und die Fachminister helfen dazu". Indessen ist vielleicht der Vergleich insofern nicht ganz zutreffend, als die Aufhebung der Erbunterthänigkeit und die Regulierungen der bäuerlichen Lasten ein ungleich wichtigeres Werk für den Gesamtstaat Preussen war als die Regelung der Elbschiffahrt. Wenn jenes schon von seinem Eingreifen in die Verhältnisse der Landarbeiter zu sagen ist, so liess sich allerdings bei den Verhandlungen über die Elbschiffahrt wohl nichts anderes

erwarten, zu welcher Zeit Hardenberg selbst in Troppau und Laibach, also fern von der Berliner Regierung war.

135) Denkschrift des Handelsministers v. 4. 11. 1820.

136) Mauves „Bemerkungen zu dem im 1. Comité ermittelten Tarifsatz, besonders in Beziehung auf Preussen“, v. 6. 1. 1821.

Mauve hatte ursprünglich eine andere Berechnung vorgeschlagen; in seinen „Bemerkungen“ heisst es: „In einem Jahre haben 6 Artikel bei einem preussischen Zollamte eben so viel eingetragen als 376 andere Artikel. Diese 6 Gegenstände sind:

Kaffee	—	13 Gr.	$9^1/_2$	Pfg.
Zucker	—	10 „	6	„
Wein	—	15 „	3	„
Taback	—	17 „	$4^1/_2$	„
Rum	—	16 „	7	„
Wolle	—	19 „	$5^1/_2$	„
		92 Gr.	$11^1/_2$	Pfg.

Das giebt einen Durchschnittssatz von 15 Gr. 6 Pfg. circa pro Centner. — Vorstehende 6 Artikel haben in einem Jahre bei einem Amte 65 000 Thl., nachstehende 6 noch nicht 300 Thl. ergeben: Bier (5 Gr. 4 Pfg.), Hausgerät (6. 7.), Steingut (9. $3^1/_2$.), Kupfer (11. $1^1/_2$.), Horn (7. 4.), Lumpen (7. 8.).“

137) Die magdeburgische Kaufmannschaft richtete am 21. 4. 1820 eine Eingabe an den König mit verschiedenen Beschwerden: „1) über zu hohe Zollsätze für den Transito-Handel, die nach ausdrücklicher Bestimmung des § 15 des Gesetzes vom 26. 5. 1818 infolge besonderer Örtlichkeit ermässigt werden sollen, 2) über zu hohe Verbrauchssteuer-Sätze vieler Waren, besonders Zucker, Tabak, Wein“. Diese letzteren machten oft 30–50 % ad valorem aus, während nach dem Gesetz in der Regel der Steuersatz nicht 10 % übersteigen solle. Der hohe Durchgangszoll dränge die Waren auf den Landweg. — Die Klagen der Magdeburger bezeichnete jedoch der Handelsminister in einen Schreiben an den Fürsten Hardenberg (6. 5. 1820), — wie auch gelegentlich der Finanzminister — als grundlos, wie er sich auf einer Reise durch Niedersachsen überzeugt habe; auch habe er Nachrichten aus Hamburg, dass der Handel nicht über Lüneburg gehen würde; die Elbzölle seien nicht zu hoch.

138) In der 13. Konferenz, 17. 9. 1819, übergab der preussische Kommissar eine „Nachweisung“ über die bei den vier vormals sächsischen Zöllen (Mühlberg, Torgau, Pretzsch, Wittenberg) von den Beamten bisher bezogenen Accidenzien, ferner eine „Nachweisung der Emolumente, welche zu Mühlberg den sogenannten Geleitsmännern bisher noch nach der hergebrachten Observanz zu erheben gestatten gewesen“.

139) Vgl. Scheller, Die Elbzölle und deren Einfluss auf den Elbeverkehr, Magdeburg 1845, pg. 1—8.

Über die Wirkung der Rekognitionsgebühr nach ihrer 1844 erfolgten Umwandlung in das Rekognitionsgebühr-Äquivalent auf den sächsischen Elbhandel siehe die „Petition des Dresdner Handelsstandes, die Elbschiffahrts-Additionalakte und die zu Abwehr ihrer nachteiligen Wirkungen für den sächsischen Elbhandel zu ergreifenden Massregeln betreffend, an die Hohe Ständeversammlung des Königreichs Sachsen und zunächst an die Hohe zweite Kammer, vom 25. 11. 1845", pg. 10 ff. und den Nachtrag dazu vom 3. 2. 1846, pg. 12 ff.

140) Protokoll der Konferenzen zu Berlin v. 13.—17. 4. 1820.

141) Schreiben der Minister Baron Klewitz und Graf Bernstorff an den König, 8. 9. 1821.

142) Der preussische Bevollmächtigte erklärte in der 41. Konferenz, 6. 4. 1821: „In dem zur Regulierung der künftigen Rekognitions-Gebühren nach dem 36. Kommissions-Protokoll (13. 2. 1821) ernannten Ausschusse hat der preussische Bevollmächtigte seine Ansicht über diese Abgabe im wesentlichen dahin ausgesprochen, dass dieselbe wohl nur als ein Kontroll-Mittel der Schiffer, aber nicht als eigentliche Quelle des Staats-Einkommens, wozu der wirkliche Zoll diene, angesehen werden müsse, dass sie daher ihrer Natur nach möglichst niedrig zu bestimmen sei, um so mehr, als die eigentlichen Zoll-Gefälle jetzt höher, als früher erwartet, angenommen worden wären. Eine geringe und niedrige desfallsige Auflage vorausgesetzt, werde den Antrag, dieselbe auf die Schiffsgefässe und nicht auf die Ladung selbst zu legen, rechtfertigen. — Diese Verteilung auf die Schiffs-Gefässe aber angenommen, so scheine billiger Weise ein Unterschied gemacht werden zu müssen zwischen grossen und kleinen, zwischen beladenen und ganz leeren, und endlich zwischen aufwärts und abwärts fahrenden Schiffen. Endlich die künftige Auflage selbst betreffend, so wären allerdings die bisherigen Nebenerhebungen, insofern sie in dem bereits ausgeworfenen Zollsatze nicht schon mit übernommen und enthalten wären, das auf die Schiffe zu verteilende und durch die künftige Rekognitions-Gebühr aufzubringende Objekt, allein preussischer Seits würde, den durch die Wiener Schluss-Akte empfohlenen Grundsatz, den Schiffahrtsverkehr zu erleichtern, gern befolgend, auf die unverkürzte Wiedereinziehung des Gesamtbetrages der bisherigen Nebenabgaben nicht durchaus bestanden, vielmehr bereitwilligst in jede gemeinsame und verhältnismässige Ermässigung eingegangen werden". — Von Interesse sind auch die Erklärungen des dänischen Bevollmächtigten, zumal sie eine Schilderung des niederelbischen Lokalverkehres geben. Er sagte: „Soll jedes ledige, ferner ein mit Brennholz, Knochen, Erde, Busch oder anderen geringen Waren beladenes Schiff eine ebenso grosse Rekognitions-Abgabe als ein mit Stückgütern oder Kolonial-Waren beladenes Schiff zahlen, so wird in kurzer Zeit alle Zwischenschiffahrt ganz aufhören müssen, der Ab-

satz aller geringen Landesprodukte, welche grösstenteils nur aus den untern Elbgegenden versandt werden, wo nicht ganz, doch grösstenteils in Stockung geraten und eine grosse Menge Schiffer der unteren Gegenden ihre Schiffahrt ganz aufgeben und brodlos werden müssen, da sie auf ihren Reisen bei den unbedeutenden Transporten oft kaum das Schiffmannslohn verdienen. Bei niedrigem Wasser, wo die beladenen Schiffe, ohne zu leichten, nicht fortkommen können, leben mehrere Schiffer allein davon, dass sie ihre Schiffe zum Leichten vermieten. Selbige fahren dann ledig bis zu dem Orte, wo die beladenen Schiffe nicht überkommen können, nehmen ihnen einen Teil ihrer Ladung ab, und begleiten sie dann auf 10 bis 12 Meilen, von da sie zurückkehren, um einem andern Schiffer ferner fortzuhelfen. Die Vergütung ist dafür oft so gering, dass es unmöglich sein würde, davon nur irgend eine namhafte Abgabe zu bezahlen. Eine grosse Anzahl dasiger Schiffer ernährt sich dadurch, dass sie Brennholz, Busch und Bandholz (?) aus den oberen Gegenden herunterholen. Der grösste Teil dieser Schiffer benutzt seine Schiffe nie zur Kornfahrt und es scheint daher unbillig, wenn diese zur Entschädigung der cessirenden Kornverneuerung (d. h. des aufzuhebenden Kornzolles. M. K.) mit beitragen sollen".

143) Von dem für Preussen festgesetzten Elbzollsatze waren auch die gesamten Zollrechte der Privaten zu entschädigen. — Überhaupt war der Verlust für Preussen zunächst ein grosser. Zum Beispiel: die im Jahre 1818 durch Preussen verschifften 679 660 $^2/_3$ Centner Getreide hatten eine Elbzolleinnahme von 199 581 Thl. ergeben. Nach dem neuen Tarif ($^1/_4$ von 13 Gr.) würde das gleiche Quantum nur ca. 92 038 Thl. eingebracht haben; der preussische Fiscus würde also zunächst einen Ausfall von 107 543 Thl. allein an diesem Artikel gehabt haben. (Mauves „Bemerkungen etc." v. 6. 1. 1821).

144) Über diese Münzverhältnisse siehe einzelnes bei: (J. G. Hoffmann), Drei Aufsätze über das Münzwesen, Berlin 1832, II; Derselbe, Die Lehre vom Gelde, als Anleitung zu gründlichen Urteilen über das Geldwesen mit besonderer Beziehung auf den preussischen Staat, Berlin 1838, pg. 61 und 64 ff.

Die Bezeichnung „Couranthaler" hat mit unserem heutigen zur Unterscheidung von Scheidemünze dienenden Ausdruck „Courantgeld" nichts zu thun. Wenn damals von preussischem Courantgeld die Rede war, so wurde vielfach die Scheidemünze einbegriffen.

145) Siehe: Publicandum vom 4. 5. 1808 und Edict vom 13. 12. 1811.

146) Siehe: Die Elbzölle etc., pg. 38.

147) Francke an den Staatskanzler, 12. 2. 1822.

148) Heller, l. c., pg. 21, sowie die diesem Buche beigegebene Karte.

149) Man denke an die immermehr zunehmende Bedeutungslosigkeit der Leipziger Messen und an die von der Berliner Kaufmann-

schaft 1893 ausgegangenen Bestrebungen, in Berlin eine Vormesse zur Leipziger Messe abzuhalten.

150) Die Verdrängung des Zwischenhandels ist in unseren Tagen besonders in Hamburg zu beobachten. Viele der überseeischen Firmen umgehen jetzt den hamburgischen Kommissionär, der lediglich Spediteur wird, und treten in direkte Verbindung mit den deutschen Fabrikanten. — Ich bemerke, dass ich hier den Begriff „Zwischenhandel" in einem Sinne benutze, welcher dem von Lexis (Schönberg, Handbuch der politischen Öconomie, 3. Aufl., 2. Band, pg. 813) und Roscher (Nationalöconomik des Handels und Gewerbfleisses, 6. Aufl., pg. 99 ff.) aufgestellten nicht entspricht; und zwar thue ich das, weil ich keinen andern Ausdruck finden kann. Den von Ehrenberg (Hamburg und Antwerpen seit 300 Jahren, Hamburg 1889, pg. 24) benutzten resp. vorgeschlagenen Ausdruck „Zwischenhand" halte ich für zu wenig greifbar unterschieden von „Zwischenhandel"; treffender wäre der von Lexis (l. c. pg. 839) angedeutete Ausdruck „Umweghandel", weil dieser das Moment der Entwicklung in sich aufnimmt.

151) Die unter 1, 3 und 6 angeführten Abgaben sind ihrer Natur nach zu dem städtischen Elbzoll zu rechnen, aus welchem Grunde sie bisher nicht hier für sich angeführt wurden. — Die Getreideverrechtung, auch Kämmereizoll genannt, betrug (nach Hoffmann, Geschichte der Stadt Magdeburg, IV. Band 2. Heft, Magdeburg 1816 pg: 326 ff.) von jedem stromabwärts gehenden Winspel Getreide 9 Gr. 2 Pf. Das Buhnengeld war eine Abgabe von 4 Gr. für jeden von Magdeburg stromabwärts gehenden Kahn. Der Natural-Bauholzzoll war die Ablieferung eines Stückes von jedem Schock in Magdeburg „ausgewaschener" Bauhölzer. — No. 5 war jedenfalls eine Gebühr für Leistungen des Packhofbediensteten, sofern sie in Anspruch genommen wurden. — Aus einem Teil des Wage- und Windegelder wurde (nebenbei bemerkt) die Armenverwaltung bestritten (Francke an Minister Frhr. v. Klewitz, 12. 2. 1822).

152) z. B. Francke an Hardenberg, Berlin 18. 7. 1820: „Am Geburtstage unsres geliebten Landesvaters wünsche ich in der Mitte meiner Mitbürger zu sein und bis dahin nach Magdeburg zurückzukehren. Die Freude dieses Tages, der in Magdeburg ein wahres Volksfest ist, würde ungemein erhöht werden, wenn ich meinen Mitbürgern Trost und eine schriftliche, beruhigende Zusicherung von Eurer Durchlaucht mitbringen könnte". — Über die Wirksamkeit Franckes, speciell bei dem vorliegenden Gegenstande, vgl. Tollin, August Wilhelm Francke, in den Geschichtsblättern für Stadt und Land Magdeburg; 19. Jahrgang, 1884 pg. 39 ff.

153) In verschiedenen Aktenstücken; vornehmlich in „Memoire die Elbschiffahrtsangelegenheit betreffend von dem Rat und der Kaufmannschaft Magdeburgs an den König, 29. 10. 1819.

154) Mit diesem vgl. man den „Fertiger" und seine Thätigkeit bei der Rheinschiffahrt bei: Löper, die Rheinschiffahrt Strassburgs in

früherer Zeit und die Strassburger Schiffleutzunft, Strassburg 1877, pg. 48.

155) Auch am Rhein hielt man eine strenge Überwachung der Schiffer noch am Anfang dieses Jahrhunderts, also in einer Zeit, in welcher die dortige französische Regierung das Merkantilsystem bereits verlassen hatte, für durchaus notwendig. Interessant sind die in dem Anm. 28 citirten Schriftchen, pg. 46—48, gemachten Vorschläge für die Rheinschiffahrt. Da dieses wohl nicht überall zur Hand ist, so sei es gestattet, die Stelle hier wörtlich wiederzugeben: „L'intérêt général et celui particulier recommandent d'adopter une police pour la navigation, c'est à dire, que chaque batelier d'une ville ou d'un village n'ait pas le droit de se constituer commissionaire-expéditeur de marchandises. Il convient au contraire qu'il y ait une hiérarchie: qu'on distingue les maîtres bateliers et les pilotes de ceux qui doivent agir sous leurs ordres, comme salariés, ou comme aspirants et pour faire leurs preuves: que le réglement spécifie le temps requis pour prétendre à être maître batelier et pilote, les témoignages et certificats que l'aspirant devra produire: que les villes les plus commerçantes, telles, par exemple, sur la rive gauche, que Cologne, Coblence, Mayence, et Strasbourg, soient nommément reconnues pour directions principales, dont les bateliers de la ville et de l'arrondissement ressortiront: que ces directions principales soient composées de deux maîtres bateliers au moins, et de six négocians: que dans les villes où il y a des comités ou des chambres de commerce, ceux qui en font partie, soient de droit membres et régulateurs de la direction des bateliers, concuremment avec les deux maîtres bateliers: qu'il ne puisse y avoir qu'un nombre fixe de maîtres bateliers, de pilotes, et de bateaux-marchands, nombre qui serait arrêté par les directions: que les maîtres bateliers et les pilotes soient essentiellement subordonnés aux directions: que ces directions puissent répondre de la moralité, des connaissances et de l'aptitude des bateliers: que chaque aspirant, ou garçon batelier, et les pilotes, soient inscrits et dénommés sur les registres de la direction, d'après le signalement et la déclaration fournis par le maître batelier: que ce soit sur le certificat seulement de la direction principale qu'il puisse être délivré des patentes aux bateliers qui deviendront maîtres: que, d'après la production de ces patentes, la direction leur délivre une autorisation de naviguer, approuvée par le sous-préfet: que cette autorisation, qu'on appellerait „congé", exprime les noms et prénoms du maître batelier, propriétaire du bateau, le numéro de ce bateau (cette régularité est necessaire), le nom du port auquel il appartient; que sa longueur est de .... mètres, sa plus grande largeur de ....., et sa profondeur de .....; qu'il mesure ...... tonneaux: qu'aucun batelier ni son pilote ne puissent naviguer avec des marchandises sans congé. Cette police pour les congés ne s'appliquerait point et ne pourrait pas s'appliquer aux bateaux pour la pêche, ni aux diligences d'eaux, à moins que ces dernières n'eussent à bord des marchandises; sous aucun prétexte on n'en pourrait charger sur les

bateaux de pêcheurs: les uns et les autres seraient nécessairement sous la surveillance des directions principales.

156) In den meisten Fällen dürfte wohl für die Conservirung der Waren das Schiff an sich weniger Bedeutung haben als die Verpackung der Waren, da der Schiffer schon in seinem eigenen Interesse kein untaugliches Schiff zur Fahrt benutzen wird. Die Besorgnisse der Magdeburger für den guten Zustand der Waren erscheinen um so seltsamer, wenn man bedenkt, dass heute, also nur 70 Jahre später, Segelschiffe mit den im Text angeführten Waren, beispielsweise, von Hamburg nach Adelaide um das Kap der guten Hoffnung gehen, ohne umgeladen zu werden.

Im Mittelalter (1506) hatte man in Köln das Stapelrecht — es war wohl auch schon vielfach nur Umladerecht — eine Zeit lang auf Güter beschränkt, welche infolge ihrer Natur leicht dem Verderben ausgesetzt waren, Salz, Häringe, Butter, Honig, Käse, Öl etc., puisqu'il est nécessaire de constater l'état de ces marchandises avant de les mettre en vente (vgl. De la libre navigation du Rhin ou réclamations des villes de la rive gauche contre le droit d'étape de Cologne et de Mayence, par P. F. Paravey, négociant à Coblence. Coblence (1800?) pg. 14 f.). Es mag wohl aber auch bei dieser Verfügung der Umstand gewirkt haben, dass diese Lebens- und Genussmittel während der 3 Tage, an welchen sie den Bewohnern zum Kauf ausgestellt wurden, sicher in den meisten Fällen verkauft wurden, was z. B. bei theuren Kleidungsstücken nicht der Fall war.

157) Für einen grossen Teil der Waren musste in Magdeburg in jedem Fall eine Umladung stattfinden, da sie hier den Flussweg verliessen. Die Höhe dieser Zahl geht aus der folgenden, einem Schreiben Hoffmanns (Ministerium der ausw. Angel.) an Jordan, 14. 5. 1820, entnommenen Statistik hervor. Von Magdeburg aus gingen:

	Stromauf.	Stromab.	Landwärts nach Westen und Süden.
Etatsjahr 1802/3.	74 622	56 276	399 948 Ctr.
„ 1803/4.	70 378	62 316	346 904 „
„ 1804/5.	69 386	66 248	331 494 „

Damit vergleiche man, dass (nach derselben Quelle) von Magdeburg 1819 auf der Elbe in das Ausland versendet wurden:

über Wittenberge	140 487	Berl. Ctr.
„ Mühlberg	138 337	„ „

(Es ist nicht zu ersehen, ob bei den zuerst genannten Zahlen hamburgische oder Berliner Centner gemeint sind). Vgl. Anm. 83.

158) Vgl. die in dem Vorbericht des angeführten Buches von Dielhelm geschilderten Formen des Elbverkehrs.

159) Denkschrift v. 4. 11. 1820. Der Minister sagt ferner bezüglich Sachsens: „Auch dieser Staat muss wünschen, seine natürlichen und künstlichen Erzeugnisse möglichst schnell und wohlfeil auf der

Elbe stromauf- und abwärts führen zu können. Sachsen ist des Magdeburger Stapels natürlichster und grösster Feind, weil Sachsens zahlreiche und wohlfeil gebaute Elbkähne von aller directen Verbindung mit Hamburg bisher abgeschnitten waren, wenn sie sich nicht die Erlaubnis dazu in Magdeburg erkauften. Sachsen musste bisher wegen der Theuerung der Elbschiffahrt und der Beschränkung derselben durch das Magdeburger Stapelrecht, einen bedeutenden Teil seines natürlichen, ihm nach seiner Lage an der Elbe zustehenden Marktes in der Versorgung mit Waren nordwestlich an Magdeburg, östlich an die Oder überlassen. Ein grosser Teil des Leipziger Handels mit Kolonialwaren konnte nur von Magdeburg aus geschehen. Es wird künftig auf der freien Elbe der grössere Teil dieser Waren bis nach beendigter Schiffbarmachung der Saale direkt nach Strehla und Dresden gehen und von da aus auf den grossen von da ablaufenden Chausséen die wohlhabenden herzoglichen sächsischen und fürstlichen reussischen Lande mit deren bedeutenden Handelsdependenzen zu Preussens, besonders Magdeburgs grossem Nachteil wohlfeiler erreichen. — Leipzig wird viel wohlfeiler seine Waren von Hamburg bis Strehla und von da aus die wenigen Meilen auf einer trefflichen Chaussée bis Leipzig zu Lande gehen lassen und solche nicht wie bisher von Magdeburg auf zum Teil schlechten und immer weiteren Wegen an sich ziehen. Magdeburg wird so alle die grossen Vorteile verlieren, welche der Stadt und deren Handelsstand bisher die Versorgung der künftig zum sächsischen Rayon gehörigen, mindestens nach drei Millionen Einwohnern zu berechnenden Märkte brachten". — Aus dem Anfange des Citates ersieht man, dass man sich von dem Umladezwang in Magdeburg loskaufen, gewissermassen die Gebühren auf ein Mal entrichten konnte.

160) Dieses Gesetz brachte in der Gewerbesteuer den kleinen Schiffern eine Erleichterung, indem § 17 bestimmte: „Das Schiffergewerbe mit Stromschiffen und Lichterfahrzeugen unter und bis zu drei Lasten Tragbarkeit, einschliesslich, ist gewerbesteuerfrei".

Das Gesetz vom 2. 11. 1810 zählte in § 21 alle die Gewerbe auf, zu welchen nur dann Gewerbescheine erteilt wurden „wenn die Nachsuchenden zuvor den Besitz der erforderlichen Eigenschaften auf die vorgeschriebene Weise nachwiesen". Unter diesen befinden sich wohl die Seeschiffer und Seesteuerleute, nicht aber die Stromschiffer und ihre Gehülfen. Hingegen sind die letzteren auch in den verschiedenen Klassen des Steuertarifs aufgezählt (die sog. Setzschiffer getrennt von den übrigen Stromschiffern).

161) Verordnung, wodurch zur Vollziehung der Elb-Schiffahrts-Akte bestimmt wird, dass vom 1. März dieses Jahres an ein jeder, welcher die Elb-Schiffahrt ausüben will, sich mit einem Erlaubnis-Scheine von seiner Orts-Obrigkeit versehen muss; Hannover, den 7. 2. 1822. Dieser Verordnung ist auch ein Schema eines solchen Erlaubnisscheines beigegeben.

Anschreiben der königlichen Land-Drostei zu Stade an alle Obrigkeiten in deren Geschäftsbezirk, die Berechnung der Gebühren für Elb- und Weser-Schiffahrts-Patente betreffend; Stade, den 31. 12. 1828.

In Sachsen wurde für die Ausstellung eines Erlaubnisscheines keine Gebühr erhoben; wenigstens ist in der betreffenden Bekanntmachung nichts darüber erwähnt (Verordnung der Landesregierung, die zu Betreibung der Elbschiffahrt erforderlichen Erlaubnisscheine betreffend, Dresden, den 4. 3. 1822). Auch in dem Gesetze, welches abgesehen von der in der Kommission festgesetzten Abfassung der Elbschiffahrtsakte diese, umständlich für den inneren Verkehr Sachsens umgearbeitet, nochmals publicirt, findet sich keine diesbezügliche Gebühr angegeben (Generale, die inländische Elbschiffahrt betreffend, Dresden, den 27. 2. 1822).

162) Das Streben des Schiffergewerbes erhellt aus einer Annonce in der „Hamburgischen Börensenhalle" vom 7. 6. 1820, über welche sich Francke bei dem Ministerium in Berlin beschwerte. Sie lautet so:

„Dem respectiven handelnden Hamburger und Altonaer Publico haben Unterzeichnete die Ehre, in Beziehung auf ihr ergebenes Etablissements-Schreiben vom vorigen Jahre in No. 174 des „Hamburgischen Correspondenten" bekannt zu machen, dass nunmehro, nachdem die aufs Neue im Wege gewesenen Hindernisse gänzlich beseitigt sind, die Verladung der Güter von hier über Magdeburg nach Dresden, die Saale hinauf bis Halle und Merseburg, stattfindet. Für die sicherste Assecurantz und gute Fahrzeuge ist gesorgt. Die näheren Bedingungen erfährt man in unserem Comtoir Rödingsmarkt No. 70, Ostseite 1 im Hause des Herrn J. F. Kalckmann. An der Börse ist unser Stand beim Eingang des Krahns gleich rechts, sowie wir auch im Börsenhause im Zimmer No. 1 von 3 bis 4 Uhr zu treffen sind. Wir bitten um gütiges Wohlwollen und werden durch prompte Bedienung solches zu verdienen suchen".

Hamburg, den 6. Juny 1820.

J. F. Kolle & Comp.

Gerade infolge der genauen Angaben in der Ankündigung, wann und wo die Herren Kolle jederzeit zu treffen waren, ersehen wir, mit welchem Eifer sich die Schiffer auf die direkte Fahrt bis Dresden werfen wollten. Indessen hatten sie ihre Rechnungen ohne die preussische Regierung gemacht. Diese liess durch ihre Gesandtschaft in Hamburg in der Nummer vom 30. Juni 1820 derselben Zeitung bekannt machen:

„In Beziehung auf die in No. 2432 der Liste der Börsen-Halle v. 7. Juny d. J. enthaltene Anzeige des J. F. Kolle & Comp. wird von Seiten der hiesigen königlichen Preussischen Gesandtschaft bekannt gemacht, dass Änderungen in den Verhältnissen der Elbschiffahrt, soweit dieselben auf den Grund der Artikel 108 bis 116 der Wiener

Congress-Acte vom 9. Juny 1815 erwartet werden dürften, erst nach Abschluss der im vorgedachten Artikel 116 vorbehaltenen Übereinkunft eintreten können und dass, da dieser Abschluss bis jetzt noch nicht erfolgt ist, namentlich auch eine Veränderung in den Stapelrechten der Stadt Magdeburg bis jetzt noch nicht stattgefunden hat".

Hamburg, den 30. Juny 1820.

Königl. Preussische Gesandtschafts-Canzley.

In derselben Nummer finden wir auch eine, auf das voreilige Handeln des Schiffers Kolle sich beziehende Erklärung der Dresdener Kaufleute, welche aber im Übrigen ihre Wünsche deutlich erkennen lässt. Sie lautet folgendermassen:

„In Betreff verschiedener öffentlicher Anzeigen, — als wenn bereits directe Waren-Verschiffung von Hamburg aus nach Dresden stattfände —, erlauben wir uns hiermit bekannt zu machen, dass, sobald erst eine freie und unbehinderte Elb-Schiffahrt von den hohen Mächten, deren Commissarien noch hier mit diesem Gegenstand beschäftigt sind, würklich ausgesprochen seyn wird, von uns selbst sodann unverzüglich eine dem öffentlichen Interesse gewiss in jeder Hinsicht entsprechende Einrichtung getroffen werden soll, damit die Verladung aller sowohl von Hamburg auf hier, als auch von hier nach Hamburg bestimmten Güter, zu jeder Zeit auf eine solide Art und aufs schnellste und billigste in vollkommen bedeckten Fahrzeugen und unter gehöriger sicherer Assecurranz geschehen kann. — Wir werden nicht unterlassen, darüber zu seiner Zeit das Nähere öffentlich bekannt zu machen.

Dresden, den 25. Juny 1820.

Das Directorium des Dresdener Handelsstandes.

163) Dagegen ist in dem magdeburgischen „Memoire" v. 29. 10. 1819 zu lesen: „Es dürfte wohl kaum von den einsichtsvollen Staatsdienern zu bestreiten sein, dass die wahren Interessen des Handels von Niemandem besser gekannt und beurteilt werden können als vom praktischen Kaufmann. Dies als richtig angenommen, erlauben wir uns die ehrerbietige Bemerkung, dass wir auf unserer Reise nach Dresden auch in dieser Beziehung nicht unthätig gewesen sind. Wir haben uns über die Nützlichkeit des Umlade-Rechts zu Magdeburg mit den Chefs der angesehensten Handelshäuser in Leipzig, Dresden und Pirna unterhalten und können versichern, dass uns von keiner Seite, auch nicht von einer einzigen, die Meinung bekannt geworden ist, dass dessen Aufhebung ein dem Elbhandel günstiges und für denselben wünscheswertes Ereignis sein würde. Alle loben die musterhafte Ordnung, die der magdeburger Schiffahrt und Spedition gegeben ist. Niemand sehnt sich nach einer Neuerung in dieser Beziehung, jeder erkennt seine Fortexistenz als notwendig für das Beste, die Schnelligkeit und Lebhaftigkeit des Handels und die Sicherheit der Schiffahrt an und Niemand findet einen fühlbaren Druck in den Kosten, welche die Spedition und die Niederlage in Magdeburg verursachen, weil sie überaus mässig sind und in

gar keinem Verhältnis mit den Vorteilen stehen, welche der Handel dadurch an Schnelligkeit und Sicherheit gewinnt. Der Zollstätten, sagt man, sind zu viele, der Aufenthalt in denselben ist zu gross und die Zölle selbst sind zu hoch gespannt. Darin, nicht in der Umladung in Magdeburg, liegt die Bedrückung des Elbhandels, hier treffe man bei der Elbschiffahrts-Kommission die durchaus notwendigen Abänderungen und dann bedarf es der Aufhebung des uns nützlichen Umlade-Rechts zu Magdeburg nicht, um uns zu helfen". — Zunächst ist zu bemerken, dass dies im Oktober 1819, also zu einer Zeit, als die Dresdener Unterhandlungen noch zu gar keinem Resultat gekommen waren, geschrieben ist, während die Regungen des Elbverkehrs gegen den Umladezwang, die uns bekannt sind, erst in die Mitte 1820 fallen. Ferner ist auch leicht anzunehmen, dass die Kaufmannschaft infolge der trostlosen Verfassung der Elbe damals nicht recht daran glaubte, dass nun auf einmal zwei Hindernisse beseitigt werden könnten, während bisher alles Verhandeln Jahrhunderte hindurch fruchtlos gewesen war; ein gewisser Pessimismus bezüglich der Dresdener Konferenzen ist also wohl erklärlich und daher der von den Magdeburgern oben geschilderte kaufmännische Konservativismus.

Auch versuchten die Magdeburger angesehene Persönlichkeiten als Leute zu citiren, welche die Aufrechterhaltung des Umladerechtes für nützlich hielten. So heisst es in demselben Memoire: „Unser kaufmännischer Procureur zu Hamburg schreibt uns, dass er mit dem dortigen sächsischen General-Konsul Michahelles Rücksprache genommen und dieser sich dahin geäussert hatte: dass das Aufhören des Umlade-Rechtes zu Magdeburg dem sächsischen Handel unmöglich Vorteil bringen könne, weder für Dresden noch Pirna, und am wenigsten für Leipzig. Letztere Stadt besonders müsse wünschen, die Elbschiffahrt bei ihrer bisherigen vortrefflichen Einrichtung erhalten zu sehen. Herr Michahelles scheint ganz bereit, diese Ansicht dem sächsischen Gouvernement vorzulegen und ausführlich zu beweisen, sobald er von dieser Seite dazu eine Aufforderung erhält. Da dies nun wohl einigermassen zur Erreichung unseres Zweckes beitragen könnte, so würde es vielleicht gut sein, wenn der sächsische Kabinetsminister Graf von Einsiedel durch unsern Gesandten veranlasst würde, die Ansichten des General-Konsuls in Hamburg zu erfordern, und wir überlassen ehrerbietig, ob Herr von Jordan dazu aufgefordert werden soll". Die preussische Regierung hat diese Episode, welche immerhin den Eifer der Magdeburger für ihr Umladerecht zeigt, der sächsischen mitgeteilt. Der sächsische Kommissar antwortete jedoch in der 27. Konferenz, 1. 7. 1820: „Ebenso wenig ist Kommissario von der Privat-Meinung des sächsischen Konsuls zu Hamburg, Michahelles, über das Interesse des Handels-Platzes Leipzig an dem Stapel von Magdeburg etwas bekannt. Dass aber Leipzig durch die Belebung des direkten Elbhandels und die Öffnung der sächsischen Elbe Schaden erleiden muss, liegt in der Natur der Sache;

allein Sachsen ist bereit, auch diese durch die Wiener Kongressakte ihm auferlegte Verbindlichkeit zu erfüllen und einen Teil des Leipziger Handelsflor dem allgemeinen Besten des deutschen Handels aufzuopfern".

164) Bülows Denkschrift v. 4. 11. 1820.

165) Diese „behufs Ausdehnung des Speditionsgeschäftes in Dresden errichtete Filiale" ging, wie mir die Herren Vetter & Co. in Leipzig mitteilten, bald in die Hände zweier früherer Angestellten des Hauses über. Es ist dies vielleicht als ein Beweis dafür anzusehen, dass das Dresdener Geschäft prosperierte; nach dem Tode derselben, oder vielleicht schon vorher, wurde das Geschäft aufgelöst. Mehr konnten mir die Herren in Leipzig nicht mitteilen.

166) In dem magdeburgischen Memoire v. 29. 10. 1819 heisst es: „Es könnte uns hier mit einigem Schein eingewendet werden, dass, wenn dem allen so sei, wie unser Vortrag besagt, es der Aufrechterhaltung des Umladerechtes nicht bedürfen, die Sache sich vielmehr von selbst in ihrer bisherigen Lage erhalten würde. Dieser Einwand hat zwar etwas für sich; allein er ist doch in der That nur scheinbar und kann deshalb als gültig von uns nicht angesehen werden. Einmal ist es nach dem ausdrücklichen Inhalt des § 114 der Wiener Kongress-Akte zur Aufrechterhaltung eines Umladerechtes hinlänglich, wenn dessen Nutzen oder Notwendigkeit für den Handel im allgemeinen bewiesen werden kann. Ist dieser Beweis, wie wir zuversichtlich annehmen dürfen, geführt, so ist es besser, dass sich Preussen strikt an den Worten und dem Sinn des Vertrages hält, als sich und seine treue Stadt Magdeburg der Willkür jedes Kaufmanns oder Schiffers aussetzt, der entweder die Sache unrichtig würdigt oder doch Versuche machen will. Und an Versuchen und allen den Nachteilen, die sie für die sichere und schnelle und ordnungsmässige Schiffahrt mit sich führen würden, würde es wenigstens anfänglich nicht fehlen. Zweitens beruht das wahre Wohl der Schiffahrt, die sich nun einmal, wie so viele andere Staatseinrichtungen nicht dazu eignet, der völligen und ungebundenen Freiheit und Konkurrenz anvertraut zu werden, auf bestimmten Vorschriften, Einrichtungen und Anstalten. Das Magdeburgische Umladerecht qualificiert sich dazu, als eine Anstalt betrachtet zu werden, die das Wohl des Handels mit Sicherheit befördert. Man kann und darf es nicht Preis geben der Willkür und einer absoluten, an gar keine Vorschrift gebundenen, durch nichts gehemmten und geregelten Freiheit für jeden, zu laden und zu fahren, wo und wohin es ihm beliebt. Man bewahre es als eine Anstalt für die Ordnung, Sicherheit und Geschwindigkeit des Handels auf der Elbe, man bewahre es auch allgemein verbindlich für alle, ohne allen Unterschied und Ausnahme. Drittens endlich dürfte es die Erfahrung lehren, dass dergleichen Experimente von Niederreissen und Wiederaufbauen oft sehr gefährlich sind".

Dass die Magdeburger doch wenigstens etwas nachzugeben bereit waren, zeigt die folgende Stelle desselben Schriftstückes: „Auch liegen bereits für die Korn- und Holzausfuhr aus Böhmen bedeutende Erleichterungen in dem Gesetz vom 26. 5. 1818 und die Stadt Magdeburg würde sich, um grössere Vorteile zu retten, auch leicht bereit finden lassen, von der Strenge des Umladens gegen billige Vergütung etwas nachzugeben". — Was den citirten Artikel 114 angeht, so konnte weder der französische Text noch der deutsche, wie er in der preussischen Gesetzsammlung steht, den Magdeburgern einen Anhalt bieten. Wir stellen zum Vergleich hier beide gegenüber:

Art. 114. On n'établira nulle part des droits d'étape, d'échelle ou de relâche forcée. Quant à ceux qui existent déjà, ils ne seront conservés qu'en tant que les états riverains, sans avoir égard à l'intérêt local de l'endroit ou du pays où ils sont établis, les trouveraient nécessaires ou utiles à la navigation et au commerce en général.

Art. 114. Es sollen nirgends Stapel- oder Umschlagerechte verliehen werden. Was die bereits bestehenden betrifft, so sollen dieselben nur in so weit beibehalten werden, als die Uferstaaten solches, ohne Rücksicht auf das örtliche Interesse des Platzes oder des Landes, wo sie vorhanden sind, für die Schiffahrt und den Handel im allgemeinen notwendig oder nützlich erachten möchten.

Wie die beiden unterstrichenen Wörter uns zeigen, war der preussische Text klarer als der, zunächst massgebende, französische. Jedoch ist es wohl ausgeschlossen, dass die Staatsmänner in Wien bei der Abfassung desselben geglaubt haben, die Umladerechte sollten beibehalten werden, wenn die betreffenden Kommissionen sie nur für nützlich für die Schiffahrt im Allgemeinen betrachteten. Nützlichkeit eines Institutes ist ein viel zu allgemeiner Begriff, als dass man darüber unterhandeln könnte; dagegen ist Nützlichkeit der Aufrechterhaltung eines Institutes (das soll doch das „solches" des preussischen Textes heissen) schon um sehr vieles enger begrenzt und daher leichter im einzelnen Falle zu entscheiden.

Diese Auffassung herrschte auch in der Dresdener Kommission, wie das Folgende zeigt. In der 12. Konferenz (10. 9. 1819) legte der preussische Kommissar Verwahrung ein gegen einen in der voraufgegangenen Konferenz gefassten Beschluss, einen Artikel, in welchem es hiess, dass kein Schiffer gezwungen werden könne, an irgend einem Orte wider seinen Willen auszuladen oder seine Ladungen in andere Fahrzeuge umzuschlagen. Daher kam auf seine Veranlassung folgender Beschluss (nebenbei als einziger dieser Konferenz) zu stande: „Insofern der Königlich Preussische Herr Bevollmächtigte in der Folge Anlass finden könnte, im Sinne des 114. Artikels der Wiener Kongress-Akte die Beibehaltung eines Umschlages auf der Elbe für Handel und Schiffahrt als notwendig und nützlich zu beweisen, insofern wird sich die Kommission der von Seiten Preussens gewünschten nachträglichen

Erörterung umso weniger entziehen, als sie ja ohnedies zu dem Zwecke vereinigt ist, das für die Elbschiffahrt Notwendige und Nützliche zu beschliessen". Ganz korrekt war dieser Beschluss nicht; denn die Wiener Akte sagte nicht „notwendig und nützlich", sondern „nécessaires ou utiles", kam also den bestehenden Zuständen sehr entgegen.

167) Denkschrift v. 4. 11. 1820. Vgl. Anmerkung 171.

168) Unter anderem sagte der hamburgische Bevollmächtigte in der 27. Konferenz, 1. 7. 1820: „Es bedarf kaum der Erwähnung, dass auch Hamburg bisher im Besitz der Stapelgerechtigkeit gewesen, indem diese Stadt einen Gebrauch von solchem Rechte gemacht hat. Aber die natürliche Lage und die dem Geschäftsgange angemessenen Verhältnisse bezeichnen Hamburg als den Ort des grossen Welthandels an der Elbe, der über See getrieben wird, und Magdeburg als den, welcher den Vereinigungspunkt für die Geschäfte des binnenländischen Verkehrs bildet. Je mehr Erleichterung nun dem Handel an solchen grösseren Märkten gegeben wird, je weniger Formalitäten erforderlich sind, desto lebendiger und schneller ist der Umsatz, desto glücklicher der Geschäftsmann, desto glücklicher der Staaten Wohlfahrt. Eine kurze Darstellung von dem Gange der Geschäfte im Grossen mag erweisen, wie richtig und nützlich dem Handelsverkehr ein Ort wie Magdeburg an der Elbe sich zeigt. Der Kaufmann in Wien, Prag, Pirna, Leipzig, Dresden, oder wo man will in dem Bereich des Warenbezuges von der Elbe, entbietet Parthieen von Kolonialprodukten von Hamburg, zwar mit der endlichen Bestimmung für den Markt seines Orts; aber er hat vorab noch ganz andere Absichten im Auge, welche über den gewöhnlichen Betrieb des Krämers hinausgehen und das Geschäft des grossen Kaufmanns, das der Spekulation, der Unternehmung, bezeichnen. — Der Geschäftsmann weiss, die Preise der Waren stehen in allen Richtungen nach den Bedürfnissen oder Vorräten verschieden; daher wird die Versendung des entbotenen Quantums nach Magdeburg beordert, um vorläufig gelagert zu werden; dort wird abgewartet, wohin durch günstige Konjunktur die Ware auf den vorteilhaftesten Markt könne gebracht werden, weil von dort die Expedition dann am schnellsten zu bewirken steht. — Ein solcher Ort ist der von der Natur und durch verständige Einrichtungen bezeichnete, von dem Gange des Handels abhängige und wohlthätige Stapel, den Niemand verlässt, wenn er ihn gebrauchen muss, den man nicht vorbeigeht, wenn er dem Verkehr bequem und nützlich ist, der immer nützlicher wird, je mehr Erleichterung und Freiheit Regierung und Kaufmannschaft den Geschäften des Ortes zu geben vermögen. Der grosse Kaufmann würde dringend wünschen müssen, solche Hauptorte für bequeme Niederlagen angelegt zu sehen, wenn sie nicht da wären, und wo sich deren mehrere zeigen, werden sie benutzt, wenn sie den Absichten des Geschäftsmannes gleich vorteilhaft erscheinen. Die Kaufmannschaft geht nach Magdeburg nicht aus Zwang, sondern aus Notwendigkeit, eine Folge der Nützlichkeit, welche ein solcher natürlicher Stapelort dem Handel darbietet; der

Geschäftsmann weiss solchen Vorteil für seinen Betrieb selbst am besten zu erkennen und zu benutzen. — Dagegen aber kann schon allein der Gedanke des gezwungenen Stapels oder Umschlages weder mit Recht noch Billigkeit bestehen, wenn von Flussschiffahrts- und Handelsfreiheit die Rede ist und wenn angemessene Resultate aus den Verhandlungen zur Beförderung derselben hervorgehen sollen. — Wenn ein Geschäftsmann in Böhmen oder Sachsen einsehen muss, dass es seinem Interesse nützlich sein werde, seine Ladung auf der Fahrt in irgend einem Hafen an der Elbe aus- oder einzuladen, wird er es wohl thun; aber warum ihn wider seinen Willen dazu zwingen? Solcher Zwang liegt weder in richtigen Grundsätzen über Handel und Verkehr, noch in dem Geiste des neuen Gesetzes. — Zu allen Zeiten ist die Meinung: man müsse den Handel ohne Zwang gehen lassen, die vorherrschende gewesen. Aber das Schwanken in den Grundsätzen, die Handelsverbote, die Privilegien des Mittelalters mit allen Unbilden der Beamten, Willkür, Folge lästiger Kontrollen, hielten den Verkehr wechselweise minder oder mehr beschränkt, und an einen Zustand gebunden, der jenem Zeitalter zugemessen, von Erteilung der Gnadenbriefe abhängig war. Jetzt sind die Fesseln gebrochen; wir haben einen Freiheitsbrief erhalten, den Brief, welchen Deutschlands Staatsmänner zu Wien in Weisheit geschrieben und mit Gerechtigkeit besiegelt haben. — So lange Staaten den Teil ihrer Einkünfte, der auf dem Handelsverkehr lastet, nicht ganz entbehren können, darf es keinem vernünftigen Geschäftsmann einfallen zu erwarten, dass solches Einkommen mit einem Mal schwinden oder aufgehoben werden könne. So lange ein Handelsort durch die möglichste Freiheit und bequeme Einrichtungen sich dem Verkehr vorzugsweise empfiehlt, wird er nicht verlassen werden. Aber einen Anfang in Ermässigung der Zollsätze zu machen und jeden Zwang zu entfernen, um den Handel von selbst in seine rechten und nützlichen Kanäle zu leiten, das scheint nicht allein eine billige Forderung unseres Zeitalters zu sein, sondern auch in dem wahren Sinne des uns zur Anwendung gegebenen Systems des Wiener Vertrages begründet zu liegen".

169) Die sog. Stapelgerechtigkeiten in Bremen, Minden und Münden hob der § 3 der Weser-Schiffahrts-Akte vom 10. 9. 1823 auf. Über die Aufhebung der Rhein-Umschlagsrechte vgl. Klüber, Akten des Wiener Kongresses in den Jahren 1814 und 1815, Erlangen 1815, III, Heft 9—11. — Ganz im Gegensatz zu den antiquirten Anschauungen der Magdeburger standen die Leipziger, welche die Schädlichkeit ihres Umschlagrechtes für den Handel bereits 1807 einsahen und eingestanden. Das Gutachten der dortigen Kramermeister und Deputirten des Handels vom 28. 9. 1807 an den König Friedrich August I., welches die „wohlthätigsten Folgen der freien Elbschiffahrt und der Beseitigung der Elbzölle", was bereits damals Napoleon verlangte, unumwunden zugab, ist so recht das Gegenstück zu den magdeburgischen Regierungseingaben. Napoleon ist also in gewissem Sinne auch der

Vater der freien Elbschiffahrt! Siehe hierüber: Biedermann, Geschichte der Leipziger Kramer-Innung 1477—1880 (als Manuskript gedruckt). 1881, pg. 65/66.

Wie die in Ruhrort erscheinende Rheinisch-Holländische Schiffahrt-Zeitung am 19. August 1894 mitteilte, plant die russische Regierung die Erbauung eines Weichsel-Umschlaghafens hart an der preussischen Grenze. Alle stromab kommenden Kähne und Frachten sollen in diesen Hafen aufgenommen werden, der Verkauf der Hölzer soll von dort aus stattfinden, ebenso soll dort die Umladung der Ware in preussische Kähne erfolgen. Anderseits sollen dann die preussischen Kähne nur bis zu diesem Umschlaghafen fahren und dort ihre Waren auf russische Kähne überladen. Diese Einrichtung würde sehr an die alten Umschlagrechte erinnern; allerdings spielen jetzt auch Zollfragen hierbei eine Rolle.

170) Siehe: Hoffmann, l. c. III. Band, pg. 515.

171) Francke an Hardenberg, 2. 11. 1821.

172) Siehe auch: Denkschrift Graf Bernstorffs über den Magdeburgischen Stapel vom 13. 9. 1820. In ihr wird auch besonders hervorgehoben, dass die 45 000 Gulden (deren Realwert für 1820 er auf 93 333$^1/_3$ Thl. in einer nicht zu kontrollirenden Berechnung angiebt) „nicht allein für den Stapel, sondern auch für alle Markt-, Zoll- und Schöppenstuhl-Rechte“ gezahlt seien.

173) Vgl. Hoffmann in Anmerkung 170.

174) Vgl. Denkschrift des Handelsministers Grafen von Bülow, 4. 11. 1820; dort heisst es unter anderem: „Eben weil die Schlussakte von der Entschädigung nicht spricht und sonach keine Ausnahme vom gemeinen Rechte festsetzt, behält solches seine volle Kraft. Dieses aber spricht sich über diesen Fall ganz bestimmt aus. Es sagt allgemein gültig: qui sentit commodum — hier also die sämtlichen Uferstaaten ausser Preussen — etiam incommodum sentire tenetur — hier die Entschädigung Magdeburgs. Ferner: nemo — also auch kein Elbuferstaat — potest locupletior fieri damno alterius — Magdeburg oder vielmehr Preussens Unterthanen, weil der preussische Staat nach den nur gerechten Grundsätzen des allgemeinen Landrechts Th. 1, Tit. 8 Magdeburg selbst vollständig entschädigen müsste und zwar zugleich bei der Aufhebung, wenn er nicht dafür sorgte (cf. § 31), dass Magdeburg von den durch die Aufhebung gewinnenden Uferstaaten für den Verlust seines titulo quam maxime oneroso errungenen und erhaltenen Stapelrechtes entschädigt würde. — Die Aufhebung des Stapels von Mainz und Köln, die unterdess noch nicht ganz beendet ist, kann hier nicht als Analogie dienen. Die damaligen Verhältnisse bestimmte eine rücksichtslose Übermacht, die keinen Gründen des Rechts, welches ohnehin nicht verteidigt werden durfte, Gehör gab. Magdeburg ist keine Stadt, die Preussen von den Verbündeten als Gnadengeschenk erhielt, sondern eine altpreussische, durch die preussischen Waffen wieder eroberte Stadt, deren Privatrechte während der westphälischen Regierung selbst der fremde Eroberer ohne Ungerechtigkeit nicht an-

tasten zu können glaubte. — Das europäische Völkerrecht erkennt folgende Sätze als ausgemacht und unbestritten an, wie Pütter, Martens, Schmalz etc. bezeugen: a) Staatsverträge, in welchen Leistungen ohne verhältnismässige Gegenleistungen versprochen worden, müssen bei zweifelhafter Deutung allemal zu Gunsten des Staats erklärt werden, welcher jene den Mitvertragenden so vorteilhaften Leistungen verspricht. b) Die Deutung eines Staatsvertrags, muss immer gegen die Mitvertragenden gemacht werden, welche aus dessen Erklärung nach ihrem Sinn die grösste Abänderung der gegenwärtigen Lage der Dinge oder im gegenwärtigen Besitze ableiten wollen. c) Es ist ein grosser Unterschied zwischen Staatsverträgen, worin ein besitzendes Recht abgetreten wird und wodurch also der souveräne Wille einer souveränen Macht dem Recht einer andern definitiv unterworfen wird, und zwischen einem Staatsvertrage, in welchem, wie in oben kommentierten Artikeln der Schlussakte des Wiener Kongresses, nur versprochen wird, dass die Abtretung eines besitzenden Rechts künftig erfolgen soll. — Daraus folgt, dass Preussen, als es in Wien versprach, es solle die Aufhebung des Magdeburger Stapelrechtes unter den vorbehaltenen Bedingungen künftig erfolgen, keineswegs zugleich dem Rechte entsagte, künftig die möglichen und billigen Bedingungen auszusprechen, unter welchen jene Aufhebung geschehen solle. — Die Entschädigung der Stadt Magdeburg, wofür Preussen in jedem Fall stehen muss, beträgt eine so grosse Summe, dass Preussen auch in finanzieller Hinsicht sein habendes, unbestreitbares Recht, die Entschädigung von den Uferstaaten zu fordern, nicht aufgeben kann. Es ist eine durchaus irrige Ansicht, wenn behauptet wird, alle natürlichen Vorteile seiner Lage, seiner Verbindungen und seiner Kräfte könnten Magdeburg bei Bezahlung der Entschädigung zu Gelde angerechnet und diese Entschädigung dadurch zu Wasser gemacht werden. Magdeburg hatte alle jene Vorteile ohnehin. Es wollte mehr haben und deshalb kaufte die Stadt das Stapelrecht. Verliert die Stadt dieses Recht, so verliert sie alles, was sie früher erkaufte, ausbildete und nach und nach zu der Grösse heranzog, welche so vorteilhaft für den preussischen Staat wurde, dass die fremden Staaten deren Last fühlten und diese jetzt abzuschütteln suchen. Kein Gerichtshof wird nach bestehender preussischer Gesetzgebung der Stadt Magdeburg nur die Restitution der Summe von 45 000 Gulden, die sie im Jahre 1554 zuletzt für das Stapelrecht bezahlte, zuerkennen ohne Rücksicht auf den wahren jetzigen Wert des Stapelrechts. Das Landrecht sichert der Stadt Magdeburg eine vollständige Entschädigung zu. Ob der richterliche Spruch diesen wahren Wert nach der Rechnung der Stadt auf Thl. Gr. Pf. bestimmen wird, ist ungewiss; aber soviel ist gewiss, dass schon die Restitution der 45 000 Gulden des Jahres 1554 allein an reinem Silber jetzt 46 666 $^2/_3$ rthl. preussisch Courant verlangt. Da nun weiter im Jahre 1554 bezahlte 100 Thl. jetzt nach den bekannten als zuverlässig geltenden Tabellen Evelines einen Wert von 637 Thl. und also 46 666 $^2/_3$ Thl. einen Wert von ca. 296 320 Thl.

haben, so würde der preussische Staat schon mit Bezahlung dieser Summe den Anfang machen müssen, wenn zu solcher die Uferstaaten nicht nach klarem Recht verpflichtet wären. Dadurch würde aber immer nur der Wert des Stapelrechtes im Jahre 1554, nach dem jetzigen Silberwert berechnet, bezahlt sein. Da aber durch die höhere Kultur und durch die unglaublich vermehrte Volksmenge aller Staaten, welche ihre Bedürfnisse über Magdeburg zogen, das Magdeburger Stapelrecht jährlich und bedeutend im Wert stieg, so stieg auch im gleichen Verhältnis der Betrag der Entschädigungssumme, die Magdeburg jetzt zu fordern berechtigt ist, so gewiss als sich z. B. die jetzige preussische Dynastie auch nicht entfernt als vollständig befriedigt erklären könnte, wenn ihr gegen Erlegung des blossen Silbers, welches im Jahre 1415 die Summe von 400 000 Goldgulden enthielt, die ganze Mark Brandenburg wieder abgefordert würde, welche mitsamt der Churwürde damals für diese Summe gekauft wurde. Dieses Beispiel beleuchtet die Behauptung des österreichischen Kommissars in Dresden, nach welcher Magdeburg deshalb keine Entschädigung zu fordern berechtigt sein soll, weil seiner Meinung nach alle erteilten kaiserlichen Privilegien heute noch widerruflich sein sollen. Diese Gründe werden allein ausreichend sein, um zu beweisen, wie vorsichtig besonders bei der augenblicklichen Lage der Staatskassen die preussische Verwaltung, welche bei Erlassung des Staatsschuldenedikts vom 17. 1. c. mit Recht auf diese grosse Ausgabe nicht rechnete, sein muss, um auch nicht einmal den Gedanken bei den übrigen Uferstaaten aufkommen zu lassen, als werde Preussen je das Magdeburger Stapelrecht aufheben, bevor noch die Entschädigung der Stadt Magdeburg auf Kosten der übrigen Uferstaaten erfolgt sei."

Ich glaube, nach dem bereits Erörterten auf den Inhalt des Vorstehenden, soweit er hier in Betracht kommt, nicht näher eingehen zu müssen. Ich stelle diesen immerhin sehr interessanten und von scharf ausgeprägtem Patriotismus zeugenden Ausführungen des Handelsministers die diesbezügliche Stelle aus der auf Wunsch des Fürsten Hardenberg angefertigten Kritik des Geheimrats Schoell gegenüber: „Artikel 114 (der Wiener Akte). Wenn der Herr Minister hier behauptet, dass das Magdeburger Stapelrecht nicht ohne Zustimmung Preussens könne aufgehoben werden und dass folglich dieser Staat an seine Einwilligung die Bedingung einer vollständigen Entschädigung knüpfen könne, so ist diese Erklärung abermals eine Folge der einseitigen Ansicht, nach welcher der Herr Minister in den Artikeln 108—116 nichts weiter erblickt als eine Verfügung über die Elbschiffahrt. Diese Artikel haben aber den weit höheren Zweck, Grundsätze festzustellen, nach welchen die Schiffahrt aller Ströme, welche durch mehrere Länder fliessen, statt haben soll. Es ist aber bei weitem nicht hinreichend, dass dergleichen allgemeine Grundsätze ausgesprochen sind, sie müssen auf die jedesmaligen Lokalitäten angepasst und zugleich dasjenige erörtert werden, was die Artikel der Finalakte unbestimmt gelassen haben. Es muss also für jeden schiffbaren Strom, welcher mehrere Territorien berührt, ein besonderes Regulativ festgesetzt werden, worin alles, was durch gemeinschaftliche Übereinkunft beschlossen worden, eingetragen wird. Dies ist der Sinn des Artikels 108, auf welchen der Herr Minister sich bezieht. Es ist im gemeinen und im Staatsleben nichts nachteiliger als sich über vorgebliche Rechte zu täuschen, weil man in einem solchen Falle auf einer falschen Basis steht, mit deren Einsturz andere Vorteile zu Grunde gehen, die man sich hätte verschaffen können. Wir müssen uns also über das Magdeburger Stapelrecht nicht täuschen; es ist durch den Artikel 114 der Wiener Schlussakte aufgehoben, wenn nicht ein Fall eintritt, den wir gewiss als unmöglich annehmen können. Ebenso wenig dürfen wir uns aber verbergen, dass der durch diese Aufhebung verursachte Schaden für die Stadt Magdeburg sehr bedeutend ist. Nur darin kann ich dem Herrrn Minister unmöglich beistimmen, dass der 114. Artikel aus besonnener Vorsicht der Stadt Magdeburg keine Entschädigung zugesagt habe, weil dadurch die nach dem gemeinen und Völkerrecht Preussen zustehende Entschädigungsforderung an die übrigen Uferstaaten unversehrt erhalten werde. Der Herr Minister verwechselt hier offenbar bürgerliches und Völkerrecht. Die von ihm angeführten Maximen: Qui sentit commodum, etiam incommodum sentire tenetur und nemo potest locupletior fieri damno alterius sind ganz wahr im bürgerlichen Recht; aber das Völkerrecht erkennt sie nicht an. Seine Grundfeste sind die dem Schwächeren durch den Stärkeren auferlegten Bedingungen und wenn auch Staatsverträge zwischen gleichen Mächten unter gleichen Verhältnissen geschlossen werden, so hat doch jede derselben bei Abschliessung solcher Verträge die Absicht, sich auf Kosten der anderen Vorteile zuzusichern. So wie bei den meisten Staatsverträgen eine Entschädigung des verlierenden Teiles unmöglich ist, so kann eine solche nicht ausdrücklich stipulirte Entschädigung nicht als stillschweigend vorausgesetzt werden. Schwerlich hat je ein Staatsrechtslehrer diesen Satz behauptet."

Auch der Finanzminister, Baron Klewitz, schrieb am 5. 11. 1819 an den Grafen Bernstorff, dass die Uferstaaten ausser Preussen Magdeburg zu entschädigen hätten.

Der Rat und die Kaufmannschaft Magdeburgs schrieben in ihrem Memoire vom 29. 10. 1819 in dieser Hinsicht: „Ein andrer Punkt dürfte noch sehr beachtenswert sein; dies ist die Entschädigung, welche Magdeburg für den Verlust des Umladerechtes auf alle nur denkbaren Fälle zustehen würde. Freilich wäre dies nur ein trauriges Auskunftsmittel für die Stadt, deren Kämmerei wohl entschädigt werden kann, deren Wohlstand aber immer verloren ginge. Zweifelhaft kann die Verpflichtung der Uferstaaten zur Entschädigung von Magdeburg nicht sein, da sich nicht annehmen lässt, dass Preussen, das durch den Vertrag schon so nachteilig gestellt wurde und so viel aufopferte, die Entschädigung allein übernehme, wohl aber dafür sorgen würde, dass seine treue Stadt nicht zum Vorteil des Auslandes ganz an den Rand des Verderbens geriete. Das Recht ist seitens der Stadt titulo oneroso erworben und sie ist gesetzlich befugt, für den Verlust vollgültige Entschädigung zu fordern. Sie ist es umsomehr, als sie eminente Summen an die mit diesem Recht verbundenen Anstalten gewendet hat, ja selbst nachweisen kann, dass seit der Wiedervereinigung mit dem Mutterlande weit über 150000 Thlr. zu diesem Behufe verwendet sind. Die Entschädigungsforderung aber dürfte leicht die Summe von 2 Millionen Thaler erreichen."

175) Andeutungen wurden in den Konferenzen gemacht. (Denkschrift des Grafen Bernstorff vom 13. 9. 1820.)

176) Memoire die Elbschiffahrtsangelegenheit betreffend, des Rates und die Kaufmannschaft Magdeburgs vom 20. 10. 1819.

177) Francke an den Staatskanzler, 18. 7. 1820: „Die Durchgangsabgabe würde so hoch gestellt werden müssen, dass die Stadt dadurch in ihren Revenüen wenig oder nichts verlöre und würde nach einer ungefähren vorläufigen Berechnung 2 Gr. p. Ctr. betragen. Preussen hat noch die Vorteile, dass einmal der Magdeburger Handel durch gänzlichen oder teilweisen Erlass dieser städtischen Abgabe für alle Waren, die nach Magdeburg selbst declarirt werden, und weshalb ich mich mit dem Handelsstande schon einigen würde, einen immer schon nennenswerten Vorsprung vor dem Ausländer gewinnt und dass diese Abgabe zweitens dem Oderhandel, der alle Mühe haben wird, sich bei den grossen Zollerleichterungen gegen den Elbhandel zu halten, zu Gute kommt." — Der Minister des Inneren, v. Schuckmann, teilte diese Ansicht. Er schrieb am 17. 11. 1821 an den Grafen Bernstorff: „Die Entschädigungssumme kann sich erst ergeben durch eine Vergleichung der Jahre 1808/1819 und dem, was in einem angemessenen Zeitraum nach Aufhebung des Stapels eingehen wird. Die Schiffer und Kaufleute auf der Elbe, welche dadurch gewinnen, hätten die Entschädigung so zu übernehmen, dass sie einen besonderen Zoll zu diesem Zweck bezahlten."

178) So wies der Finanzminister der Stadt am 16. 2. 1822 7000 Thlr. an.

179) Siehe Hoffmann in Anmerkung 170.

180) Ausser diesen Nachweisen, welche den Verkehr bei Wittenberge veranschaulichen in den Quantitäten der verladenen Waren, berücksichtige man auch die statistischen Notizen, welche enthalten sind in: 1) Statistisches Handbuch für den Hamburgischen Staat. Herausgegeben von dem Statistischen Bureau der Steuer-Deputation, Hamburg 1891, pg. 138—140. In den betreffenden Teilen ein Auszug von: 2) Tabellarische Übersichten des Hamburgischen Handels im Jahre 1893, zusammengestellt von dem handelsstatistischen Bureau, Hamburg 1894, I, 3—5, und I, 72—78. Jedes Jahr erscheint von diesen Übersichten ein Band in grossem Format seit 1845.

Ich gebe hier als Vergleich aus diesen Werken einige Zahlen wieder:

Schiffahrtsverkehr auf der Elbe bei Wittenborge.

	Auffahrt.	Niederfahrt.	
1827.	1 332 500	2 212 000	Elbzoll-Centner (= 50 kg.).
1837.	1 938 000	2 475 000	"
1847.	5 139 729	3 031 664	"
1857.	6 006 655	5 059 135	"

Infolge der Konkurrenz der Berlin-Hamburger Bahn verliessen eine Anzahl Artikel (Kaffee, Zucker, Gewürze, Südfrüchte, Wein und Spirituosen, Kakao, Thee, Tabak und Cigarren, Garne, Manufakturen) immermehr den Elbstrom, was die folgenden Zahlen zeigen. Es passirten Wittenberge von diesen Artikeln:

	Per Schiff elbaufwärts.		Von Hamburg mit der Eisenbahn.	
1846	1 306 265	Elbzoll-Centner.		
1850	342 645	"	913 765	Elbzoll-Centner.
1851	265 061	"	919 389	"
1852/55 i. D.	231 586	"	1 180 751	"
1856	158 208	"	1 402 004	"
1857	65 286	"	1 267 132	"
1858	69 840	"	1 176 362	"

Hierzu siehe Anmerkung 188.

Von der Ober-Elbe kamen in Hamburg (mit Altona) an im Durchschnitt der Jahre in Mengen von 100 kg.:

	Bau-, Nutz- und Brennholz in Flössen und Schiffen	Getreide u. Saat	Stückgüter in verpacktem Zustande
1846—50	433 683	1 065 583	210 089
1851-55	875 446	480 262	179 628
1856—60	842 854	641 137	196 349
1861—65	754 472	982 176	361 628
1866—70	575 422	1 041 742	694 254
1871—75	649 000	527 200	665 400
1876—80	633 162	978 153	1 656 015
1881—85	648 951	850 810	5 271 582
1886—90	897 848	1 008 739	7 670 095
1893	756 012	687 123	9 335 480

Nach der Ober-Elbe gingen ab von Hamburg (mit Altona) im Durchschnitt der Jahre in Mengen von 100 kg.:

	Steinkohlen und Cinders	Stückgüter in verpacktem Zustande
1846—50	1 359 583	782 736
1851—55	1 758 361	639 043
1856—60	2 235 908	488 705
1861—65	1 739 241	611 111
1866—70	1 753 112	767 997
1871—75	1 318 200	975 700
1876—80	1 145 646	1 643 953
1881—85	1 399 945	4 039 066
1886—90	1 123 253	5 577 652
1893	1 537 441	5 316 865

Von der Ober-Elbe kamen jährlich im Durchschnitt in Hamburg (mit Altona) an:

	1846—50.	1851—55.	1856—60.	1861—65.	1866—70.	1871—75.	1876—80.	1881—85.	1886—90.	1893.
Segelschiffe	4 109	3 623	4 054	3 677	3 950	3 365	3 758	4 282	4 185	4 329
Dampfschiffe	80	82	179	504	647	1 059	1 962	2 937	3 069	3 842
Schleppschiffe	80	98	338	573	582	622	1 220	2 902	4 048	6 400
Holzflösse	85	190	199	173	118	114	61	61	83	76
Ausgeladene Gütermengen in 100 kg brutto	2 080 539	1 934 470	2 202 470	2 831 348	3 316 215	2 950 568	5 730 455	10 755 367	14 878 333	17 586 834
Zunahme der Gütermengen		— 7%	+ 14%	+ 28,5%	+ 17%	— 11%	+ 94%	+ 88%	+ 38%	

Nach der Ober-Elbe gingen jährlich im Durchschnitt von Hamburg (mit Altona) ab:

	1846—50.	1851—55.	1856—60.	1861—65.	1866—70.	1871—75.	1876—80.	1881—85.	1886—90.	1893.
Segelschiffe	3 876	3 752	3 985	3 681	4 003	3 408	3 731	4 354	4 197	4 323
Dampfschiffe	80	81	177	504	645	1 056	1 957	2 927	3 045	3 820
Schleppschiffe	81	93	359	587	553	599	1 215	2 860	3 991	6 179
Ausgeladene Gütermengen in 100 kg brutto	2 498 323	2 796 311	3 346 060	3 162 498	3 649 084	4 219 444	5 617 013	10 726 882	13 592 383	17 363 117
Zunahme der Gütermengen		+ 12%	+ 19%	— 5,5%	+ 15,5%	+ 15,5%	+ 33%	+ 91%	+ 26,5%	

N.B. Bis zum Jahre 1877 rechnete das handelsstatische Bureau in Hamburg zu den Schleppschiffen nur die Fahrzeuge der Schiffahrts-Gesellschaften, von 1878 ab jedoch alle Fahrzeuge, welche als Schleppschiffe declarirt wurden.

An dieser Stelle möchte ich auch verweisen auf meinen Aufsatz: „Die wirtschaftliche Lage der Elbschiffahrt" in den Nummern 646, 647, 649 der in Hamburg erscheinenden Deutschen Spediteur- und Rhederei-Zeitung (von 1894).

181) Gründler, l. c., Nachtrag.

182) Vgl. Die Elbzölle etc., pg. 100.

183) Vgl. ebenda, pg. 145.

Die Klagen der Kaufmannschaft erhellen aus der von Scheller abgefassten, Anm. 139 citirten Denkschrift der Kaufleute und des Magistrats in Magdeburg und aus der bereits citirten Petition des Dresdener Handelsstandes; sehr interessant sind die statistischen Angaben und Berechnungen über die Konkurrenz Stettins.

184) Vgl. Vertrag zwischen Preussen, Anhalt-Köthen und Anhalt-Dessau vom 17. Juli 1828, 2 Verträge zwischen Preussen und Anhalt-Bernburg vom 17. Mai 1831; Art. 15 des zwischen Preussen etc. und Sachsen abgeschlossenen Zollvereinigungsvertrages vom 30. März 1833, sowie Die Elbzölle etc., pg. 96.

185) Vgl. Die Elbzölle etc., pg. 163, Anmerkung, sowie die daselbst ferner angeführten einseitigen Ermässigungen.

186) Vgl. Die Elbzölle etc., pg. 361, Tabelle VI.

187) Vgl. Artikel 2 des Traktates.

188) Vgl. Die Elbzölle etc., pg. 195, 361 u. 362 (Tabelle VI u. VII).

Wie erbittert die Kaufmannschaft gegen die Elbzölle war, darüber sehe man: Die Elbzölle etc., pg. 316 ff., sowie den Jahresbericht über den Gang des Handels, der Industrie und der Schiffahrt von Magdeburg im Jahre 1861 (erstattet von den Ältesten der Kaufmannschaft), Magdeburg 1862, pg. 3 und 4, desgleichen für 1868, pg. 4 und 5, und für 1869, pg. 7/9.

189) Vgl. Die Elbzölle etc. pg. 181 ff.

190) Vgl. Anlage B der Übereinkunft vom 4. April 1863.

191) Vgl. Artikel 7 der Übereinkunft.

192) Vgl. § 2 des Bundesgesetzes vom 11. Juni 1870, und Reichsverfassung Art. 54, Absatz 4.

193) Die Protokolle der Prager Revisionskommission sind in der Statthalterei-Buchdruckerei, Prag 1870, gedruckt worden. In der 5. Konferenz, 3. Juni 1870, sprach der vorsitzende Bevollmächtigte für Österreich, Hofrat Ritter Rieger von Riegershofen: „Da die 6. Elbschiffahrts-Revisions-Kommission mit der heutigen Konferenz ihre Thätigkeit schliesst, so erscheint es angezeigt, auf die Verhandlungen derselben einen kurzen Rückblick zu werfen. — Der Revisions-Kommission sind in hydrotechnischer Beziehung zwei auf den Zweck der thunlichsten Verbesserung des Fahrwassers der Elbe gerichtete Anträge vorgelegen, welche beide eine Abänderung von Bestimmungen des § 53 der Additional-Akte vom 13. April 1844 zum Ziele hatten, nämlich der Antrag auf Herstellung einer unter allen Umständen zu erhaltenden Minimal-

Fahrtiefe von 32 Zoll Rheinl. und der Antrag, dass künftig die Deckung der Ufer, sowie die Behandlung der Uferabbrüche und der Durchstiche nur nach gemeinschaftlich zu vereinbarenden Grundsätzen von dem Regierungen der einzelnen Uferstaaten vorzunehmen sei. In strompolizeilicher Hinsicht wurde der Antrag gestellt, die Bestimmung im § 50, Abs. 4 der Additionalakte aufzuheben, und an deren Stelle eine Bestimmung zu vereinbaren, dass erfolgte Bestrafungen von Schiffsführern und Schiffsmannschaften wegen Kontraventionen gegen die schiffahrts- und strompolizeilichen Vorschriften in den Schiffer-Patentem und Dienstbüchern einzutragen seien. Ausserdem wurde noch mit Hinweisung auf eine im Königreiche Sachsen den besten Erfolg äusserndе Einrichtung die Einführung von Elbstromaufsehern in allen Elbuferstaaten in Anregung gebracht. Über diese eben erwähnten Gegenstände konnte bei der gegenwärtigen Elbschiffahrts-Revisionskommission ein allseitiges Einverständnis nicht erzielt werden; nur bezüglich der von den kompetenten Grossherzoglich Mecklenburg-Strelitz'schen Behörden ausgestellten Schifferpatente liegt der einstimmig gefasste Kommissionsbeschluss vor, den letzteren die ihnen bisher nur provisorisch zugestandene Giltigkeit für die Fahrten auf der Elbe fortan definitiv zuzuerkennen. Hiemit sind die der 6. Elbschiffahrts-Revisionskommission mit Rücksicht auf die wegen der bevorstehenden Aufhebung der Elbzölle sich als notwendig darstellende Vereinbarung einer revidirten Elbschiffahrts-Akte dermal nur in geringer Zahl zugewiesenen Beratungsgegenstände erledigt".

Ich erwähne hier noch, dass die Magdeburger Kaufmannschaft die Handelsvorstände in Altona, Berlin, Dresden, Halle, Hamburg, Harburg, Leipzig, Prag, ferner verschiedene Schiffahrtsinteressenten zu einer gemeinsamen Konferenz in der Börse zu Magdeburg am 24. Oktober 1860 einlud. Die Versammlung wendete sich, nach dem Protokolle, in sehr heftigen Worten gegen die Elbzölle, deren bedeutende Herabsetzung und Vereinfachung, wenn nicht gänzliche Beseitigung, sie verlangte, und gegen die Vernachlässigung der Fahrwasserunterhaltung zwischen Wittenberge und Hamburg; sie empfahl, „eine gemeinsame Centralstelle sämtlicher Elbuferstaaten zur planmässigen und rechtzeitigen Durchführung des Correktionswerkes in der Elbe alsbald ins Leben zu rufen". Interessant ist auch das pg. 4 des Protokolls angeführte, am 12. Juli 1860 erfolgte Urteil des Königlich Hannöverschen Ober-Appellations-Gerichts zu Celle als Austrägalgericht in Sachen der Freien Stadt Frankfurt wider die deutschen Rheinuferstaaten wegen einer subsidiären Rheinoctroirente; durch dieses wurde u. a. entschieden, dass die Flusszölle nicht als Finanzquelle zu betrachten sind, sondern lediglich „für die der Schiffahrt nützlichen Einrichtungen" bestimmt sind.

194) Die „Revidirte Elbschiffahrtsakte" vom 7. 3. 1880 befindet sich in Drucksache No. 95, Deutscher Reichstag, 4. Legislaturperiode, III. Session 1880. Daselbst befindet sich auch das Schlussprotokoll sowie eine Denkschrift, welche einen kurzen Überblick über die Ent-

wicklung der Akte von 1821 gibt, hierbei jedoch die gescheiterten Verhandlungen des Jahres 1858 mit keinem Worte erwähnt und alsdann in sehr lehrreicher Weise die Veränderungen bespricht, welche zwischen der Revidirten Akte einerseits und der Akte von 1821, der Additionalakte von 1844 und den Zusätzen der anderen Revisionskommission andrerseits bestehen. Der Verfasser der Revidirten Elbschifffahrtsakte ist der Minister und spätere Reichstagsabgeordnete Dr. Delbrück. Aktenstück No. 190 bildet ein „Mündlicher Bericht“ der Kommission, an welche die Akte zur Beratung überwiesen wurde; No. 197 ist eine Zusammenstellung der bei der zweiten Beratung über die Revidirte Akte gefassten Beschlüsse des Reichstags, No. 198 ein Abänderungs-Antrag des Herrn von Helldorf-Bedra und Genossen.

Bei der ersten Lesung (4. 5. 1880) sprachen über die Akte Dr. Delbrück und der Staatsminister Hofmann; bei der zweiten (nach der Kommissionsberatung) (8. und 10. 5. 1880) zunächst der Berichterstatter Dr. Delbrück, ferner Fürst Bismarck (eine der bedeutendsten staatsrechtlichen Reden Bismarcks), Dr. Wolffson (Abgeordneter für Hamburg), von Kardorff, von Bennigsen, Staatsminister Hofmann, Dr. Löwe (Bochum), Dr. Lasker, Dr. Delbrück.

Als die Verhandlungen sich immer mehr zu einem verfassungsrechtlichen Theorieen-Streit zuspitzten, sagte Dr. Löwe (Bochum) nach dem stenographischen Bericht u. a.: „Nun möchte ich aber für die arme Elbschiffahrtsakte, die hier zwei Tage das Haus beschäftigte und die kaum jemand erwähnt hat (Heiterkeit), doch noch einige Worte sagen. Alle Welt hat es fast als gleichgiltig behandelt, ob sie überhaupt zu Stande kommt oder nicht. Nein, meine Herren, die Elbe ist einer unserer wichtigsten Handelsströme, und der Verkehr auf der Elbe leidet oftmals ausserordentlich dadurch, dass das Fahrwasser zu geringe Tiefe hat. Bei der Wichtigkeit dieses Transportweges und der Billigkeit der Frachten hat sich dieser Strom in seinem Verkehr doch gewaltig entwickelt, und neben den wichtigen, hochpolitischen Verfassungsbestimmungen, die zu meiner Überraschung diese Elbschiffahrtsakte enthalten soll, enthält sie auch noch die kleine Bestimmung, die der Aufmerksamkeit hier ganz entgangen zu sein scheint, dass das Fahrwasser um einen Zoll tiefer sein soll. Meine Herren, dieser eine Zoll tiefer, der durch die Elbschiffahrtsakte jetzt gewonnen werden soll, heisst die Bewegung von Millionen und Millionen Centnern auf und ab auf der Elbe ermöglichen.“

Die hier in Frage stehenden Verhandlungen des Reichstags gehören auch zu seinen Interessantesten und Lehrreichsten auf dem Gebiete des Staatsrechtes; Fürst Bismarck sagte in seiner damaligen Rede (8. 5. 1880) nach dem stenographischen Bericht: „Es ist meines Wissens das erste Mal, dass wir uns vor einer Verfassungsfrage zwischen Bundesrat und Reichstag befinden, wo der Reichstag im Begriff ist — wenigstens hat die Majorität Ihrer Kommission sich dafür entschieden —, dem Bundesrat ein Recht zu bestreiten, welches als ein Verfassungsrecht ganz zweifellos feststeht und für welches die preussische Regierung auf jede Gefahr hin einzutreten entschlossen ist. Es ist das erste Mal, es ist auch das erste Mal, dass im Bundesrat der Antrag, Verfassungsstreitigkeiten durch Majoritätsbeschluss zu entscheiden, so weit getrieben worden ist, dass nur die Machtvollkommenheit, die mir nach der Verfassung in Bezug auf die Leitung der Geschäfte beiwohnt, mich in den Stand gesetzt hat, weitergehende Abstimmungen darüber zu verhindern." Es handelte sich nämlich darum, ob zur Verlegung der Zollgrenze auf der Unter-Elbe eine Verordnung des Bundesrats genüge oder ein Gesetz dazu nötig sei.

Siehe auch Anmerkung 118.

In einer Ende 1892 von Vertretern der 4 Elbschiffahrts-Vereine stattgehabten Versammlung in Hamburg wurde folgender Beschluss gefasst: „Die hier versammelten deutschen und österreichischen Vertreter der Elbschiffahrts-Vereine zu Aussig, Dresden, Magdeburg und Hamburg beschlossen einstimmig, an die Regierungen der Elbufer-Staaten erneut das dringendste Gesuch zu richten, die Vereinbarung einer neuen Elbe-Schiffahrts-Akte zwischen dem Deutschen Reiche und Österreich endlich zum Abschluss zu bringen. Seit nahezu 20 Jahren erstreben die Vertreter der Elbeschiffahrt durch zahlreiche Gesuche an die Regierungen diese neue Elbe-Akte und damit zusammenhängend einheitliche Bestimmungen, namentlich über die Strompolizei, die Untersuchung der Schiffe auf ihre Tüchtigkeit, die Vermessung derselben, sowie die Schiffs- und Schiffer-Patente. Die gesetzliche Regelung dieser Frage durch neue, für alle Elbuferstaaten gleichlautende Verordnungen wird als ein dringendes Erfordernis der Elbeschiffahrt bezeichnet, welches dadurch nicht beseitigt, sondern eher vermehrt wird, wenn einzelne Elbeuferstaaten die Absicht bekunden, längst veraltete Verordnungen über die Schiffahrt und Strompolizei durch neue Verordnungen zu ersetzen, welche nur für das Gebiet eines einzigen Elbeuferstaates gelten." Auf ein Gesuch dieses Inhalts seitens des Hamburger Vereins Oberländischer Schiffer antwortete der hamburgische Senat (5. April 1893) „dass zur Zeit Verhandlungen über den Erlass einer Polizeiverordnung für die Schiffahrt und Flösserei auf der Elbe zwischen Melnik und Hamburg, sowie wegen einer Schiffs-Aichordnung für den Bereich der Binnenschiffahrt schweben und der Senat bereit sei, wie bisher, so auch in Zukunft bei sich bietender Gelegenheit die auf eine einheitliche Regelung der Schiffahrt und Flösserei auf der Elbe gerichteten Bestrebungen thunlichst zu unterstützen". Vgl. Bericht des Hamburger Vereins Oberländischer Schiffer für 1893, pg. 4—5.

Siehe auch die Jahresberichte des koncessionirten Sächsischen Schiffervereins zu Dresden für 1881, 1887, 1890, 1892; auch die „Vorschläge zum Entwurf einer neuen Elbschiffahrts-Akte, bearbeitet vom Sächsischen Schifferverein, Magdeburger Schifferverein und Elbeverein unter Zugrundelegung der nicht ratifizirten Elbschiffahrtsakte, d. d. Wien,

7. März 1880" in dem Bericht des Magdeburger Schiffer-Vereins zu Magdeburg für das Jahr 1887, ferner das Einbegleitungsschreiben für die neue Elbeakte in dem Bericht für 1888, pg. 53 ff.

195) Über die Beratungen dieses Entwurfs, sowie deren Ergebnis siehe: Landgraf, Materialien zu einem Deutschen Binnenschiffahrts-Gesetze, (Mannheim) 1893. Der Entwurf ist auch abgedruckt im Deutschen Reichsanzeiger No. 180 vom 31. Juli 1893. Eine Kritik des Entwurfs findet sich auch in: Martin, Über den Entwurf eines Reichsgesetzes betreffend die privatrechtlichen Verhältnisse der Binnenschiffahrt und der Flösserei, im Archiv für öffentliches Recht, herausgegeben von Laband und Stoerk, 9. Band, 1894. Einen Überblick über die bisherigen Vorarbeiten dieser Materie gibt: Riesser, Zur Revision des Handelsgesetzbuchs, § 19. (Beilageheft zu Band XXXIII der Zeitschrift für das gesamte Handelsrecht, herausgegeben von Goldschmidt etc., 1887.

Siehe auch in dem „Protokoll über die Verhandlungen des Delegirten-Kongresses rheinischer und süddeutscher Handelskammern und Vereine am 10. Juli 1880 in Mannheim, Mannheim 1880" die Ausführungen des Dr. Landgraf und des Präsidenten Diffené, pg. 12 ff.

196) Über die Schwierigkeiten in der Regelung dieser Materie vergleiche die Bemerkungen des Hamburger Assekuranz-Maklers Ahlers in der Kommission, Landgraf, l. c. pag. 43 und 48.

197) Die verschiedenen Gesetze betreffend die Elbzollgerichte sind hier nicht erwähnt, da sie wohl ausserhalb dieser Darstellung liegen.

198) Vgl. Die Elbzölle etc. Einleitung, und pg. 22.

199) Vgl. Kirchenpauer, l. c., pg. 5.

200) Siehe das abfällige Urteil der kaufmännischen Kreise in Österreich bei Beer, l. c., pg. 12.

201) III. Band, pg. 41 (Deutsche Geschichte im 19. Jahrh.).

202) pg. 7.

203) Kirchenpauer gehörte zu den eifrigsten Gegnern des Anschlusses Hamburgs an das deutsche Zollgebiet. Bei dieser Gelegenheit entstand auch die citirte anonyme Schrift.

204) Hoffmann (Ministerium d. ausw. Ang.) an den Regierungsrat Koppe in Minden, 4. 11. 1820.

205) Dieses Projekt ist in mancher Beziehung sehr interessant. Man beachte besonders den von dem Abgeordneten Brömel abgefassten Bericht der Kommission für den Staatshaushalt über den Gesetzentwurf, betreffend die Gewährung eines Beitrags Preussens zu den Kosten der Herstellung des Elbe-Trave-Kanals durch die Freie und Hansestadt Lübeck" vom 9. 3. 1894 (Haus der Abgeordneten, 18. Legislaturperiode, I. Session 1894 No. 81). Zunächst ist an dieser Stelle beachtenswert die Sorge Preussens für Stettin. Von verschiedenen Kommissions-Mitgliedern wurde festgestellt, dass dem Handel Stettins eine neue Konkurrenz nicht geschaffen würde, und dass, wie der Finanzminister

Dr. Miquel selbst bestätigte, „von Stettin kein Widerspruch gegen die Herstellung des Elbe-Travekanals erhoben worden sei". Dazu bemerkte, pg. 11/12, der Vertreter des Finanzministeriums, Geheimer Ober-Finanzrat Baron Rheinbaben, u. a.: „Die ausgesprochenen Bedenken wegen einer Ablenkung des Verkehrs von Stettin dürften nicht von ausschlaggebender Bedeutung sein. Einmal seien die Wasserwege nach Stettin durch die Anlegung der Kaiserfahrt, Regulirung der Oder, u. s. w. wesentlich verbessert worden und sei es diesen Verbesserungen mit zu verdanken, dass sich der Verkehr Stettins auf der Oder ausserordentlich gehoben habe und auch sein Seeverkehr so gestiegen sei, dass er den von Danzig, Königsberg und Memel zusammengenommen überrage. Jetzt sei ferner eine Verbesserung des Schiffahrtsweges von Stettin bis Swinemünde ins Auge gefasst und für einen Teil dieses Projektes (Regulirung der Swine) bereits eine erste Rate in den Entwurf des nächstjährigen Etats eingestellt. Gerade Stettin habe sonach eine weitgehende Förderung seiner Wasserstrassen erfahren und könne berechtigten Widerspruch nicht dagegen erheben, dass auch den Preussischen Elblanden die für den Absatz ihrer Produkte erforderliche bessere Verbindung zur See geschaffen werde. — Um nun aber den Elbe-Trave-Kanal nicht gegenüber den nach Stettin führenden Wasserstrassen zu bevorzugen, und eine Ablenkung des bisher über Stettin gehenden Verkehrs möglichst einzuschränken, sei preussischerseits Lübeck gegenüber mit Entschiedenheit darauf bestanden worden, dass auch auf dem Elbe-Trave-Kanal gleiche Abgaben erhoben werden, wie auf den den Verkehr nach Stettin vermittelnden märkischen Wasserstrassen. Die Regelung sei zunächst auf 5 Jahre erfolgt, weil die entgültige Gestaltung des Tarifs für den Elbe-Trave-Kanal ganz wesentlich davon abhänge, wie auf dem konkurrirenden Nord-Ostseekanal die Abgabenverhältnisse werden geregelt werden. Aber auch über diesen 5jährigen Zeitraum hinaus habe man eine unbillige Bevorzugung des Elbe-Trave-Kanals gegenüber den für Stettin in Betracht kommenden märkischen Wasserstrassen dadurch ausgeschlossen, dass auf Verlangen Preussens eine Erhöhung der Abgabensätze für den genannten Kanal erfolgen muss, falls die Abgaben auf den letztgenannten Wasserstrassen eine Erhöhung erfahren sollten. Umgekehrt habe man preussischerseits die von Lübeck geforderte Verpflichtung, die Abgabensätze für den Kanal zu ermässigen, falls die Abgaben auf den märkischen Wasserstrassen herabgesetzt werden sollten, nicht übernommen, sondern in dem Artikel VII des Schlussprotokolls nur zugesagt, für den gedachten Fall eine Ermässigung der Kanalgebühren in Erwägung zu ziehen". Es kommen also hier Massregeln in Betracht, welche vielfach an das oben ausgeführte Verhältnis zwischen Oder- und Elbzöllen erinnern.

Ferner ist von Interesse für uns der auf pg. 12/15 des Berichts dargestellte Kampf der Schiffer, welche zwischen Ratzeburg und Lübeck auf der Wakenitz fahren, gegen den auszubauenden Kanal, welcher die Stecknitz benutzt, da dieser so angelegt werden muss, dass die ausserhalb der Stadt Lübeck fliessende Wakenitz von der innerhalb der Stadt fliessenden durch einen Damm getrennt wird, sodass die Ratzeburger ausserhalb der Stadt anlegen müssen. „Ein altes, seit langer Zeit bestehendes Recht werde dadurch beeinträchtigt, über dessen Aufhebung die Stadt Ratzeburg nicht gehört sei," klagen die Ratzeburger Schiffer. Diese besitzen, wenn auch nicht de jure, so doch de facto ein Privilegium für die genannte Schiffahrt und vermitteln den gesamten Güterverkehr zwischen Ratzeburg und Lübeck durch ihre wöchentlichen Fahrten. In der Petition der Stadt Ratzeburg in dieser Angelegenheit an das preussische Abgeordnetenhaus wird nun im Einzelnen ausgeführt, dass die Schiffer in Zukunft ihre Beschäftigung verlieren würden. Wir haben also hier wieder einmal ein altes Schifferrecht in seinen letzten Zügen vor uns, welches einer neuen, dem grösseren Verkehr dienenden Einrichtung weichen muss.

Siehe ferner: Siewert, Der deutsche Handel nach den nordischen Reichen mit besonderer Berücksichtigung des Ausfuhrhandels der deutschen Elbgebiete und seiner Förderung durch den Elbe-Trave-Kanal, Halberstadt 1892; und Dr. jur. Frank, Der Elbe-Trave-Kanal, Lübeck 1886.

206) Über die verschiedenen Projekte Leipzig mit der Elbe, entweder durch die Saale oder durch die Mulde, in Wasserverbindung zu setzen, findet man die Einzelheiten in den Jahresberichten der Handelskammer zu Leipzig. Siehe ferner: Hasse, Der neueste Stand der Leipziger Kanalfrage, Leipzig 1892, und: Jacob, Der Leipzig-Elbe-Kanal und der Weg über Torgau, Torgau 1892.

ANMERKUNGEN ZUM ANHANG.

No. 1.

1) Über Stapelrecht sehe man den Artikel „Stapelrecht“ von Stieda im Handwörterbuch der Staatswissenschaften, Band 5, Jena 1892 und die Ausführungen von Lexis in Schönberg, Handbuch der Politischen Öconomie, 2. Band, Tübingen 1891, pg. 886. Ferner ist zu erwähnen: Roscher, Nationalökonomik des Handels und Gewerbefleisses, Stuttgart 1892, pg. 120 ff.; Rau, Grundsätze der Volkswirtschaftspolitik, 2. Teil, Leipzig 1863, pg. 270; Goldschmidt, Handbuch des Handelsrechts, I. Band, 1. Abteilung, Stuttgart 1891, pg. 120 beschränkt sich nur auf Litteraturangaben. — Eichhorn, Deutsche Staats- und Rechtsgeschichte, 2. Teil, Göttingen 1843, pg. 473, welcher zwischen Stapel- und Einlager-Recht unterscheidet, nennt das oben bezeichnete Umladerecht Stapelrecht und das m. E. eigentliche Stapelrecht Einlager-Recht (ius emporii), wahrscheinlich im Anschluss an die Litteratur des 17. und 18. Jahrhunderts; hiervon weicht die Unterscheidung zwischen diesen beiden Rechten in seiner „Einleitung in das deutsche Privatrecht“, Göttingen 1819 (also vor der Rechtsgeschichte geschrieben), pg. 947, ab. Ähnlich der Eichhornschen Erklärung ist die bei: Mittermaier, Grundsätze des gemeinen deutschen Privatrechts, 2. Band, Regensburg 1847, pg. 848.

Von der im Handwörterbuch der Staatswissenschaften von Stieda angegebenen Litteratur de iure stapulae ist mir nicht alles zugänglich gewesen. Schottel, de singularibus quibusdam et antiquis in Germania iuribus et observatis, Frankfurt 1671, pg. 481, führt dreierlei Stapelrecht an, indem er diesen Begriff in dem weiteren Sinne gebraucht: Triplex ius stapulae formatur: primum, quod iubet tantum exonerare merces et solvere vectigal, quod minus plenum; secundum, quod habet annexam vendendi necessitatem, quod et emporii ius et plenum dicitur; tertium, quando princeps mercatoribus certis vel etiam universitatibus copiam facit merces suas in certum locum deferendi. Zepper, discursus iuridicus, Bremen 1661, pg. 118, definiert Stapelrecht so: privilegium seu potestas merces aliunde iuvectas ab instituto cursu retrahendi et in suo foro sistendi singulari beneficio certis civitatibus competens. Der Erklärung Schottels schliessen sich die meisten Juristen des 17. und 18. Jahrhunderts mehr oder weniger an, so: Hamm, stapula Ubio-Agrippinensis, Köln 1774; Winterfeld, de iure stapulae civitatis Francofurtanae ad Viadrum, Frankfurt 1743; Wincler, de iure stapulae, Hamburg 1711; auch die sehr klar und knapp geschriebene Arbeit von Kühlewein, ius stapulae, Leipzig 1702; Windscheid, commentatio de stapula, qua praecipue ducatibus Juliae et Montium libertas navigundi et commercandi in Rheno contra iniustas Agrippinatum molitiones vindicatur, Düsseldorf 1775.

Wenn auch bei den meisten Schriftstellern zwischen dem eigentlichen Stapelrechte und den verwandten Rechten klar unterschieden wird, so werden sie doch als nebeneinander zeitlich stehend dargestellt, vornehmlich Stapelrecht und Umladerecht, sofern hier überhaupt eine klare Trennung gemacht wird; ich glaube nicht daran.

Wir besitzen eine ausführliche Darstellung auch des Stapelrechtes von Königsberg in: (v. Hippel), das Königsbergsche Stapelrecht, Berlin 1791, und (Schmalz), Darstellung des Niederlage-Rechts der Stadt Königsberg, Königsberg 1792. In beiden Schriften wird auf die weitverbreitete Verwirrung der Begriffe aufmerksam gemacht. v. Hippel sagt pg. 7: „Müssen aber diese Waren Markt halten und den Bürgern förmlich zum Verkauf ausgesetzt werden, so heisst dieses Recht das eigentliche Stapelrecht, welches dann wieder in dem Falle, wenn die Waren ohne Einschränkung niederzulegen sind, an die Bürger des Orts durchaus verkauft und, wenn ich mich des Ausdrucks bedienen darf, an sie endossirt werden müssen, um mittelst derselben weiter befördert und versendet werden zu können, das Jus emporii genannt wird; können dagegen die Waren, wenn sie gewisse Tage oder Sonnenscheine zum Verkauf ausgestellt worden und kein Liebhaber sich findet, weiter gebracht werden, so heisst es das Jus stapulae in sensu strictissimo.“ Diese Definition kommt meiner Auffassung sehr nahe.

Die mittelalterliche Stapelverfassung des Handels hängt natürlich eng zusammen mit dem Privilegienwesen und der Lehnsverfassung; eine der Thesen, welche der weiter unten erwähnten Dissertation von Rauprich beigegeben sind, lautet: „Die ungemein häufige Verleihung von Niederlagsprivilegien im Mittelalter erklärt sich aus der dieser Zeit eigentümlichen Rechtsauffassung.“

2) Über mangelhaft befolgten Strassenzwang siehe u. a.: Renovatio edicti vom 12. Martii 1686 neuerliche Heerstrassen, Neben- und Schleif-Wege betreffend vom 15. Augusti 1700 in: Myl. Corp. Const. Magd. Noviss., Magdeburg 1714, 3. Teil, No. 130.

3) So befreite Karl IV., als er sich 1363 in den Fürstentümern Jauer und Schweidnitz die Erbfolge zusichern liess, die Bürger ihrer grösseren Städte vom Zoll in Breslau, während die Breslauer dafür entsprechende Handelsprivilegien in den Städten jener Fürstentümer

erhielten; siehe Kern, Der neue Grenzzoll in Schlesien, seine Begründung und Entwicklung 1556—1624, Berliner Philos. Diss. 1892, pg. 3 4.

4) Sehr lehrreich ist die Entwicklung des Stapelrechtes in Breslau. Die Breslauer hatten auch die Einsicht, ihr seit 1274 bestehendes Privilegium, als es sich nicht mehr halten liess, nach sehr erbitterten, lange dauernden Streitigkeiten mit dem Könige von Polen und anderen schlesischen Städten, namentlich Glogau, einfach (März 1515) aufzugeben; hierüber sehe man: Rauprich, Breslaus Handelslage im Ausgange des Mittelalters, in der Zeitschrift des Vereins für Geschichte und Altertum Schlesiens, Band 26 (1892), pg. 1—26 (auch als Breslauer Philosophische Dissertation gedruckt) und derselbe, Der Streit um die Breslauer Niederlage, 1490—1515, in derselben Zeitschrift Band 27 (1893), pg. 54—116.

Breslau besass auch ein besonderes Stapelrecht für Holz (seit 1352), wie es heisst „zum Nutzen der Einwohner, um den Bau und die Ausbesserung ihrer Häuser zu fördern". Dieses besondere Stapelrecht lässt sich mit dem weiter unten erwähnten Kornverschiffungsrecht der Stadt Magdeburg vergleichen. Über das Breslauer Stapelrecht siehe ferner: Weiss, Chronik der Stadt Breslau, Breslau 1888, pg. 80—81, 182, 251, 676, 768—773, 1091 (leider ohne Angabe der einzelnen Quellen) und Kern, l. c., passim, auch besonders pg. 37 38.

Eine sehr ausgedehnte Stapelwirtschaft bestand im Mittelalter in Böhmen. Dort hatte jede nur einigermassen grosse Stadt ein Stapelrecht, wenigstens für einige Waren, so Bautzen und Görlitz (seit 1357) für Mennig, der aus Polen und Sachsen nach Böhmen geführt wurde. Hierüber sehe man: Hübsch, Versuch einer Geschichte des böhmischen Handels. Prag 1849, pg. 104, 111—112, 129—130, 141, 147—157, 194, 204—214, 262—270.

Über den Stapel des Strassburger Woll- und Gewebehandels sehe man: Schmoller, Die Strassburger Tuchmacher- und Weberzunft, Strassburg 1879, pg. 505.

5) Es kam auch vor, dass zwischen zwei Stapelplätzen ein Abkommen getroffen wurde, den Kaufleuten der einen Stadt auch über die andere hinaus den Warenvertrieb zu gestatten (also nicht den fremden Kaufleuten), siehe: Rauprich, Der Streit um die Breslauer Niederlage, pg. 68.

6) Man vergleiche mit dieser Darstellung des Stapelverkehrs auch diejenige in der Rauprichschen Dissertation, I (Der Ursprung und die Bedeutung des Niederlagsrechts). Dort wird auch an das weiter unten erwähnte Capitulare Karls des Grossen angeknüpft. Für Magdeburg besteht jedenfalls dieser Zusammenhang garnicht, da (nach Mülverstedts Regesten) der Ort in der Folgezeit mehrere Male zerstört wurde und alles wirtschaftliche Leben dort infolge dessen abstarb.

7) Melnik, Aussig und Leitmeritz waren Stapelstädte, siehe: Hübsch, l. c., pg. 111—112.

8) Siehe Schmoller, Studien VII, pg. 85; Naudé, l. c., pg. 59/60.

9) Über das Stapelrecht in Pirna siehe Hübsch, l. c., pg. 143—147.

10) Über das magdeburgische Stapelrecht und seine verschiedenen Wandlungen verweise ich besonders auf die folgenden Arbeiten: 1) Hagedorn, Verfassungsgeschichte der Stadt Magdeburg bis zum Ausgange des 13. Jahrhunderts, in den Geschichtsblättern für Stadt und Land Magdeburg 1881 (pg. 379—383, 392, 406—410), 1882 (pg. 10—12) und 1885 (pg. 73—82). 2) Koch, Das Leben des Erzbischofs Burchard III. von Magdeburg (1307—1325), in derselben Zeitschrift 1888, pg. 230—235. 3) Leuber, Disquisitio planaria stapulae Saxonicae, Budissin (Bautzen) 1658. 4) Die Gegenschrift zu dieser Arbeit: (Cellarius), Kurtze historische Nachricht von dem Stapelrecht der alten Stadt Magdeburg, Magdeburg 1741, besonders § 14 ff. Eine klare Darstellung, welche besonders alle Fabeln von den ottonischen Privilegien und dem Capitulare Karls des Gr. aus Diedenhofen vom Jahre 805 bei Seite lässt. 5) Schmoller, Studien etc. VI., besonders pg. 26—33. 6) Die in den folgenden Anmerkungen citirten Schriften. 7) Die bereits erwähnte Geschichte der Leipziger Messen von Hasse und der Leipziger Kramerinnung von Biedermann. 8) Ein umfangreiches Verzeichnis der voraufgegangenen Litteratur findet sich in: Gründliche Widerlegung des von der Stadt Leipzig angemassten unbefugten Strassenzwanges gegen die Stadt Magdeburg, Magdeburg 1748.

Es wäre sehr zu wünschen, dass die Schicksale des magdeburgischen Stapelrechtes einmal gesondert zur Darstellung kämen. Ausser den vorstehenden Drucksachen würden archivalische Studien in Magdeburg selbst und Leipzig (siehe Hasse, l. c, pg. 46) wahrscheinlich manches neue bringen; für die Zeit vor dem Stapelrecht würde auch als Wegweiser dienen: v. Mülverstedt, Regesta archiepiscopatus Magdeburgensis, Magdeburg 1876—86.

11) Siehe hierüber: Hertel, Der Streit des Erzbischofs Ernst mit der Stadt Magdeburg, in den Geschichtsblättern etc. 1888, pg. 370—409.

12) Siehe hierüber: Wolter, Eine Entscheidung der erzstiftschen Regierung zu Magdeburg vom Jahre 1599, in den Geschichtsblättern etc. 1883, pg. 400—407.

13) Für 1547 Mylius, Corp. Const. March. VI, I, 71; für 1554: Celarius, l. c., pg. 111—118.

14) Siehe: Celarius, l. c., pg. 100—106.

15) Man sehe auch: Regierungspatent, das die Ausführung des Getraydiges wieder verstattet, vom 17. August 1700; Mylius, Corp. Const. Magdebg. Noviss., Magdeburg 1714, 3. Teil, No. 128.

16) Man vergleiche hiermit den mittelalterlichen Getreideverkehr in Deutschland überhaupt: Naudé, l. c., II; in England: Faber, l. c., pg. 64 ff.; in Frankreich, besonders über den Kornmarkt der Stadt Paris: Araskhaniantz, Die französische Getreidehandelspolitik bis zum Jahre 1789 (Staats- und Socialwissenschaftliche Forschungen, herausgg. von Schmoller, IV, 3), Leipzig 1882, pg. 12 ff.

*

Auch in anderen deutschen Stapelplätzen scheint das Stapelrecht in sehr enger Verbindung mit dem Kornverschiffungsrecht gestanden zu haben und dieses auch aus Gründen der allgemeinen Wohlfahrtspolitik entstanden zu sein. So in Hamburg, wie wir oben gesehen haben, und in Hannöverisch-Münden. In der „Verordnung, wodurch sowohl die Aufhebung des bisherigen Stapelrechts zu Münden näher reguliert, als eine vereinfachte Erhebungsweise der dasigen Zoll- und übrigen Strom-Abgaben auf der Weser, Werra und Fulde vorgeschrieben wird (Hannover, den 16. 2. 1824)“ wird festgesetzt, dass u. a. nicht weiter ausgeübt werden soll „die Befugnis, fremde Waren daselbst anzuhalten und deren Führer zum Feilbieten derselben in der Stadt nach laufenden Marktpreisen während dreier Tage zu nötigen, von welcher Befugnis jedoch in neueren Zeiten nur selten und besonders bei eingetretenem Getreidemangel Gebrauch gemacht ist.“

17) Siehe: Warnkönig und Stein, Französische Staats- und Rechtsgeschichte, Erster Band, Basel 1875, pg. 310—312.

18) Ausser verschiedenen Stellen in der citirten Geschichte der Hanse von Sartorius siehe: Warnkönig, Flandrische Staats- und Rechtsgeschichte bis zum Jahre 1305, 2. Band 1. Abteilung, Tübingen 1836, pg. 119—120.

19) Siehe: Warnkönig, l. c., Erster Band, Tübingen 1835, pg. 320 ff.

20) Siehe: Schanz, Englische Handelspolitik gegen Ende des Mittelalters, 1. Teil, Leipzig 1881, pg. 329 ff.; und v. Ochenkowski, Englands wirtschaftliche Entwicklung im Ausgang des Mittelalters, Jena 1879, pg. 187—202. — Wie hoch der englische Stapel geschätzt wurde, darüber sehe man: Hahl, Zur Geschichte der volkswirtschaftlichen Ideen in England gegen Ausgang des Mittelalters, Jena 1893, pg. 34 ff.

21) Siehe: Fuchs, Die Handelspolitik Englands und seiner Kolonieen in den letzten Jahrzehnten, Leipzig 1893, pg. 177/178; Mac Culloch, Handbuch für Kaufleute, deutsch von Richter, Stuttgart 1834, I, pg. 365 ff.

Über die Wirkungen dieses Kolonialsystems auf die Kolonieen siehe: Sartorius Freiherr v. Waltershausen, Die Arbeitsverfassung der englischen Kolonieen in Nordamerika, Strassburg 1894, pg. 94 ff.

Die Entstehung dieses Kolonialhandels lässt vielleicht auch für den deutschen, mittelalterlichen Stapelhandel die Vermutung zu, dass auch bei seiner Ausbildung die Anschauung mitwirkte: ein kolonisierendes Land (also hier die ältesten deutschen Städte und die Marken) nimmt die Wirtschaft des kolonisierten Landes zunächst für sich in Anspruch. Man denke auch z. B. an die Verbreitung des magdeburgischen Rechts im ganzen Osten Deutschlands.

22) Es würde eine sehr dankenswerte Aufgabe sein, die juristische und wirtschaftliche Natur des in verschiedenem Sinne benutzten Aus-

drucks „Stapelrecht" ausführlich darzustellen; im Handwörterbuch der Staatswissenschaften ist dies von Stieda m. E. nicht ganz deutlich hervorgehoben worden.

No. 2.

1) v. Mülverstedt, Codex Diplomaticus Alvenslebianus, Magdeburg 1879—85, I, pg. 406. — Ob die früheren Besitzer von Rogätz, die Herren v. Sack, den Elbzoll besassen, ist natürlich noch zweifelhafter.

Ausser der in dem Buche von Rust befindlichen Karte und der sog. Generalstabskarte sehe man noch: Platt, Stromkarte der Elbe und Moldau, in 70 Sektionen, angefertigt von 1854—1861, Neustadt-Magdeburg, ohne Jahr.

2) An verschiedenen Stellen angegeben in v. Mülverstedt, Regesta archiepiscopatus Magdeburgensis, I.

3) v. Mülverstedt, C. D. A. I, pg. 648; Dreihaupt, l. c., I, pg. 95.

4) v. Mülverstedt, C. D. A. II, pg. 495.

5) Dielhelm, l. c., pg. 72, erwähnt ihn als in Rogätz bestehend; das Buch ist 1741 geschrieben.

6) Wohlbrück, Geschichtliche Nachrichten von dem Geschlechte von Alvensleben, Berlin 1819—29, erwähnt nichts über den Zoll in Rogätz.

7) Siehe Anmerkung 103.

8) Rust, l. c., pg. 25.

FSC
www.fsc.org
MIX
Papier | Fördert
gute Waldnutzung
FSC® C083411

Kolibri 360 GmbH
Ferdinand-Jühlke-Straße 7
99095 Erfurt, Deutschland
produktsicherheit@kolibri360.de